光明社科文库
GUANGMING DAILY PRESS:
A SOCIAL SCIENCE SERIES

·政治与哲学书系·

中国参与全球贫困治理的角色研究

熊 鑫｜著

光明日报出版社

图书在版编目（CIP）数据

中国参与全球贫困治理的角色研究 / 熊鑫著.
北京：光明日报出版社，2024.9. -- ISBN 978 - 7 - 5194 -
8288 - 6

Ⅰ. F113.9

中国国家版本馆 CIP 数据核字第 20246FY266 号

中国参与全球贫困治理的角色研究

ZHONGGUO CANYU QUANQIU PINKUN ZHILI DE JUESE YANJIU

著　者：熊　鑫	
责任编辑：杨　茹	责任校对：杨　娜　李佳莹
封面设计：中联华文	责任印制：曹　净

出版发行：光明日报出版社

地　　址：北京市西城区永安路 106 号，100050

电　　话：010-63169890（咨询），010-63131930（邮购）

传　　真：010-63131930

网　　址：http://book.gmw.cn

E - mail：gmrbcbs@gmw.cn

法律顾问：北京市兰台律师事务所龚柳方律师

印　　刷：三河市华东印刷有限公司

装　　订：三河市华东印刷有限公司

本书如有破损、缺页、装订错误，请与本社联系调换，电话：010-63131930

开　　本：170mm×240mm	
字　　数：206 千字	印　　张：15.5
版　　次：2025 年 5 月第 1 版	印　　次：2025 年 5 月第 1 次印刷
书　　号：ISBN 978 - 7 - 5194 - 8288 - 6	
定　　价：95.00 元	

前　言

　　贫困问题是全球发展治理的重要议题。第二次世界大战结束以来，全球贫困治理的理论和实践得到持续发展。从发展历程来看，二战后至20世纪90年代，全球贫困治理深受西方发达国家贫困观、发展观以及治理观的影响。2000—2015年，在联合国的推动下，全球贫困治理的第一个系统性框架——千年发展目标（MDGs）实施完成。在此期间，中国国内减贫取得了令世人瞩目的巨大成就，成为最早实现千年发展目标中减贫目标的发展中国家。而且，随着政治经济实力的提升，中国开始结合自身减贫成功的经验，加大对全球贫困治理的投入，从理论和实践层面影响着全球贫困治理的进程，在全球贫困治理体系中的角色和作用备受国际社会关注。基于此，本书重点探讨了中国参与全球贫困治理的角色，以明晰中国在全球贫困治理中的作用与贡献。

　　本书首先对国际发展合作、全球贫困治理以及对外援助相关概念进行辨析，介绍了全球贫困问题研究的不同理论视角，在此基础上结合国际角色、角色观念、角色预期等核心概念，尝试探索中国参与全球贫困治理角色的分析视角。本书全面梳理了第二次世界大战以来全球贫困治理理论与实践的发展脉络，从国际社会的贫困观念、贫困治理目标、治理主体、治理方式、政策框架等方面着手，探讨了全球贫困治理体系的发展与变化，为下文分析中国在全球贫困治理中的角色奠定基础。基于国际角色理论的视角，本书通过对中国参与全球贫困治理的角色观念、国际社会对中国角色的预期等关键因素进行分析，明确了中国在全球贫困治理中的角色定位，并具体介绍了中国在全球贫困治理中的角色实践以及在全球贫困治理知识、资源、制度层面作出的贡献。结合全球贫困治理的新发展和新变化，本书进一步分析了当前中国参与全球贫困治理面临的国内外挑战，并提出深化中国在全球贫困治理中的角色的针对性建议。

通过上述探讨，本书得出以下结论：第一，中国自身的角色观念和国际社会的角色期待共同塑造了中国参与全球贫困治理的角色。中国参与全球贫困治理的角色观念主要受传统文化的独特性、"负责任大国"的身份定位以及"人类命运共同体"价值追求的影响。发达国家、发展中国家以及国际组织对中国参与全球贫困治理的角色期待具有复杂性和多层次性。在内部角色观念以及外部角色期待的互动中，中国参与全球贫困治理的角色定位得以形成。

第二，中国在当前的全球贫困治理体系中扮演着积极引领者的角色，其角色内涵主要包括公共产品的提供者、国际减贫合作机制的完善者以及国际减贫理念的创新者。中国参与全球贫困治理的角色实践体现了以上角色内涵。

第三，从理论和实践层面加强中国与全球贫困治理体系的互动，是深化中国在全球贫困治理中角色的关键。在未来，中国在全球贫困治理中的作用将会得到更大的发挥。因此，需要从顶层设计、治理方式、理论研究等方面提升参与能力，使国际减贫成为中国参与全球治理、全面推进中国特色大国外交的重要方式与手段。

目 录
CONTENTS

绪　论

本书立足于国际关系角色理论的视角，探讨中国参与全球贫困治理的角色定位以及实践，以深化对中国在全球贫困治理领域新角色的理解和认识，推动中国参与全球贫困治理的理论探索与政策实践。

一、研究问题及其意义

贫困问题是全球发展治理的重要议题之一。千年发展目标实施期间，中国在推进国内减贫的同时开始以更加积极的姿态参与全球贫困治理，在全球贫困治理中的话语权、主导权不断提升。2030 年可持续发展议程实施以来，中国更是以独特的中国智慧和中国方案更加理性、负责任地推动全球贫困治理体系建设，以合作共赢的价值观念为共建一个"没有贫困、共同发展的人类命运共同体"提供公共产品，在全球贫困治理中扮演着全新的角色。探讨中国对全球贫困治理的参与，无论是从理论层面还是现实层面来看，都具有重要的意义。

（一）研究问题的提出

贫困自古以来就是一个备受关注的社会话题，当代国际关系中的贫困问题始于二战后发达国家对第三世界国家发展问题的关注。1949 年 1 月 20

日，美国总统杜鲁门在就职演说中首次提出了"欠发达"① 地区的发展问题，这被看作国际贫困研究的现代化理论的开端。以"第四点计划"的实施为标志，美国对发展中国家的援助揭开了序幕。在第一代发展经济学"大推进理论"（The theory of big-push）和罗斯托起飞模型（Rostovian take-off model）等理论的指导下，发达国家向发展中国家提供了大量的双边援助，以帮助发展中国家实现经济增长，从而迈向发达国家所描绘的"现代化进程"，摆脱贫困。进入 20 世纪 60 年代，理论界关于贫困问题的认识更加深入，国际货币基金组织和世界银行也开始将支持发展中国家减缓贫困作为工作重点，逐渐发展成为提供全球贫困治理项目和资金的主要多边平台，全球贫困治理的双边、多边框架初步形成。

此后，全球贫困治理在西方发达国家的主导下不断推进，其理论和实践深受西方发达国家政治经济发展战略的影响，几经调整与变革，西方发达国家在"有关贫困的定义与衡量、消除贫困的方法和实现发展的路径等问题上都占据了绝对的话语权优势"②。

2000 年，联合国千年首脑会议通过了以减贫为核心的千年发展目标（Millennium Development Goals，MDGs），设定了在 1990—2015 年，将全球每天收入低于 1 美元的人口比例减半的贫困治理目标。这标志着全球贫困治理进入了一个新的发展阶段。千年发展目标的设定促使国际社会和主权国家加大了对贫困问题的关注，推动了全球范围内的减贫行动。许多国家采取了一系列政策和措施，包括改善教育、健康、就业、基础设施等领域的条件，以提高人民的生活水平、减少贫困。在国际社会的共同努力下，

---

① 1949 年 1 月 20 日，美国总统杜鲁门在就职典礼演讲中提出，我们必须实行一项大胆的新计划，使得我们的科学进步和工业进步的成果能够造福于欠发达地区的经济改善和发展。全世界有一半以上的人口生活在极端困苦的条件下，他们食不果腹，且备受疾病困扰。他们的经济生活条件是原始而停滞的。他们的贫困不仅会阻碍自身的发展，也将会影响较为繁荣的地区。

② 蔡拓，杨雪冬，吴志成. 全球治理概论 [M]. 北京：北京大学出版社，2016：180—181.

千年发展目标中"贫困人口比例减半和挨饿人口比例减半"的目标基本得以实现。全球极端贫困人口比例和数量均明显下降。尽管如此,贫困问题仍然是困扰国际社会发展的突出问题。

为持续推进国际减贫合作,2015 年千年发展目标到期后,联合国设定了《2030 年可持续发展议程》,将减贫问题作为中心议题,提出了"在全世界消除一切形式的贫困"的目标,全球贫困治理进入一个全新的发展时期。在国际社会的努力下,2030 年可持续发展议程取得了一定的进展。然而,从现实情况来看,在大国博弈复杂化背景下,全球贫困治理仍然面临着贫困人口增多、治理赤字加剧等多方面的挑战。

那么,究竟该如何摆脱全球贫困治理困境,推进全球贫困治理进程?国际社会开始将目光转向取得优异减贫成绩的中国。改革开放四十多年以来,中国积极有序推进国内减贫工作。2020 年年底,中国取得了脱贫攻坚战的胜利,全面消除绝对贫困,提前 10 年完成联合国 2030 年可持续发展议程的减贫目标,为全球减贫事业增添了中国力量。

中国在消除国内贫困的同时,也开始积极承担推动全球减贫进程的国际责任。在南南合作的框架下,中国秉持"互利共赢"的理念,执行了"超越发展援助"的国际减贫合作模式,并将国内减贫成功的经验"平行转移"① 到对全球贫困治理的参与中,不仅改善了发展中国家的贫困状况,也有效激发了发展中国家可持续发展与减贫能力。从一定意义上来看,中国参与全球贫困治理已超越了过去国际经济合作、对外援助的含义,成为中国参与全球治理,推动全球治理体系转型的重要路径,同时也是中国承

---

① "平行转移"这一概念由李小云教授提出,主要观点是:西方发达国家所推崇的发展理论与发展中国家的发展历史与现实环境存在断裂,而中国的发展经验在发展的基础条件、环境等方面与发展中国家较为接近,因而可以转移到发展中国家,并结合其实际,指导其经济发展与减贫。徐秀丽,李小云,马俊乐. 中国是否重塑国际发展架构 [J]. 国际援助, 2015 (5):52-59;李小云. 发展援助的未来:西方模式的困境和中国的新角色 [M]. 北京:中信出版集团, 2019.

担大国责任、推进中国特色大国外交的重要方式。

2015 年，中国提出了建设"没有贫困、共同发展的人类命运共同体"的新目标，强调要推动构建"以合作共赢为核心的新型国际减贫交流合作关系"，①并通过搭建"一带一路"国际发展合作新平台、减贫知识分享等方式，开始从理论和实践两个层面深入影响和推动全球贫困治理。在未来，中国必将会对落实 2030 年可持续发展议程提供更有价值和智慧的中国方案，对全球贫困治理产生更为深刻的影响。那么，中国在全球贫困治理体系中的角色定位是什么？这一角色定位是如何形成的？中国在推进全球贫困治理进程的过程中，是怎样发挥其角色作用的？中国怎样才能更好地优化其角色，提升参与全球贫困治理的实际成效？这些问题都是当前亟待思考和回答的问题。因此，本书将围绕中国在全球贫困治理中的角色来展开。具体来说，本书将主要回答以下问题：

第一，全球贫困治理体系形成以来发生了什么样的变化，如国际社会对于世界贫困的认识、全球贫困治理的核心目标以及指导全球贫困治理的理论框架在不同的历史阶段有何不同？全球贫困治理的主体、治理机制、治理模式又呈现出什么样的变化？全球贫困治理中国角色命题是如何提出的，如这些变化对于全球贫困治理体系结构和中国参与全球贫困治理有何影响？中国在全球贫困治理中的角色发生了什么样的变化？

第二，如何认识和理解中国在全球贫困治理中的独特角色和作用，如中国参与全球贫困治理的角色定位是什么？影响中国在全球贫困治理中的角色定位的主要因素有哪些？应该如何理解中国参与全球贫困治理的角色内涵？中国具体是通过什么样的路径在全球贫困治理体系中发挥作用，展现其角色内涵的？对全球贫困治理的未来发展有什么样的重要意义及影响？

---

① 习近平. 携手消除贫困 促进共同发展：在 2015 减贫与发展高层论坛的主旨演讲（2015 年 10 月 16 日）[N]. 人民日报，2015-10-17（2）.

第三，中国怎样深化在全球贫困治理中的角色作用，如在当前的国际环境下，中国参与全球贫困治理角色优化面临着怎样的挑战？中国应该采取什么样的策略来推进全球贫困治理的"中国方案"，更好地展示其独特角色？

本书将在相关研究的基础上，对上述问题提出一些尝试性的回答和思考。其中，关于全球贫困治理体系发展变化的探讨是本书的切入点，主要是为了明晰中国参与全球贫困治理的理论基础与现实基础。对中国参与全球贫困治理的观念及路径的分析是探讨中国作用的重要条件，而中国在全球贫困治理中的作用则是本书的落脚点，是研究和分析的重点所在。

诚然，中国国内治理是全球治理的重要组成部分，按照普遍治理的思想，把中国自身治理好了，就是对全球治理的一个贡献。但从长远来看，中国应该是全球治理的一个"主要角色"，也就是说中国可以将参与全球治理的政治意愿、治理能力以及知识、观念和价值结合起来，转化为中国的全球关系，在新的全球治理中发挥更大的作用。① 因此，本书主要基于国际关系的理论视角，探讨中国对全球贫困治理的参与，而不将中国国内减贫作为重点。

（二）研究意义

1. 理论意义

中国参与全球贫困治理已经积累了丰富的实践内容。当前，中国参与全球贫困治理的战略起点以及国际环境均发生了变化，全球贫困治理成为中国开展对外合作的重要方式。因此，如何结合中国当前的外交战略，科学理解和定位参与全球贫困治理的角色，制定符合国家战略利益的全球贫困治理策略，成为当下亟待思考的问题之一。本书将重点探讨中国参与全球贫困治理的角色定位以及角色实践，为观察和理解中国角色的变化与转型提供一些理论思考和经验借鉴。

---

① 庞中英. 全球治理与世界秩序 ［M］. 北京：北京大学出版社，2012：64.

2. 现实意义

中国作为一个新兴大国，在当前的全球贫困治理体系中的话语权仍然有限。一方面，西方发达国家的国际减贫知识长期以来深刻影响着全球贫困治理实践；另一方面，世界银行、经济合作与发展组织（OECD）等主要国际发展机构的领导权和规则制定权仍然由发达国家主导，且北南援助作为全球贫困治理的重要形式依然发挥着重要作用。而中国不仅在全球贫困治理的议程设置、政策制定方面实际影响力较为有限，在全球贫困治理的国际话语权和舆论宣传方面也有不足。因此，探讨中国在全球贫困治理中的角色定位，有助于更好地理解中国参与全球贫困治理的实践行为，进而提升中国参与全球贫困治理的话语权，增强其国际影响力。

推进全球贫困治理进程是当今中国不可回避的国际责任和实施外交战略的重要工具。探讨全球贫困治理的进展与变化，以及中国参与全球贫困治理的现状，深刻认识和把握中国参与全球贫困治理的角色定位，有利于阐明中国所面临的困境和挑战，进而在未来参与全球贫困治理的策略制定中，将战略布局与"一带一路"倡议相结合，在国际责任与国家利益、参与意愿与参与能力之间寻求新的平衡，将中国的减贫经验更好地融入全球贫困治理进程，提升参与全球贫困治理的有效性，推进落实2030年可持续发展议程。

二、研究综述

贫困研究是一个经久不衰的学术话题，相关研究涉及经济学、社会学、历史学、政治学等多门学科，研究成果数不胜数，并呈现出不同的学科特点和研究范式。二战后，随着殖民地独立浪潮的兴起，学术界对于贫困问题的认知也开始跨越国内政治的边界，转向关注国际层面上国家之间的财富分配问题，关于贫困及减贫的研究从此迈出国际化步伐，成为国际政治经济中的一个重大问题。

基于研究目标，笔者在初步了解贫困与反贫困主流理论的基础上，重点关注了与本选题相关的国际发展合作、全球治理以及对外援助方面的专著和论文，这些文献从不同视角探讨了全球贫困治理的理论与实践问题，为本书的写作提供了翔实的研究资料和思路方法。

（一）全球贫困治理的理论与实践研究

早期的研究主要关注贫困的基础理论，围绕着"认识贫困"和"解释贫困"两大议题来进行探讨，比如，阿马蒂亚·森（Amartya K. Sen）突破经济学视角，将政治、社会、文化等因素纳入对贫困现象的认识和理解上来，对贫困的内涵与外延进行了拓展，发展经济学领域的拉格纳·纳克斯（Ragnar Narkse）、冈纳·缪尔达尔（Gunnar Myrdal）等学者对发展中国家贫困的原因以及摆脱贫困的路径进行了深刻阐释。20 世纪 70 年代后，发展中国家和发达国家的经济发展呈现出严重的两极分化，侧重于发展中国家国内经济发展的发展经济学远远不能解释贫困为何在全世界范围内广泛存在。因此，继承了马克思主义理论，采用结构分析法的"依附论"和"世界体系论"相继被提出，为深入理解全球化背景下的第三世界国家的贫困问题提供了全新的视角，在现今的国际减贫理论与实践研究中仍然具有较强的启示意义。

20 世纪 90 年代以来，贫困问题作为一个独立议题在国际发展中的重要性逐步提升，随着 MDGs 和可持续发展目标（Sustainable Development Goals，SDGs）的相继实施，以及学术研究视野的拓展，国内外学术界关于全球贫困治理理论与实践的研究，主题更为集中，具体问题的探讨也不断深入和细化，根据研究内容的不同，大致可以分为以下两类。

1. 全球贫困治理的现状

国内学者从主体结构、制度设计、治理方式等方面对全球贫困治理进行了全面的分析。涂志明和庞中英指出，国际贫困治理面临着贫困衡量标准、国际规范、国家能力等问题。未来全球贫困治理将立足于不平等的主体间关系、治理中的"民主赤字"、制度框架的长期构建等方面。① 吴宇也赞同这些观点，认为当前国际减贫面临着贫困评估的衡量标准亟待优化、贫困治理的内外力量严重失衡、贫困治理的机制建设有待加强、贫困治理的供给难题难以突破、世界政治经济的不确定性五方面的挑战。② 王小林、张晓颖则从更加具体的层面指出，当前国际减贫面临着居高不下的贫困人口数量、机构调整红利没有惠及穷人、良治作用有限、双边援助下滑、减贫项目异化等问题。③

对于当前全球贫困治理面临困境的原因，学者们也进行了初步的探讨。杜旸认为，目前全球减贫进程缓慢，贫困人口数量居高不下，与世界银行、国际货币基金组织等国际组织在全球贫困治理中一系列政策的失败有着不可分割的联系。④ 陈旭堂在《结构失序中的援助：国际减贫经验借鉴》一文中提出，从历史与现实的角度来进行分析，发展中国家集中的贫困现象原因可归结为不平等的国际政治经济秩序，因此，培养自主发展的能力是其减贫的关键。⑤由此可见，推进全球贫困治理进程应从国际政治经济环境的改善与贫困国家自身的治理能力建设两方面着力。

此外，学者们都强调了贫困问题与国际问题的相关性和复杂性，认为加强国际合作是消减国际贫困的重要途径。叶普万在《贫困问题的国际阐释》一文中回顾了世界反贫困战略的历史进程，认为世界反贫困战略经历了三个阶段的转变：一是单纯注重物质资本投入的阶段；二是转向侧重于

① 涂志明，庞中英.国际贫困对全球治理的影响 [J].学术界，2016（11）：209-219.
② 吴宇.全球贫困治理的困境及其创新发展的中国贡献 [J].天津社会科学，2017（6）：91-94.
③ 王小林，张晓颖.迈向2030：中国减贫与全球贫困治理 [M].北京：社会科学文献出版社，2017：158-164.
④ 杜旸.全球治理中的中国进程：以中国减贫治理为例 [J].国际政治研究，2011（1）：92.
⑤ 陈旭堂.结构失序中的援助：国际减贫经验借鉴 [J].丽水学院学报，2017（1）：87-93.

人力资本的投入；三是向范围更加广泛的反人文贫困过渡的阶段。基于此，缓解贫困不仅要从国家层面着手，也应注重全球层次的国际合作。全球层次上的行动是国家行动的重要补充，它可以加速减贫进程，并有助于缩小穷国与富国之间在收入、医疗条件和其他领域的差距。① 王大超和卢萍在《关于当代国际贫困、反贫困与国际安全问题的反思》一文中指出，"国际贫困"现象是世界冲突、国际恐怖、社会动荡和环境恶化的重要原因，因此反贫困是当今世界各国面临的共同课题，对于世界的可持续发展具有重要的现实意义。② 余芳东也认为，非洲撒哈拉以南地区是消灭全球极端贫困的难点，收入分配不平等、消除非收入形式的贫困等形势严峻，需要相关国家政府和国际社会共同努力。③

2. 对外援助在全球贫困治理中的作用之争

20 世纪 70 年代，学术界开始对"对外援助④是否有效地促进了发展中国家的减贫"进行评估和反思，关于这一问题的争论持续至今，尚未得出结论性的意见，主流的观点有以下三种：一是援助对于减贫的无效论；二是援助对于减贫的有效论；三是援助促进减贫的条件论。

第一种观点，援助对于减贫无效。这种观点主要认为国际发展援助对于受援国的经济发展与减贫并无任何积极作用，甚至会对受援国的经济发展产生阻碍。英国经济学家彼得·鲍尔（Peter Bauer）认为："对外援助扩大了政府权力，将会导致腐败、资源的滥用等，这不仅不会给受援国带来发展，减少贫困，反而会适得其反。"⑤ 安格斯·迪顿（Angus Deaton）也认为，目前西方国家的国际发展援助效果甚微，甚至起反作用，特别是当

① 叶普万. 贫困问题的国际阐释 [J]. 延安大学学报（社会科学版），2003（1）：72.
② 王大超，卢萍. 关于当代国际贫困、反贫困与国际安全问题的反思 [J]. 东北师大学报（哲学社会科学版），2003（1）：55-60.
③ 余芳东. 国际贫困线和全球贫困现状 [J]. 调研世界，2016（5）：62.
④ 主要是指在西方发达国家主导下成立的 OECD-DAC 框架下的对外援助.
⑤ BAUER P. Dissent on Development [M]. Cambridge, MA：Harvard University Press, 1972.

受援国的政府治理与经济发展不能协调一致的时候，援助会带来更多的腐败，阻碍经济发展。纽约大学的威廉·伊斯特利（William Eastley）指出，在2000—2005年，发达国家向发展中国家援助了2.3万亿美元，然而并未让当地的贫困群体得到基本的医疗保障。① 因此，他将国际社会对发展中国家援助的无效性归结为贫困国家的两大悲剧之一。在其代表作《白人的负担：为什么西方的援助收效甚微》（*The White Man's Burden*）一书中，威廉·伊斯特利也具体分析了"援助—减贫"无效性的原因：由于国际发展援助被自上而下的计划者和官僚所主导，缺乏足够的监督和问责机制，导致了对外援助对于发展中国家的经济和社会发展毫无意义，无益于发展中国家减贫。②

近年来的计量经济学也进一步显示，发展援助在促进受援国经济发展和减贫方面效果较为有限，如英国学者辛普利斯·阿松古（Simplice A. Asongu）运用经济学的定量分析方法，评估了外国援助的增加是否有利于非洲国家的减贫。其研究结果显示，千年发展目标期间，世界所有地区的贫困现象都有所缓解，而非洲地区则与此相反，特别是在撒哈拉以南的非洲，约有45%的国家未能实现SDGs中消除极端贫困的目标。③

第二种观点，援助对于发展中国家的减贫具有重要的作用。联合国的报告曾对此种观点表示了认同："发展中国家制订和实施减贫计划，只有富裕国家大幅增加对发展中国家的援助力度，贫困国家的发展状况才能有所改善。"④ 发展经济学家杰弗里·萨克斯（Jeffrey Sachs）也是国际援助最坚定的支持者之一，对于国际援助在消除极端贫困中的作用持乐观的态

---

① EASTELEY W. Can Foreign Aid Save Africa？［Z］. Clemens Lecture Series No. 13, 2015.
② 伊斯特利. 白人的负担：为什么西方的援助收效甚微［M］. 崔新钰，译. 北京：中信出版社，2008.
③ ASONGU S A, NWACHUKWU J C. Increasing Foreign Aid for Inclusive Human Development in Africa［J］. Social Indicators Research, 2018, 138（2）：443-466.
④ The UN Millennium Project. Investing in Development：A Practical Plan to Achieve the Millennium Development Goals［M］. London：Earthscan, 2005.

度。在《贫穷的终结：我们时代的经济可能》（*The End of Poverty：Economic Possibilities of Our Time*）一书中，他强调了富裕国家花费国民生产总值的 0.7% 来援助贫穷国家的必要性，认为富裕国家给予极端贫困的贫穷国家帮助，可以帮助它们摆脱贫困陷阱，完全可能消除极端贫困。关键是优化援助项目，核心在于扩大对基础设施、健康和教育领域的关键投资。①

第三种观点，援助有效性的条件论。这种观点认为对外援助对于缓解受援国的贫困是起到了一定作用的，但这是有条件的。也就是说援助是否能促进一国减贫取决于一定的条件，包括国家制度、文化、政府治理等方面。其中影响力最大的就是杜大伟（David Dollar）提出的善治理论，他认为，从总体上来看，国际援助对于受援国的经济增长成效有限，但在政策良好的国家，援助的效果能得到更好的发挥。保罗·科利尔（Paul Collier）在其著作《最底层的十亿人》（*The Bottom Billion*）中也指出，评价对外援助的效果采取非黑即白的论断太过于草率，对大部分非洲国家而言，对外援助都促进了其经济增长，但援助的有效性呈边际递减趋势。②

迄今，关于对外援助的争论仍然在持续。但正如 1985 年世界银行和国际货币基金组织发布的《援助到底起作用吗?》的研究报告所述，减贫的效果依赖于援助和受援国的合作，外来援助所扮演的始终只能是辅助角色。③ 援助不会使贫困成为历史，西方援助也做不到。只有贫困人口自己努力、贫困社会相互帮助且在适合自己的条件下借鉴西方的理念和制度才能终结贫困。④ 在上述理论探讨的基础上，从 20 世纪 90 年代开始，随着新兴国家减贫的成功，并开始将自身减贫成功的经验和理念融入对外合作

---

① 萨克斯. 贫穷的终结：我们时代的经济可能 [M]. 邹光，译. 上海：上海人民出版社，2007：248-264.

② 科利尔. 最底层的十亿人 [M]. 王涛，译. 北京：中信出版社，2008.

③ Robert Cassen and Associates. Does Aid Work？ Report to an Intergovernmental Task Force [M]. Oxford：Clarendon Press, 1985：11-13.

④ 伊斯特利. 白人的负担：为什么西方的援助收效甚微 [M]. 崔新钰，译. 北京：中信出版社，2008：308.

减贫中，以中国为代表的新兴国家的全球贫困治理模式被纳入学术研究的视野，成为一个新的学术热点。

尽管目前学术界对于新兴援助国所主导的全球贫困治理模式也没有统一的定义，但大多数学者都倾向于将其界定为南南合作框架下的减贫合作。与西方发达国家所主导的以国际发展援助为主的全球贫困治理模式相比较，其差异性是显而易见的：一是将贸易、投资与对外援助相结合，采取了"超越发展援助"的模式；二是新兴国家推动的国际减贫合作融入了"平等互利、合作共赢"等理念和核心精神，激发了发展中国家内生减贫动力，更有利于发展中国家的减贫。这部分具体研究大多是以中国为案例进行分析的，下文将进行详细介绍。

（二）新兴经济体对全球贫困治理的影响

2030 年可持续发展议程实施以来，新兴经济体逐渐崛起，在全球贫困治理中的贡献不断增大，在新兴经济体推动下的全球贫困治理的发展趋势成为学术界关注的焦点。对于新兴经济体的崛起对全球贫困治理的影响程度的大小，学者们的看法有所差异。

部分学者肯定了新兴经济体对于全球贫困治理体系的冲击，但同时也强调北南援助在全球贫困治理中的重要性。菲利克斯·奇默尔曼（Felix Zimmermann）和金伯利·史密斯（Kimberly Smith）指出，中国作为新兴援助国在国际发展合作中的地位日趋重要，新兴国家向受援国提供了资金和技术支持，有利于促进受援国经济增长，帮助其消减贫困。① 杜旸以中国减贫治理为切入点，探讨了全球贫困治理体系的发展与变化，他认为："发展中国家在全球治理中的重要性显著上升，逐步打破全球贫困治理中'西方中心'和'西方主导'的局面。"② 张原以"一带一路"倡议下的新

---

① ZIMMERMANN F, SMITH K. More Actors, More Money, More Ideas for International Development Cooperation [J]. Journal of International Development, 2011 (23): 722-738.
② 杜旸. 全球治理中的中国进程：以中国减贫治理为例 [J]. 国际政治研究, 2011 (1): 93.

型减贫国际合作机制为研究对象，利用定量分析的方法，探讨了中国国际减贫合作机制面临的挑战，认为"北南援助"依然是构成全球减贫机制的重要力量。①

而更多的学者则认为，当前南南合作已经成为与南北合作并驾齐驱的全球贫困治理力量。如刘靖认为，当前的国际发展援助并未实现减贫和结构转型，但 OECD-DAC 的官方发展援助出现了向南南合作趋同的形势，南南合作推动了以南方国家为主导的新型国际发展治理体系的探索。②安春英则以中非减贫合作为例，研究了中国参与全球贫困治理的理念演变和实践特点，并提出全球贫困治理正从以"南北合作模式"为主向"南北合作模式"与"南南合作模式"双向度趋势发展。③王小林和张晓颖认为，在SDGs 启动实施后，南北援助与南南合作在国际减贫中有互补作用，使全球贫困治理从过去的传统型转向了合作共赢型。④ 正如 OECD-DAC 主席理查德·曼宁在 2006 年所述，如果传统援助者和新兴援助者都能以可持续发展和消除贫困为目标，将会对贫困国家的政策产生更广泛的影响。我们将可以看到一个致力于全球发展的多元行为体新时代的来临。⑤

由此可见，虽然学者们对于当前南北两方力量在全球贫困治理中地位的变化看法不尽相同，但一个共同的结论是：新兴经济体正在以自己的方式推动全球贫困治理体系的发展与变化。

---

① 张原 . "一带一路"倡议下的中国对外合作减贫：机制、挑战及应对 [J]. 当代经济管理，2019（1）：13-15.

② 刘靖 . 全球援助治理困境下重塑国际发展合作的新范式 [J]. 国际关系研究，2017（4）：37-40.

③ 安春英 . 中国对非减贫合作：理念演变与实践特点 [J]. 国际问题研究，2019（3）：124.

④ 王小林，张晓颖 . 迈向2030：中国减贫与全球贫困治理 [M]. 北京：社会科学文献出版社，2017：170-172.

⑤ MANNING R. Will "Emerging Donors" Change the Face of International Cooperation? [J]. Development Policy Review，2006，24（4）：371-385.

（三）中国参与全球贫困治理的相关研究

20世纪90年代以来，中国的减贫成就开始进入学术界的视野，学界对中国参与全球贫困治理的实践、中国参与全球贫困治理的意义、中国对全球贫困治理的影响等问题进行了详尽的探讨。

1. 中国参与全球贫困治理的实践

国内外学者多以中非减贫合作、中国—东盟减贫合作的个案作为切入点，对中国参与全球贫困治理的实践特点进行分析总结。黛博拉·布罗蒂加姆（Deborah Brautigam）的《龙的礼物：中国在非洲的真实故事》在对于中国对非援助的具体案例进行持续追踪和调研的基础上，全面、客观地分析了中国参与非洲国家发展合作的方法和实践，得出了中国的理念与西方国家有着本质区别的结论，为中国对非发展合作正名。① 赞比亚学者丹比萨·莫约（Dambisa Moyo）在2009年出版的《援助的死亡》（*Dead Aid*）一书中，对中非发展合作模式给予了肯定，认为中国的援助有助于全面改善非洲的基础设施，是非洲国家减贫与发展的基石。② 李小云《中国与非洲：发展、贫困和减贫》将中国的减贫模式与非洲的减贫模式进行了比较和分析，认为中国内源性的减贫模式与非洲外部驱动型的减贫模式产生了不同的减贫效果，中国的减贫模式对于非洲有着重要的参考借鉴意义。③ 程诚《"一带一路"中非发展合作新模式"造血金融"如何改变非洲》对西方主导的发展援助理论进行了反思和批判，详细阐明了中非发展合作的特征，特别是具有中国特色的"造血金融"而非"输血金融"所构建的平等互利合作共赢的关系，对于非洲国家的发展与脱贫有着重大的推动

---

① 布罗蒂加姆. 龙的礼物：中国在非洲的真实故事 ［M］. 沈晓雷，高明秀，译. 北京：社会科学文献出版社，2012.

② 莫约. 援助的死亡 ［M］. 王涛，等译. 北京：世界知识出版社，2010.

③ 李小云. 中国与非洲：发展、贫困和减贫 ［M］. 北京：中国财政经济出版社，2010.

作用。①

鞠海龙、邵先成将中国在东盟的减贫合作与美日在东盟的减贫合作做了对比，认为中国不附带任何政治和经济条件的国际减贫项目，更有利于受援国的减贫和经济发展。② 莫光辉、于泽堃以国际区域减贫合作的相关理论研究为基础，指出畅通便捷的交流机制、区域特征、可行能力是"东盟+3"项目的优势，并强调了构建区域间减贫合作模式对于推动世界减贫的重要意义。③

2. 中国参与全球贫困治理的意义

李瑞昌在《中国反贫困的国际视野与人类观念》一文中对中国参与反贫困国际合作的历程进行了划分，认为中国积极参与国际反贫困合作展示了人类共同命运的历史观念，而且对世界反贫困具有不可估量的意义，并提出对外援助是未来中国反贫困国际合作的发展方向。④ 但未就对外援助如何在减贫国际合作中发挥作用展开具体论述。

杜旸认为中国国内的减贫治理取得了巨大的成功，为全球贫困治理贡献了多样化的解决方案，中国可将自身减贫经验整合运用到全球贫困治理中，推动全球贫困治理机制改革，并向发展中国家提供具有参考价值的理念和方法，促进发展中国家的减贫进程。⑤ 李小云等《关于中国减贫经验国际化的讨论》对改革开放以来中国减贫经验进行了总结分析，提出极富

---

① 程诚."一带一路"中非发展合作新模式:"造血金融"如何改变非洲 [M]. 北京: 中国人民大学出版社，2018.

② 鞠海龙，邵先成. 中国—东盟减贫合作: 特点及深化路径 [J]. 国际问题研究，2015（4）: 26-39.

③ 莫光辉，于泽堃. 国际区域减贫合作模式探索——基于"东盟+3"村官交流项目的个案分析 [J]. 领导之友，2016（9）: 14-20.

④ 李瑞昌. 中国反贫困的国际视野与人类观念 [C] //上海市社会科学界联合会. 2007年度上海市社会科学界第五届学术年会文集. 上海: 上海人民出版社，2007: 217-221.

⑤ 杜旸. 全球治理中的中国进程: 以中国减贫治理为例 [J]. 国际政治研究，2011（1）: 90-99.

启示性的两大观点：一是中国减贫成功具有其特殊性，包括特定的历史、政治和经济社会发展条件，同时也是中国融入全球经济发展的附属物；二是中国减贫经验国际化的核心绝非机械复制和分享，而是要更好地提炼中国发展与减贫经验实质性内涵，提高减贫经验分享的有效性。① 姜安印和张庆国《中国减贫经验在"一带一路"建设中的互鉴性》总结了中国减贫实践突出地方政府的主动性和主导性、注重减贫战略持续性和协调性，有效借力国际减贫资源等方面，为"一带一路"沿线国家和地区的减贫工作提供了多视角的借鉴。② 中共中央党校赵懂文的博士学位论文《中国扶贫外交研究》是目前从外交视角对中国对外扶贫交流合作进行研究的一个重要成果。③ 论文首先界定了扶贫外交的概念，并介绍了中国扶贫外交的概况，对中国扶贫外交面临的挑战、布局以及政策建议做了总结。吴宇认为全球贫困治理面临贫困评估标准亟待优化、治理力量内外失衡、不确定的世界政治经济环境等方面的困境，中国提出的一系列引领性的贫困治理理念推动了全球贫困治理。④ 黄承伟指出，在国际社会学习和了解中国减贫经验的现实需求不断上升的背景下，构建中国减贫经验国际化的立体式网络，推进对外减贫合作与中国企业"走出去"相结合十分重要。⑤ 王小林提出中国国内的贫困治理经验是实现 SDGs 的宝贵财富，是中国在处理全球发展事务中的"软实力"。⑥ 杜艳艳和刘宇赤的《从中国参与"消除贫困"看国家治理与国际治理的协调统一》以"消除贫困"这一国际问题为

---

① 李小云，等. 关于中国减贫经验国际化的讨论 [J]. 中国农业大学学报（社会科学版），2016（5）：18-29.

② 姜安印，张庆国. 中国减贫经验在"一带一路"建设中的互鉴性 [J]. 中国流通经济，2016，30（4）：55-63.

③ 赵懂文. 中国扶贫外交研究 [D]. 北京：中共中央党校，2017.

④ 吴宇. 全球贫困治理的困境及其创新发展的中国贡献 [J]. 天津社会科学，2017（6）：91-94.

⑤ 黄承伟. 为全球贫困治理贡献中国方案 [N]. 人民日报，2017-07-20（3）.

⑥ 王小林. 改革开放 40 年：全球贫困治理视角下的中国实践 [J]. 社会科学战线，2018（5）：17-26.

例，分析了国家治理与国际治理的关系，认为要实现二者的协调统一应处理好本国权利主张与国际责任担当之间的关系；处理好文化沟通与共同价值之间的关系；处理好长远计划与临时措施之间的关系；处理好政府行为与非政府组织之间的关系；处理好不同治理方式之间的关系。① 王志章以人类文明成果分享为视角，解析了非洲反贫穷的困境、中国扶贫经验的世界性意义，进而构建起中国扶贫经验植入非洲的路径。② 安春英认为，从中非减贫合作的理念、主体、合作方式以及内容来看，中非南南减贫合作新模式成效显著，彰显了合作共赢的新型国际关系要义。③ 齐顾波和孟雷的《联合应对全球贫困挑战：中非农业合作文献综述》探讨了中非合作论坛框架下的农业合作对于非洲减贫的重要意义。④

3. 中国对全球贫困治理的影响

2000 年以来，中国在全球贫困治理体系中的角色实践不断深入，引起了学术界的广泛关注。学者陈智宏（Gerald Chan）分别以中国与世界银行、经济合作与发展组织、联合国开发计划署的合作以及南南合作为例，详细考察了中国参与全球贫困治理的合作模式，认为多边合作是中国参与国际减贫的重要方式，中国期待更多地参与国际减贫，但由于需要平衡国内减贫与国际减贫，当前中国在国际减贫中的影响力是较为有限的。⑤ 学者迪雅莎·卡莎叶（Deyassa Kassaye）提出，中国的减贫思维与传统援助国有着显著的差别，中国减贫的理论基础是通过促进经济发展和带动就业

---

① 杜艳艳，刘宇赤. 从中国参与"消除贫困"看国家治理与国际治理的协调统一 [J]. 甘肃理论学刊，2016（4）：15-18.

② 王志章. 非洲反贫穷的困境与中国扶贫模式植入的路径 [J]. 上海师范大学学报（哲学社会科学版），2013（2）：110-120.

③ 安春英. 构建合作共赢的中非减贫合作范式 [J]. 国际经济合作，2016（8）：13-19.

④ 齐顾波，孟雷. 联合应对全球贫困挑战：中非农业合作文献综述 [J]. 国际援助，2016（2）：6-17.

⑤ CHAN G. For Richer, for Poorer: China Embraces Global Poverty Reduction? [J]. Bandung: Journal of the Global South, 2015, 2（1）：1-11.

的生产活动来确保减少贫穷和社会发展的，而这种模式也正在通过多种途径对西方国家的减贫思维和减贫合作行为产生影响。①

鉴于角色的变化，学术界关于中国参与全球贫困治理的路径的探讨也逐渐增多，大多是以区域减贫合作为例来进行分析的。吴良等学者认为，在"一带一路"背景下中国应依靠自身的减贫经验，从多个层面提升与东南亚国家的合作层次，推进东南亚国家的减贫进程。② 王志章、郝立提出，中国与东盟的减贫合作应注重顶层设计、完善对话合作机制、加强基础设施和互联互通，提高贫困地区自我造血能力，并重视教育扶贫和人文交流，确保扶贫效果的长期可持续性。③ 白维军认为，从社会、经济、制度和实践领域四方面来分析，"金砖国家"之间有着广泛的反贫困合作基础，可以构建起减贫合作的长效机制。④ 中国国际扶贫中心的研究报告从周边外交的视角探讨了中国—东盟减贫合作的意义以及工作思路，提出中国可从机制建设、将减贫国际合作纳入"一带一路"倡议、发挥企业和社会力量的作用、发挥中国—东盟自贸区效能等几个方面来加强中国—东盟减贫合作。⑤

此外，对于贫困问题的研究离不开具体数据的支撑，本书将对中国商务部、中国外交部、国务院原扶贫办、国家国际发展合作署、中国国际扶贫中心、中国减贫研究数据库、中国国际发展知识中心等网站的统计数据、资料等进行分析整理。国外方面，结合经济合作与发展组织发展援助

---

① DEYASSA K. Does China's Aid in Africa Affect Traditional Donors? [J]. International Studies Interdisciplinary Political and Cultural Journal，2019，23（1）：199–215.
② 吴良，等."一带一路"倡议背景下东南亚贫困及减贫开发模式研究 [J]. 科技促进发展，2017（6）：463–471.
③ 王志章，郝立. 中国与东盟反贫困合作路径研究 [J]. 广西社会科学，2017（1）：38–42.
④ 白维军."金砖国家"反贫困合作机制研究 [J]. 经济体制改革，2013（1）：147–151.
⑤ 赵青海. 中国与东盟 10+1 框架下的减贫国际合作与周边外交 [R]. 北京：中国国际扶贫中心，2015.

委员会（OECD-DAC）、世界银行（WB）、联合国发展计划署（UNDP）、国际货币基金组织（IMF）、世界贸易组织（WTO）、非洲发展银行（AFDB）等机构的最新统计数据进行分析论证。

（四）国际角色理论相关研究

相比较而言，国外学界的角色理论研究起步较早，也较为系统。不同时期的学者在探索中逐步深化了对角色理论相关概念的认识，完善了角色分析的框架。

国际角色理论的建构经历了从社会角色到国际角色的演进。角色（role）源自戏剧表演艺术，主要指演员在剧中所扮演的某一特定个性化的人物。这一概念后来被社会科学家们用以解释和描述不同群体所扮演的不同角色，如妇女作为妻子和母亲、儿童作为学生和其他身份、男人作为雇员和丈夫的具体行为，以及这些特定群体是如何展示自己的行为的。[①] 也就是说，在社会学中，学者们借用戏剧艺术中的"角色"概念来研究个体在社会生活中的行为。角色概念自 20 世纪 30 年代开始被社会科学家广泛使用。学者们运用角色视角考察人们在社会生活中的沟通模式，角色理论因此成为联结社会学、认知心理学、人类学等学科的重要学术概念。

米德（George Herbert Mead）、莫雷诺（Jacob Levy Moreno）、林顿（Palph Linton）是早期对角色理论研究影响较大的三位学者。1934 年，符号互动论创始人美国学者米德将"角色"引入社会心理学的研究中，这被认为是社会结构的研究起点。在米德的相关探讨中，他将自我意识分为"主我"和"客我"。其中，"主我"指的是自发的、能动的一面，它为个体的自我认知和人格发展提供动力。"客我"则是内化了社会要求和期待的一面，它是在社会互动过程中形成和发展起来的。这两个概念是相互建构的，即"主我"通过与他人的互动反应变为"客我"，而自我的发展过程就是

---

① 秦启文，周永康. 角色学导论 [M]. 北京：中国社会科学出版社，2011：1-2.

"主我"与"客我"之间连续不断的互动过程。① 米德理论中的互动主义思想强调了社会环境对个体行为的影响，为后来的角色研究提供了理论基础。奥地利心理学家莫雷诺提出了"社会剧"（sociodrama）的概念，即通过角色扮演和群体互动来帮助个体认识和解决内心冲突。他的方法强调了角色在群体中的相互作用和影响，为角色研究提供了实践层面的探索。1936 年，美国人类学家林顿对社会地位和角色之间的关系进行了深入阐释。他认为社会地位和角色关系是用来分析社会结构的元素的，个人行为可以被塑造成为角色表演，预示着角色是个人行为和社会结构的连接方式。② 林顿的研究提供了一种新的视角，促使人们深入探索个体与社会结构之间的复杂关系，更好地理解个体在社会中的行为和互动方式，以及这些行为和互动如何受到社会结构的影响。米德、莫雷诺、林顿三位思想家的研究为角色研究奠定了基础，并建立了角色及其相关观点方法的框架，使得"角色"概念成为观察人类行为的重要视角之一。

20 世纪 70 年代，加拿大学者霍尔斯蒂（K. J. Holsti）首次系统地将国家角色（national role）引入国际关系研究领域③，角色理论逐渐发展成为国际关系学科的一个重要研究方向。但值得注意的是，在建构主义学者将社会角色理论引入国际关系领域产生"国际角色"概念之前，角色理论在国际关系研究中更多强调的是国家角色概念，主要关注国家的自我认同和角色观念对其行为的影响。随着研究视野的拓展和研究路径的更新，学者们更加关注国家的国际角色，强调自我和他者之间的互动对国际角色的塑造。

霍尔斯蒂提出国家角色的分析应重点关注角色扮演（role performance）和角色观念（role conceptions）两方面，并实际研究了两者之间的关系，

---

① 米德. 心灵、自我与社会 [M]. 赵月瑟，译. 上海：上海译文出版社，2018.
② 秦启文，周永康. 角色学导论 [M]. 北京：中国社会科学出版社，2011：3.
③ HOLSTI K J. National Role Conceptions in the Study of Foreign Policy [J]. International Studies Quarterly, 1970, 14 (3)：233-309.

总结了国家角色的基本类型。霍尔斯蒂通过案例研究来分析国家的角色类型，他选取了 1965—1967 年 71 个国家的 972 个领导人讲话以及正式文件为对象进行定量分析。通过对这些文稿的分析，他细分出了 17 种不同类型的国家角色，如地区领导者、信仰捍卫者、调解者、地区—次系统合作者、发展者、忠诚盟友等。① 霍尔斯蒂的研究奠定了国际关系角色理论的基础，为理解国家角色以及对外政策提供了基本分析框架。虽然他的理论被一些学者认为过于简单化了国家行为的多样性和复杂性，且没有详细讨论角色观念的内部根源等。但自霍尔斯蒂开始，学者们不断运用国家角色理论来分析对外政策，并逐步完善了该理论在对外政策分析中的解释机制。

20 世纪 80 年代，维什（Naomi Bailin Wish）、斯蒂芬·沃克（Stephen G. Walker）等学者采用结构功能主义的方法，通过实证研究进一步证明了角色分析的可行性和价值。维什在分析关于国家角色的原始数据和外交政策行为现有数据的基础上，得出结论："一国决策者的国家角色观念和国家外交政策之间有着强关联性，国家角色观念为国家行为提供长期的指导方针。"② 维什还提出国家特性（national attributes）是塑造国家角色观念、影响外交决策的重要因素。国家特性不仅直接影响国家的对外政策行为，而且通过塑造国家角色观念间接地施加影响力。决策者在形成国家角色观念时通常会考虑本国的能力和资源，并根据国家特性来制定外交政策的指导方针和标准。③ 她以 1959—1968 年 17 个国家的 29 名政治家为研究对象，结合国家特性特征（包括国家的规模或权力、经济发达程度和政治倾

---

① HOLSTI K J. National Role Conceptions in the Study of Foreign Policy ［J］. International Studies Quarterly, 1970, 14 (3): 233-309.

② WISH N B. Foreign Policy Makers and Their National Role Conceptions ［J］. International Studies Quarterly, 1980, 24 (4): 532-554.

③ WISH N B. National Attributes as Sources of National Role Conceptions: A Capability Motivation Model ［M］ // WALKER S G. Role Theory and Foreign Policy Analysis. Durham: Duke University Press, 1987: 96.

向等维度）和国家角色观念（包括状态、动机倾向、正义领域等维度）两个层面的变量进行研究。研究结果表明，决策者的国家角色观念与外交政策之间具有较强的相关性。① 例如，一个拥有强大经济实力和军事能力的国家的决策者一般倾向于采取自主、积极的角色，追求更具挑战性的外交政策目标。

沃克则强调国际体系结构对于角色的影响，他关注国家如何通过角色观念和角色期望来塑造其外交形象，并分析了不同角色对国家行为的影响。在理论建构的基础上，沃克将国家在国际事务中所扮演的角色概括性地归纳为六种：消费者（consumer）、生产者（producer）、好战者（belligerent）、霸权者（hegemony）、促进者（facilitator）、煽动者（provocateur）。② 沃克和桑普森（Martin W. Sampson Ⅲ）还研究了民族文化对国家角色观念的重要影响。他们通过比较分析法国和日本的文化特征以及国家角色观念得出结论：日本民族文化和角色观念具有"集体导向"（group-oriented）规范和相互依存的特征，因而塑造了发展者、地区—次体系合作者和忠诚盟友等国家角色观念。而法国民族文化和角色观念则更具个人导向（individualistically-oriented）和独立自主的特征，因此塑造了独立者、积极独立者、调停者等国家角色观念。③ 玛格丽特·赫尔曼（Margaret G. Hermann）等学者还利用亚洲和非洲一些国家的案例验证霍尔斯蒂关于领袖人物人格特征与国家角色观念、角色行为关系的分析。如玛格丽

① WISH N B. National Attributes as Sources of National Role Conceptions：A Capability Motivation Model［M］// WALKER S G. Role Theory and Foreign Policy Analysis. Durham：Duke University Press，1987：99-102.

② WALKER S G. Role Theory and the International Systems：A Postscript to Waltz's Theory of International Politics?［M］//WALKER S G，edited. Role Theory and Foreign Policy Analysis. Durham：Duke University Press，1987：78.

③ SAMPSON M W，WALKER S G. Cultural Norms and National Roles：A Comparison of Japan and France［M］// WALKER S G. Role Theory and Foreign Policy Analysis. Durham：Duke University Press，1987：99.

特对 11 个非洲国家 12 名领导者的人格特征、角色倾向与对外政策行为之间的关系进行了探讨分析。①

总体来看，结构功能主义流派的学者更为强调国际体系的物质结构，如国家实力、经济利益、军事能力等因素对国家角色观念的塑造，在一定程度上忽视了社会关系、角色预期等因素对国家外交决策的影响。② 再加之缺少精确的研究方法，且冷战时期的两极格局相对稳定，角色理论在解释和预测国际关系方面的实用性相对较低。③ 因此，角色理论在冷战时期并没有成为学术界的研究热点。

冷战结束后，随着国际体系的演变和全球化的加剧，国际关系中的角色问题变得更加复杂和多样化。学者们借用角色理论自身的社会学理论优势，引入建构主义的分析视角，对冷战后国际体系中的国家行为进行了不同角度的分析。蒂斯（Cameron G. Thies）和塞巴斯蒂安·哈尼施（Sebastian Harnish）是其中的代表人物。蒂斯对角色理论进行了本体论上的颠覆，挑战了早期角色理论中"观念先于互动"的假设，并突破了僵化的结构功能主义角色观念，强调了国际体系结构中外部预期和观念对于主体角色观念的影响，以及主体角色观念的社会化调适。④ 哈尼施借用米德理论中的核心概念，系统探讨了米德理论对于角色研究的启示。

多重角色观念及角色冲突也是学者们重点关注的方向。莫希·卡里姆（Moch Faisal Karim）以印尼国家角色的构建为案例，对国家纵向角色冲突

---

① HERMANN M G. Assessing the Foreign Policy Role Orientations of Sub－saharn Africa Leaders ［M］ // WALKER S G. Role Theory and Foreign Policy Analysis. Durham：Duke University Press，1987：177-198.

② NABERS D. Identity and Role Change in International Politics ［M］ // HARNISCH S. Role Theory in International Relations. London：Roultedge，2011：77.

③ WEHNER L E，THIES C G. Role Theory，Narratives，and Interpretation：The Domestic Contestation of Roles ［J］. International Studies Review，2014，16（3）：411.

④ THIES C G. Socialization in the International System ［D］. Arizona：Arizona State University，1999.

的来源进行了研究。他认为，区域层面观众与全球层面观众对国家角色的不同期望导致了纵向角色冲突，主要包括可调和性角色冲突（Reconciled Role Conflict）与不可调和性角色冲突（Unreconciled Role Conflict）两种类型。① 尼古拉斯·尼尔森（Niklas Nilsson）对危机情境下行为体的角色冲突管理进行了研究，他通过分析格鲁吉亚 1991 年以来的外交政策发现，在面对危机情境时，格鲁吉亚通过合理化（Rationalization）和补偿（Compensation）两种类型的管理策略维持了其角色观念。② 玛丽克·布鲁明（Marijke Breuning）和安娜·佩切尼娜（Anna Pechenina）在早期角色理论研究的基础上，提出了分析国家主导角色和辅助角色之间的冲突的理论框架。③

国内学者对于国际角色理论分析较少，但近年来关注逐渐增多。庞珣较早开始关注角色理论，她在《国际角色的定义和变化：一种动态分析框架的建立》一文中论述了国际角色理论在对外政策分析中的重要性，并提出了一个国际角色分析的框架。其核心思想是国际和国内变量相互作用，对于国际角色的构建有着重要的影响。此外，她还强调了角色理论能为分析未来中国在世界上的角色以及对外政策演变提供一个有益的研究框架。④ 李殿窥在《"一体化"视角与国际关系角色理论的演进》一文中概括了角色理论的引进阶段、角色理论的发展阶段、角色理论的完善阶段的不同研究范式和研究内容，认为角色理论为研究者们提供了一种分析视角，也展

---

① KARIM M F. Role Conflict in International Relations: The Case of Indonesia's Regional and Global Engagements [J]. International relations, 2023, 37 (1): 96–116.

② NILSSON N. Role Conceptions, Crises, and Georgia's Foreign Policy [J]. Cooperation and conflict, 2019, 54 (4): 445–465.

③ BREUNING M, PECHENINA A. Role Dissonance in Foreign Policy: Russia, Power, and Intercountry Adoption [J]. Foreign policy analysis, 2020, 16 (1): 21–40.

④ 庞珣. 国际角色的定义和变化：一种动态分析框架的建立 [J]. 国际政治研究, 2006 (1): 135–137.

现了理论"一体化"的途径和可能性，丰富了国际关系理论发展的模式。①
魏玲、李桐的《角色理论与当代国际关系研究议程》一文系统介绍了国际
关系角色理论的发展以及核心概念，提出角色理论是以角色为核心、将国
际关系不同领域和议题的研究聚合到一个整体化复合理论体系中的一种重
要的中层理论。这个理论体系的发展受益于从结构功能主义到符号互动主
义的跨越，推动了行为体—结构关联的发展；从外交决策分析跨越到角色
理论的建设，提高了研究的现实问题导向；从观念研究、概念发展到理论
复合体建设的跨越，强化了研究的实践性。②

  国内学者的研究更多的是从实践层面出发，关注中国在当前国际体系
中的角色构建，或在全球经济治理、全球气候治理等某一领域的具体角色
定位以及角色实践。徐正源在《中国负责任大国角色的建构：角色理论视
角下的实证分析》一书中运用文本分析法，研究了中国负责任大国的角色
认知和角色实践。③ 李波《中国在全球气候治理中的角色研究》一书系统
运用角色分析理论，建构了国家利益、身份认知、国际体系的分析框架，
研究了中国在不同历史时期参与全球贫困治理的拒绝角色、承认角色、接受
角色以及"后巴黎"时代中国在全球气候治理中的角色。④

  刘雨辰、杨鲁慧选取国际地位和对外态度两个变量，分析了国际秩序
转型过程中中国角色转换的原因以及履行新责任的路径。⑤ 印言蹊将角色
定位过程描述为一种动态过程，即对该体系中的独立行为体所扮演角色的

---

① 李皎窥．"一体化"视角与国际关系角色理论的演进［J］．国际政治科学，2014
（1）：100-137.
② 魏玲，李桐．角色理论与当代国际关系研究议程［J］．外交评论，2023（6）：83-
110，167-168.
③ 徐正源．中国负责任大国角色的建构：角色理论视角下的实证分析［M］．北京：中
国人民大学出版社，2015.
④ 李波．中国在全球气候治理中的角色研究［M］．北京：中国社会科学出版社，
2023.
⑤ 刘雨辰，杨鲁慧．国际秩序转型视域下中国的角色转换［J］．浙江大学学报（人文
社会科学版），2018（5）：228-240.

预期——此行为体对自身地位的确定——此行为体在社会中所扮演角色的定位——以此为基础的战略选择。① 袁伟华以中国—东盟关系为案例，分析了中国与东盟发展双边关系时的角色定位以及角色实践，认为角色冲突会给双边关系带来挑战。② 徐博等运用角色理论考察了俄罗斯在能源领域的角色定位，并从国内政治和国际政治两个层次分析了俄罗斯对中国能源外交决策中角色身份与角色预期的变化。③ 王艺潼运用文本分析的方法，对 21 世纪以来中国政府工作报告及外交部就中国海洋领土争端问题答记者问的内容进行分析，总结归纳了中国国家角色定位及实践特点和变化。④ 宗华伟等选取相关文本进行了词语使用频度和语义内涵的分析，探讨了自我与他者视角下的中国国际角色的共识和差异，提出中国特色大国外交的全面推进要树立正确的角色观，在自我与他者互动中发挥积极作用。⑤ 毕世鸿等运用角色冲突相关理论分析了中国在东南亚的国家角色构建，提出中国在东南亚的角色尚未实现内外统一，东盟国家对中国角色的认知与自身的定位存在不同程度的分歧和偏差，角色冲突较为明显。为此，中国唯有自身进行调整，才能引导对方认知的改变；此外，也可尝试从他者角度思考问题再进行互动。⑥

（五）文献述评

综上，现有研究主要取得了以下三方面的进展。一是对于贫困的基础

---

① 印言蹊. 被期待的大国角色：新时期中国国际地位角色探析 [J]. 国际观察，2015 (5)：82-92.

② 袁伟华. 对外政策分析中的角色理论：概念解释机制与中国—东盟关系的案例 [J]. 当代亚太，2013 (1)：125-156，160.

③ 徐博，瑞辛格. 国际关系角色理论视角下俄罗斯对中国能源外交决策探析 [J]. 东北亚论坛，2019 (4)：98-111，128.

④ 王艺潼. 解构"中国外交强势论"：基于国家角色理论的实证分析 [J]. 当代亚太，2019 (6)：99-130，160.

⑤ 宗华伟，谢喆平. 中国在联合国机构的国际角色：一种自我与他者视角 [J]. 国际政治研究，2022 (6)：52-75，6-7.

⑥ 毕世鸿，马丹丹. 中国在东南亚的国家角色构建及面临的角色冲突 [J]. 南洋问题研究，2021 (1)：59-70.

理论进行了持续的、多视角的研究和探讨，特别是近年来，关于中国减贫经验的理论化研究成果愈加丰硕，这为理解全球贫困治理的进程、困境、发展方向等问题奠定了良好的基础；二是对于中国参与全球贫困治理不仅仅是停留在现状的描述，部分研究成果从国际关系的学科视角对中国参与全球贫困治理的重要意义进行了分析和解读；三是从理论层面上，对中国参与全球贫困治理的价值理念、实践特点、趋势等内容进行了初步的探索。这些成果为本研究的开展奠定了良好的基础，但总体来看现有研究仍然存在一些不足之处。

第一，综合上述文献分析，可以发现，针对中国参与全球贫困治理的研究侧重于实践层面，理论层面的研究相对较少；侧重于专题和个案研究，且以描述性的分析为主，研究议题过于集中、创新度不够，将中国参与全球贫困治理放置于中国对外关系的大背景层面进行的讨论较少，缺乏理论创新和深化的整体分析以及系统性研究，没有充分体现中国参与全球贫困治理的战略意义。

第二，对于中国等发展中国家在全球贫困治理中的角色和作用，现有研究成果不够全面和深入。当前以中国为代表的新兴经济体和发展中国家已经成为全球贫困治理中不可忽视的一支力量，尤其是中国所提出的引领性的全球贫困治理理念以及措施，为推动国际减贫进程做出了巨大的贡献。现有研究认为，中国为全球贫困治理贡献了可替代性的解决方案，但对于中国在全球贫困治理中独特的角色表现，以及塑造这些角色表现的动因、路径等相关问题的研究并未形成系统化、理论化的分析，相关研究有待深化。虽然角色理论较早也较为广泛地被用于国家对外政策分析，但从现有研究来看，对这一理论并未进行充分运用，较多学者运用角色理论分析中国对全球气候治理的参与，而对于中国参与全球贫困治理的角色尚缺少理论关注和深层次分析。

第三，现有研究对于在当前国际大背景下，中国如何深入参与全球贫困治理、更好地发挥减贫经验的国际比较优势方面的讨论不足,如从外交的视角来看,减贫治理作为一种国家软实力,怎样才能在中国参与全球治理、开展大国外交中发挥更大的作用;再如对外援助项目应该怎样引入扶贫视角,如何充分发挥中国企业、非政府组织等行为体参与国际减贫等。这些问题也是本选题进一步思考和努力的方向。

三、研究方法与研究思路

基于对当前全球贫困治理形势的客观认识,在对相关文献进行梳理、回顾和分析的基础上,本书综合运用历史分析法、个案研究法、跨学科分析法等研究方法展开研究,并设计出本书的具体研究思路。

(一)研究方法

1. 历史分析法

全球贫困治理的体系发展首先是一个不断演变的历史进程。本书通过对全球贫困治理理论与实践的历史回顾,全面梳理全球贫困治理的历史背景、现状以及发展趋势。对影响其发展变化的国际政治经济因素进行分析,并对中国参与全球贫困治理的历程及不同时期的特点进行归纳总结,结合全球贫困治理的现状以及发展趋势,分析中国参与全球贫困治理的角色与作用。

2. 个案研究法

本书选取两个具有代表性的案例——中国与非洲的减贫合作以及中国与湄公河国家的减贫合作进行个案分析,对中国参与全球贫困治理的动因、路径以及成效予以详细的介绍和分析,总结提炼出中国参与全球贫困治理的角色内涵。

3. 跨学科分析法

学界对贫困问题的研究综合了政治、经济、社会等各个学科视角。本书将充分重视国际发展研究、国际政治经济学、发展经济学等学科的相关理论和成果，分析中国参与全球贫困治理的角色，探究中国参与全球贫困治理中的政治经济学含义。

（二）研究思路

本书的分析主要从以下七个层面展开：

绪论部分主要阐述研究问题的由来，以及本研究的研究价值和意义。通过对国内外相关研究的文献进行梳理，进一步明确研究的重点和难点。并介绍本书采用的研究方法以及本研究的创新之处和不足之处。

第一章对本书的基础理论与研究框架进行阐释。首先对全球贫困治理所涉及的基本概念进行梳理和界定，并对全球贫困治理、国际发展治理、国际发展援助等概念的异同进行辨析。在此基础上，了解全球贫困治理研究的理论范式，并尝试结合国际角色理论，提出中国参与全球贫困治理角色的解释视角。

第二章对全球贫困治理理论与实践的发展历程进行梳理和总结。本章将全面梳理第二次世界大战以来全球贫困治理理论与实践的发展历程。重点关注全球贫困治理在治理目标、治理方式、政策框架三方面的发展变化，分析其变化发展的路径，总结出其中的规律所在，并结合当前全球贫困治理的现状，探讨全球贫困治理中国角色命题的提出。

第三章主要对中国参与全球贫困治理的角色进行分析。本章首先基于国际角色构建的视角，从内部角色观念、外部角色期待两个层次来分析影响中国参与全球贫困治理角色的主要因素。在此基础上，结合中国参与全球贫困治理的基本观念、利益原则、规则意识等方面因素探讨中国是如何在体系互动中构建参与全球贫困治理的角色的。进而具体分析中国参与全球贫困治理的角色内涵，为下文探讨中国在全球贫困治理中的角色实践奠定基础。

第四章具体分析中国在全球贫困治理中的角色实践与贡献。结合第三章中国参与全球贫困治理角色的分析，探讨中国参与全球贫困治理的实践路径以及对全球贫困治理的推动作用，并结合中非减贫合作和中国与湄公河减贫合作的案例，全面归纳、评价中国对全球贫困治理理念、合作机制、减贫模式的创新与发展。

第五章讨论中国参与全球贫困治理面临的挑战以及角色优化路径。本章将结合当前的国际政治经济形势，从国内外两个层面，对中国参与全球贫困治理面临的挑战进行系统分析，在此基础上，探讨优化中国在全球贫困治理中角色的具体路径。

结论部分对本书的主要研究发现进行了阐述。一是归纳总结了推动中国参与全球贫困治理角色变化的主要因素；二是对当前中国参与全球贫困治理的角色定位以及角色内涵的概括；三是就未来中国参与全球贫困治理角色优化的展望。

四、研究的重点、难点与创新之处

（一）研究重点及难点

1. 研究重点

第一，阐明中国参与全球贫困治理的具体角色表现，分析塑造其角色的内外因素。

第二，全面分析中国在全球贫困治理中发挥的具体作用以及对全球贫困治理的影响。

2. 研究难点

第一，由于统计路径的不一致，在对相关减贫数据进行整理、分析时可能会存在一定的困难。

第二，由于贫困问题综合了政治学、经济学、社会学等学科视角，国际层面的贫困治理也受多重因素的影响，因此，细致梳理多重要素之间的关系，准确把握中国参与全球贫困治理的角色变化，并分析推动其发展变化的关键性因素，是本研究的一个难点。

第三，在对中国参与全球贫困治理的比较优势、全球贫困治理的困境以及发展趋势进行系统分析的基础上，准确提出中国未来参与全球贫困治理的具体路径。

（二）创新与不足

1. 创新之处

第一，研究视角的创新。当前，学术界对中国参与全球贫困治理的探讨大多集中在中国减贫经验国际化的路径以及重要意义等方面，少有从整体性视角对中国参与全球贫困治理的进程、方式与特点进行分析探讨的成果。本书将从国家角色这一视角出发，全面分析中国在全球贫困治理中的作用，把握中国参与全球贫困治理的角色变化。

第二，研究内容的创新。本研究将尽可能收集最新和最权威的数据资料，对相关数据进行整理、分析和统计，从贫困治理理念的创新、减贫公共产品的提供、减贫合作机制的构建等维度界定中国在全球贫困治理中的角色和作用，以提升研究的深度和科学性。

第三，理论分析的创新。本书试图结合国际角色理论视角，对中国参与全球贫困治理的角色定位以及角色实践进行多层次的分析和考察，以准确把握影响中国参与全球贫困治理的主要因素，并提出未来中国深化参与全球贫困治理角色的主要路径。

2. 不足之处

第一，本书对于中国参与全球贫困治理的角色分析尚处于初步探索阶段，影响一国角色定位的内外因素较多，难以系统而全面地进行把握。

第二，由于不同的机构对贫困数据的搜集统计有不同的口径，部分资料数据在准确性、连续性以及可获得性等方面存在一些不足。

第一章

理论基础

本章首先对全球贫困治理所涉及的基础概念进行介绍，并对相近概念进行辨析，以确定研究主题和范围。其次，对全球贫困问题研究的主要理论视角进行介绍，主要包括发展经济学、国际政治经济学以及国际发展研究的研究趋势。最后，在此基础上尝试从角色理论分析的视角，构建中国参与全球贫困治理角色的基本分析路径。

第一节　核心概念辨析

贫困治理是一项综合工程，涉及国家政治、经济、文化和社会生活的方方面面，国际层面的贫困治理又更为复杂和系统。那么，什么是贫困？不同的国家和国际组织是如何界定和度量贫困的？全球贫困治理与国际发展合作、对外援助这些概念又有何异同？本节将对本研究所涉及的几个基本概念进行简要的介绍与分析。

一、贫困与贫困线

（一）贫困

对于贫困概念的界定是减贫实践的起点，也是相关研究的起点。作为一种社会建构的概念（a socially constructed conception），贫困的内涵和外延随着社会经济的发展和人类认知的不断深化，呈现发展性、动态性和多样性的特点。

早期的贫困研究大多是从物质层面和经济学的视角对贫困现象进行阐释和理解的。最早对贫困问题进行研究的是英国学者本杰明·西伯姆·朗特里（Benjamin Seebohm Rowntree），他将贫困定义为："一个家庭的总收入难以负担保障家庭成员正常身体功能所需的最低限度的生活必需品开支，这个家庭就陷入了贫困。"[①] 汤森（Townsend）认为，贫困是指" 在所有居民中，部分个人、家庭和群体缺乏获取保障基本生活的各类食物资源，以及参加社会活动的社交资源"[②]。奥本海默（Carey Oppenheim）指出："贫困是指物质上、社会上和情感上的匮乏，它意味着在物质、保暖和衣着方面开支要少于平均水平。"[③] 美国的劳埃德·雷诺兹（L. G. Reynolds）在《微观经济学》一书中说："所谓贫困问题，是说在美国有许多家庭，没有足够的收入可以使之能达到基本的生活水平。"[④] 总体来看，这些经典的贫困概念主要侧重于关注人的基本需求、收入、消费和资产指标，对贫困现象进行了基本的阐述和分析，在当时对于促进国家减贫政策的制定和福利计划的实行起到了良好的理论指导作用。但偏重于经济学视角的贫困定义未能对贫困现象背后的社会因素、政治因素和文化因素进行深入探析，忽略了贫困群体所处的社会环境和个人能力等社会性因素的重要性，具有一定的局限性。

随着研究视野的拓展，20 世纪 70 年代开始，理论界将个人能力和社会公平等因素纳入对贫困的界定中，贫困的内涵和外延得到多方面的拓

---

① ROWNTREE B S. Poverty：A Study of a Town Life ［M］. Bristol：Policy Press, 2000.

② TOWNSEND P. Poverty in the United Kingdom：A Survey of Household Resources and Standards of Living ［M］. California：University of California Press，1979.

③ OPPENHEIM C, LISA H. Poverty：the Facts ［R］. London：Child Poverty Action Group，1993.

④ 雷诺兹. 微观经济学 ［M］. 马宾，译. 北京：商务印书馆，1982.

展。其中影响最为深远的是印度学者阿马蒂亚·森（Amartya K. Sen）的相关研究。在《贫困与饥荒》一书中，森以"权利体系"这一理论为起点，考察分析了一般贫困与权利之间的联系，将贫困的原因归结为正当的、平等的权利被剥夺，而非自然和生理因素。2002 年，森在《以自由看待发展》一书中，提出了一个全新的发展观，即自由是发展的首要目的，自由也是促进发展必不可少的重要手段。森认为一切形式的贫困无非是一个人的"基本的潜在能力"①（basic capabilities）被剥夺，而不仅仅是收入低下。森的理论实质上是将贫困定义的逻辑进行了延伸，即"贫困—福祉被剥夺—基本需要—能力"②，不仅突破了学术界对贫困的理解多停留在经济层面的局限性，也深化了人们对贫困的根本性质以及致贫原因的认识，使贫困研究的理论视野不断拓展。20 世纪 90 年代以后，世界银行的世界发展报告和世界发展指标、联合国开发计划署制定的《人类发展报告》中关于贫困的定义和测量方式等都吸收了森的学术思想，如联合国开发计划署提出了"人类贫困"的新概念，主要指对健康长寿、知识、体面生活和社会参与等人类发展诸方面的剥夺，重点强调人的发展或人文价值。

中国学者对贫困问题的研究始于 20 世纪 80 年代对农村和农村贫困问题的关注，经过多年的发展，取得了实质性的进展。在对贫困问题进行多学科、多角度探索的过程中，国内学术界对"贫困"的定义和概念的认知也不断深化。国家统计局的早期研究认为："物质生活的困难可定义为贫困，即指一个人或一个家庭的生活水平未能达到社会最低标准。"③

胡鞍钢将贫困划分为收入贫困、人类贫困（如教育、健康贫困等）、知识贫困（如信息贫困等）和生态贫困四类，且指出这四类贫困呈现递阶

---

① 具体来说，既包括免受过早死亡、饥饿、营养不良、持续的疾病等困苦，也包括能够识字、计算、享受政治参与等方面的自由。
② 王小林. 贫困测量：理论与方法 [M]. 北京：社会科学文献出版社，2017：14.
③ 国家统计局《中国城镇居民贫困问题研究》课题组. 中国城镇居民贫困问题研究 [J]. 统计研究，1991（6）：12.

层次的形式。

王小林的相关研究指出，在中文的语境和语义里，"贫困"比英文"poverty"拥有更加丰富、准确和深刻的内涵。"贫"主要是从物质层面阐述了收入不足的状况；"困"主要描述了人们陷于不利于生存发展的自然环境或社会环境的状态，"贫"与"困"相互交织和影响。①

综上所述，在不同的时空条件下，学者们对于贫困的定义也存在着不同视角的理解。发展至今，贫困不再被认为是单一的物质匮乏，更表现为社会层面的个人能力以及权利的不足。学术界对于贫困内涵和外延认知的深化与拓展，直接推动了全球贫困治理在目标设计、策略制定、资源分配上的变革，使减贫实践更加注重提升贫困人群能力、制度变革和向穷人赋权。

（二）国际贫困线

贫困线（poverty line）又被称为贫困标准（poverty standard），一般是指"用来衡量或界定个人、家庭或某一地区是否贫困的标准或测量体系"②，是为了度量贫困而制定的定量化标准，一个国家大多依据社会最低需求的生活水平，采用家庭消费支出或收入作为衡量贫困的尺度。国际贫困线（international poverty line）又被称为国际贫困标准（international poverty line standard），是指用来跟踪监测全球贫困状况的定量化指标。划定国际贫困线对于全球贫困治理有着重要的意义，一方面，可以相对科学准确地测量评估全球、区域和国家的贫困情况；另一方面，国际贫困线也是全球贫困治理政策制定的重要依据，影响着整个人类的福祉。③ 但由于世界各国经济发展水平、社会保障制度不尽相同，长期以来，国际社会并未制定统一的贫困标准。随着全球化进程的不断加快，自 20 世纪 80 年代中期开

---

① 王小林. 改革开放 40 年：全球贫困治理视角下的中国实践 ［J］. 社会科学战线，2018（5）：21.

② 叶普万. 贫困经济学研究 ［D］. 西安：西北大学，2003.

③ 余芳东. 国际贫困线和全球贫困现状 ［J］. 调研世界，2016（5）：62.

始，贫困问题逐渐成为备受国际社会关注的重大问题。为了更好地审视各国的贫困问题，实施对发展中国家的减贫援助计划，世界银行等国际组织都开始尝试制定统一的国际贫困线。但由于对贫困问题认知的多元化视角和各国贫困问题的复杂性，国际社会在对全球贫困状况进行测量时也并未达成一致的标准。总体来看，国际贫困标准可以划分为货币标准和非货币标准两类。目前通行的做法是，货币标准采用世界银行提出的贫困线标准，非货币标准较多采用联合国多维贫困指数。

1. 世界银行的贫困线标准

世界银行是最早开始监测、测量、比较、研究全球贫困问题的国际组织，其贫困线主要受各国汇率和购买力平价变化两个因素的影响。1990年，世界银行在收集了33个国家（包括发展中国家和发达国家）的贫困线的基础上，按照1985年购买力平价（PPP）进行折算，再通过计算出平均值将国际贫困线设定为每人日均1.01美元，开始对全球贫困状况进行统计评估。以此贫困线为标准，每日生活费低于该贫困线的人口即划定为全球贫困人口。

此后，随着世界经济的发展，世界银行在考虑各国通货膨胀因素的基础上，根据PPP数据的变动，多次调整了国际贫困线。2001年，世界银行根据1993年PPP数据将国际贫困线提升至1.08美元；2009年，世界银行根据75个国家的贫困线数据以及2005年的PPP数据，将国际贫困线上调至每天1.25美元；2015年10月4日，世界银行宣布为反映近十年来全球不断上升的生活成本，按照2011年PPP数据，将国际贫困线标准从此前的每人每天1.25美元上调到1.9美元，各国根据通胀率进行调整，这一标准沿用至2022年秋。为更好地反映国际价格水平的变化，自2022年秋季起，世界银行将国际贫困线每人每天1.9美元上调到2.15美元。与此同时，为更准确地监测全球贫困状况和发展趋势，世界银行还设置了不同的贫困线标准对不同收入水平国家贫困程度进行分类评估。一是以2.15美元每天的标准来衡量低收入国家的绝对贫困程度；二是以 3.65 美元每天的标准来衡量中低收入国家的相对贫困程度；三是以 6.85 美元每天的标准来衡量中高收入国家的相对贫困程度。

世界银行的贫困线标准是典型的货币标准，相对来说操作简单，更便于评估和计算，且可比较性强，能够直观地反映各国的贫困状况。但在实际统计中也存在统计数据采集困难、指标运用不一致等问题，而且这一标准没有包含贫困人口个人健康、社会因素等其他指标，并不能客观全面地反映各国内在的贫困状况。

2018 年 10 月 17 日，世界银行发布新的减贫报告，提出了三个衡量全球贫困的补充性新标准：一是每人每天生活费 3.2 美元的中等偏低收入贫困线，以及每人每天 5.5 美元的中等偏高收入贫困线；二是社会贫困线（societal poverty line），其衡量维度是基于极端贫困与各国依消费中位数而异的福利两者的结合，随平均收入增长而增长；三是多维贫困衡量指标，主要包括三大要素：收入/消费、受教育机会和水电等基本服务。① 相较以收入或消费指标的衡量贫困的传统方法，多维贫困衡量指标包含了货币和非货币两方面要素，能更全面、更深入地反映各国的贫困状况。

2. 联合国多维贫困指数

联合国开发计划署所采用的多维贫困测量法是基于 20 世纪 90 年代初的人类发展指数（Human Development Index，HDI）和人类贫困指数（Human

---

① World Bank. Poverty and Shared Prosperity 2018：Piecing Together the Poverty Puzzle [R]. Washington D. C.：World Bank，2018.

Poverty Index，HPI)① 而开发的。自 1993 年开始，联合国开发计划署在《人类发展报告》中提出用 HDI 来衡量各国经济增长与社会发展情况，这被看作贫困理论的一大发展。

在原有的 HDI 和 HPI 的基础上，基于森的贫困研究理论，阿尔基尔（Sabina Alkire）和福斯特（James Foster）提出了多维贫困测量的 AF 方法，他们认为多维贫困测量的方法与能力方法相关，能够为评估贫困提供更加准确的信息，减少对人们能力的剥夺。② 联合国开发计划署在 2010 年《人类发展报告》中正式采用了这一方法测算的多维贫困指数（Multidimensional Poverty Index，MPI）。多维贫困指数采用"三维+10 个指标"的测量方法。三个维度，即健康、教育和生活水平；10 个指标，即健康维度下的营养状况、儿童死亡率，教育维度下的儿童入学率、受教育程度，生活水平维度下的饮用水、电、日常生活用燃料、室内空间面积、环境卫生和耐用消费品。这一指标体系在具体操作方式上相对灵活，允许不同的国家依据本国社会经济情况选择合适的维度和指标，并进行适当调整。

多维贫困指数是典型的非货币贫困标准，涵盖了单位家庭社会生活的多方面因素，相对采用单一收入或支出标准来衡量贫困，能更为全面地反映贫困人口和贫困家庭在基本生活、教育、健康方面的状况，展现出三个维度之间的关联，也能更为清晰地反映世界各国、各地区的发展水平。但

---

① HDI 包含三方面的指标：一是健康状况指标，是指一个国家或地区居民的健康长寿状况，采用出生时的平均预期寿命指标来衡量；二是教育普及程度指标，用成人（15 岁以上人口）识字率（2/3 权重）以及小学、中学、大学综合入学率（1/3 权重）共同衡量；三是生活水平指标，用实际人均 GDP（购买力平价美元）来衡量。1997 年，联合国开发计划署又在《人类发展报告》中提出采用人类贫困指数的新概念，主要包含三组衡量指标：一是健康指标，以寿命在 40 岁以下的人口占总人口的百分比来表示；二是知识指标，以成人文盲率来表示；三是实际生活水平，用无法获得安全饮用水的人数的百分比和 5 岁以下儿童中等或严重体重不足的百分比的不加权平均数来表示。

② ALKIRE S，FOSTER J. Counting and Multidimensional Poverty Measurement [Z]. Oxford：OPHI，2017.

必须了解的是，多维贫困测量并非对货币贫困标准的替代，而是一个重要补充，从中文"贫困"的语境来看，以收入标准贫困测量，实质是测量了"贫"；从多维角度测量贫困，可以捕获"困"。① 当然，这一指标体系同样也存在一些不足之处，如在实际统计中，精确度高且连续性强的数据较难收集；健康维度的指标覆盖范围有限，不能全面反映贫困群体实际健康状况；对于贫困群体内部的贫困状况没有具体的、细化的区分。

此外，其他国际组织也提出了不同的国际贫困线标准，如经济合作与发展组织（OECD）在1976年提出相对贫困标准，即采用收入比例法划定国际贫困标准，将一国或地区社会收入中位数或平均收入的50%确定为贫困线。世界银行提出将收入少于平均收入1/3的社会成员定义为相对贫困。经济合作与发展组织发展援助委员会（OECD-DAC）在2001年提出了《减贫准则》，从政治能力、社会能力、经济能力、人类能力和保护能力五个能力的大小来对贫困进行综合测量。

尽管学界从不同视角出发提出了多样性的贫困线标准，但贫困测量仍然是当前贫困研究和减贫实践中的难题和充满争议性的话题。2019年，联合国开发计划署发布《全球多维贫困指数（MPI）》（Global Multidimensional Poverty Index 2019），报告指出，能同时兼顾多维贫困和不平等的贫困测量方法尚不存在，多维贫困指数、人类发展指数，以及衡量收入差距的基尼系数等指标，在制定有效减贫政策的过程中，都拥有各自不同的重要参考价值。②

多数学者也都认为各国的贫困状况具有独特性，贫困的衡量也需"因地制宜"。安格斯·迪顿（Angus Deaton）指出，为降低贫困测量受PPP汇率因空间价格波动的负面影响，在衡量国际贫困时可采用"国际价格差

---

① 王小林. 贫困测量：理论与方法［M］. 北京：社会科学文献出版社，2017：47.

② OPHI. Global Multidimensional Poverty Index 2019：Illuminating Inequalities［R］. Oxford：OPHI，2019.

异"的指标。① 以色列经济学家雅克·西尔伯和亚洲开发银行主任经济学家万广华分析了当前世界各国"贫困线"的制定情况和适用性,指出亚洲国家要提升贫困治理效率,必须以自身的发展特点为根据,制定的贫困线标准要符合实际减贫和发展的需求。② 因此,在世界各国的具体减贫实践中,贫困的测量呈现出多样化的表现。

二、相关概念辨析

(一) 全球贫困治理

理解全球贫困治理首先应明确治理及全球治理的概念。"治理"(Governance) 一词源于古拉丁文"gubcrnator",原意为"掌舵",有控制、引导和操纵的含义。20 世纪 80 年代,现代意义的治理概念开始出现。1989 年,世界银行在《撒哈拉以南:从危机到可持续发展》(*Sub - Saharan Africa: from crisis to sustainable growth*) 中首次使用了"治理危机"(Crisis in Governance) 一词,认为治理就是"为了发展而在一个国家的经济与社会资源的管理中运用权力的方式"。

20 世纪 90 年代以后,西方政治家、经济学家赋予治理新的含义,"治理"一词在学术界的使用逐渐广泛。当前使用较多的"全球治理"一词的概念出自联合国 1992 年成立的"全球治理委员会"。1995 年,在联合国成立五十周年之际,全球治理委员会发表《天涯成比邻:全球治理委员会的报告》报告。该报告提出:"治理是各种各样的个人、团体——公共的或个人的——处理其共同事务的总和。这是一个持续的过程,通过这一过程,各种相互冲突和不同的利益有望得到调和,并采取合作行动。这个过

① ANGUS D, OLIVIER D. Purchasing Power Parity Exchange Rates for the Global Poor [J]. American Economic Journal: Applied Economics, 2011, 3 (4): 137-166.
② 西尔伯, 万广华. 亚洲的减贫奇迹: 成就斐然还是未竟之业? [M]. 唐俊, 译. 北京: 社会科学文献出版社, 2017.

程包括授予公认的团体或权力机关强制执行的权力，以及达成达到人民或团体同意或者认为符合他们的利益的协议。"① 联合国开发计划署 2007 年发表的《治理指数：使用手册》认为："治理是指一套价值、政策和制度的系统，是一个社会通过一定的组织来制定和实施关于某一议题的决策，以在价值观念上达成共识、合作行动上达成一致。治理由制度和过程组成，公民和群体可以通过这些制度和过程表达自身利益，减少彼此之间的分歧，履行合法权利和义务。"②

美国学者詹姆斯·罗西瑙（James N. Rosenau）将全球治理定义为一系列活动领域中的没有公共权威的管理人类活动的制度安排，并明确了治理和政府统治的异同：二者都具有涉及目的性行为、目标导向的活动和规则体系的含义；但政府统治意味着由正式权力和警察力量支持的活动，以保证其适时制定的政策能够得到执行；而治理则是由共同的目标所支持的，这个目标未必出自合法的以及正式规定的职责，而且它也不一定需要依靠强制力量克服挑战而使别人服从。③ 奥兰·杨（Oran R. Young）认为，治理体系是不同集团成员就共同关注的问题而制定集体决策的机制。④ 约瑟夫·奈（Joseph S. Nye，Jr）的看法得到了广泛认同，他将治理界定为：正式和非正式的指导并限制一个团体集体行动的程序和机制。政府是治理的一个分支，其行动具有权威性，并产生正式的约束关系。私人企业、企业联合会、非政府组织（NGO）、非政府组织联合会等都参与其中。⑤ 显而

① 卡尔松，兰法尔. 天涯成比邻：全球治理委员会的报告［M］. 赵仲强，李正凌，译. 北京：中国对外翻译出版社，1995：2.

② SUDDERS M, NAHEM J. Governance Indicators：A Users' Guide［M］. New York：U-nited Nations Development Programme，2007：1.

③ 罗西瑙. 没有政府的治理：世界政治中的秩序与变革［M］. 张胜军，刘小林，等译. 南昌：江西人民出版社，2001：4-5.

④ YOUNG O R. International Governance：Protecting the Environment in a Stateless Society［M］. Ithaca，NY：Connell University Press，1994：26.

⑤ 约瑟夫·奈，唐纳胡. 全球化世界的治理［M］. 王勇，等译. 北京：世界知识出版社，2003：10-11.

易见，上述学者都偏向于从程序或制度安排的角度来理解全球治理。

在西方学者的研究基础上，中国学者对全球治理概念进行了新的阐释。蔡拓等认为："全球治理是以人类整体论和共同利益论为价值导向的，多元行为体平等对话、协商合作，共同应对全球变革和全球问题挑战的一种新的管理人类公共事务的规则、机制、方法和活动。"① 俞可平概括了全球治理的五个要素：全球治理的主体、治理客体、治理价值、治理规则以及治理效果，分别回答了谁治理、治理什么、为什么治理、如何治理以及治理效果如何等问题。② 赵可金认为真正的全球治理并非没有政府的治理（Governance without government），而是与政府一起合作的治理（Governance with government），理解全球治理需要把握治理主体的开放性、治理对象的全球性、治理方式的协调性三个特征。③

在具体应用领域方面，全球治理概念被广泛地用于分析经济、环境、安全等议题。"全球贫困治理"一词使用也较为广泛，虽然学界目前在概念称谓上还未达成一致，也常与"全球发展治理""国际减贫合作"等词混用，但可以确定的是，全球贫困治理具有相对独立的对象、领域和目标，是各种全球治理主体依托一定的治理体系，在推动全球治理进程中为解决全球贫困问题，以实现一定的全球发展目标和维护国家安全，采取共同行动的持续互动过程。④ 具体来说，包括以下三方面的内涵：

第一，全球贫困治理具有明确的对象指向。全球贫困治理有特定的实施对象，主要是针对依据联合国、世界银行等主要国际组织制定的贫困标准而确定的经济欠发达国家以及这些国家的贫困群体所采取的行动，相关

① 蔡拓，杨雪冬，吴志成. 全球治理的中国视角与实践 [J]. 中国社会科学，2004（1）：95-96.
② 俞可平. 全球治理引论 [J]. 马克思主义与现实，2002（1）：25.
③ 赵可金. 全球治理知识体系的危机与重建 [J]. 社会科学战线，2021（12）：179-180.
④ 吴宇. 全球贫困治理的困境及其创新发展的中国贡献 [J]. 天津社会科学，2017（6）：92.

的减贫合作项目一般是在特定的贫困地区或贫困人群中实施的，以帮助和促进贫困群体摆脱贫困。

第二，全球贫困治理涉及多种行为主体。贫困是一个综合现象，国际层面的贫困治理也因此更为复杂，包括主权国政府、非政府组织、企业等多种类型的行动体，通过不同的方式向贫困地区和贫困人群提供帮助，发挥着各自的作用。但由于受地理位置、资源禀赋、经济发展进程等因素的影响，贫困问题及其解决在不同的国家表现出较大的差异性，因此，在全球贫困治理的过程中，主权国家仍旧是最重要和最为关键的行为体。一方面，只有主权国家政府与国际发展机构、非政府组织之间进行协同互动，才能依据本国贫困问题的特殊性，达成相关的项目合作协议和制度框架；另一方面，全球贫困治理的项目也必须由主权国家政府来充分调动国内各方面资源的落实和实施，且这一过程与主权国家政府主导下的发展政策密切相关。

第三，全球贫困治理包含多层次的内容。从广义上看，促进全球经济的包容性发展以及财富的公平分配，是解决国际贫困问题的重要先决条件。因此，全球贫困治理的内容将涉及公正合理的国际政治经济秩序、国际贸易投资环境、国际金融秩序等。从狭义上看，全球贫困治理则主要是指国际层面所进行的支持贫困群体的专项合作项目或行动。具体来看，包括减贫合作制度建设，主要指能支持减贫公共产品供给的多种策略和制度工具；减贫知识与经验的分享，特别是以中国为代表的新兴国家的减贫与发展经验在发展中国家的"平行转移"；以减贫为目的的各类专项合作项目，如减贫援助项目等。当然，在国际层面，促进全球政治经济秩序的发展和改革是狭义层面反贫困的基础和前提条件。因此，从某种程度上来看，二者并不能绝对分割开来，虽然本书所讨论的全球贫困治理侧重于专项的减贫合作和行动，但宏观层面的相关内容也是研究中不可忽视的一个方面。

（二）国际发展合作

在相当长的一段时间内，学术界将"国际发展合作"（International Development Cooperation）等同于"国际发展援助"，"国际发展合作"被定义为发达国家促进发展中国家减贫与发展的国际援助，主要是指 OECD-DAC 成员国所主导的发展援助。近年来，随着南方国家的群体性崛起，发展中国家对国际发展事业的参与逐渐增多，其主体地位也不断提升。原有的关于国际发展合作的范畴的界定已经不能全面地反映国际发展合作的新趋势，"国际发展合作"一词的内涵和外延也随之发展变化，"国际发展合作"的新近含义不仅包含西方的官方援助，还包括非西方国家提供的援助以及私有企业和各种非政府组织等提供的援助。① 赵剑治也提出，将国际发展合作等同于国际发展援助过于狭隘，无法涵盖新兴经济体的发展援助，以金砖国家为主体的新兴援助国推行的"南南合作模式"也是国际发展合作的重要组成部分。② 2021 年 1 月，中国发布《新时代的中国国际发展合作》白皮书，提出"中国国际发展合作"是指"在南南合作框架下，中国通过对外援助等方式在经济社会发展领域，包括人道主义援助方面开展的多双边国际合作"③。魏玲从国际互动的视角出发，将"国际发展合作"界定为"相关国际行为体基于平等伙伴关系，结合地方实际情况，以消除贫困、提振地方经济为导向的合作实践"④。程诚也认为，从主体间关系来看，"国际发展合作"是指基于平等地位的合作方之间就发展事务展开合作的形式，相比对外援助，其内涵更少包含援助的"施恩"意味，而更强调双方的合作，其外延既可以指南北方国家之间的援助方式，也可以

① 李小云. 发展援助的未来：西方模式的困境和中国的新角色 [M]. 北京：中信出版集团，2019：3.
② 赵剑治. 国际发展合作：理论、实践与评估 [M]. 北京：中国社会科学出版社，2018：3-8.
③ 中华人民共和国国务院新闻办公室. 新时代的中国国际发展合作 [N]. 人民日报，2021-01-11 (14).
④ 魏玲. 大变局下的中国与国际发展合作 [J]. 亚太安全与海洋研究，2021 (1)：29.

指南方国家之间的平等互助。① 李小云指出，"国际发展合作"一词在现今有融合枢纽作用和新的国际意义，既能积极吸纳现有"国际发展"有效经验，又能超越和开拓，创建更加"互利共赢"的"合作关系"；而且新型发展合作不同于西方已有的官方发展援助，对于现有国际发展、南南合作、三方合作可采取更加务实和开放的态度，进行融合创新。②

由此可见，随着发展中国家的崛起，国际发展合作的内涵与外延也不断拓展。可以说，国际发展合作的内涵的变化是当今国际关系中南北力量对比发生变化的一个重要体现，部分南方国家在探索自身发展的过程中，实现了从受援者到援助者的身份转变，其发展模式、对外援助理念在国际发展领域中的影响力上升，逐渐改变了过去"南北合作"中西方发达国家在资源、话语权方面占据优势的局面。近年来，西方发达国家也开始更多地采用"发展合作"的概念，以取代过去对外援助的概念。

（三）国际发展援助

国际发展援助（International Development Assistance）作为国际发展合作的重要手段，在促进发展中国家的发展与减贫方面起到了重要的作用。国际发展援助是发达国家对欠发达国家的一种捐赠或者优惠贷款模式。③ 从其本质来看，可以认为是发达国家或高收入国家帮助发展中国家实现减贫与发展的活动。④ 李小云按照援助内容的不同，将国际发展援助分为广义和狭义两种，二者的区别主要体现在援助方式和目标指向上。广义的国际发展援助主要是指用于受援国发展过程中政治经济、社会环

---

① 程诚．"一带一路"中非发展合作新模式："造血金融"如何改变非洲［M］．北京：中国人民大学出版社，2018：22．

② 李小云．发展援助的未来：西方模式的困境和中国的新角色［M］．北京：中信出版集团，2019：152．

③ 赵剑治．国际发展合作：理论、实践与评估［M］．北京：中国社会科学出版社，2018：4．

④ 向德平，黄承伟．减贫与发展［M］．北京：社会科学文献出版社，2016：147．

境等各方面问题的有偿或无偿的物质和资金援助；狭义的国际发展援助主要是指针对经济落后的发展中国家所提供的资金、技术设备等，以促进其经济发展。按照援助提供主体的不同，一般可将国际发展援助分为官方发展援助（Official Development Assistance，ODA，也被译作政府开发援助）和非官方发展援助（私人领域的援助）。1972 年，经济合作与发展组织援助委员会（OECD-DAC）明确界定了"官方发展援助"的含义，即由官方机构，包括各级政府或其附属执行机构提供的，以促进受援国的经济发展和福利为主要目标的援助资金，其资金组成部分应包含至少 25% 赠予成分的无息或者低息贷款。官方发展援助是国际发展援助的最主要组成部分，占其总量的 80% 左右。非官方发展援助的提供主体较为多样化，不仅包括非政府组织、企业，还包括基金会形式的慈善组织以及私人等，这些行为主体将通过捐赠等途径获得的资金和物质提供给受援国。①

从上述阐述来看，"全球贫困治理""国际发展合作""国际发展援助"这三个概念之间存在一些共性，但在内涵与外延上三者所表达的重点不尽相同。从语义上来看，"治理""援助""合作"有着不同的含义。"治理"一词着重于强调由共同的价值目标所支持的规则体系和共同行动。"援助"意味着主体间的一种根本的不平等关系，即存在"施舍"的援助方和"被施舍"的受援方，一方给予，另一方接受。② 从对外援助的价值取向来看，虽然国际发展援助的核心在于对经济发展和减贫的关注，但减贫并非对外援助唯一的关注目标，服务于本国贸易投资、促进民主体制建设等因素也是推进对外援助的重要因素。而且，从某种程度上来说，减贫援助也从根本上体现了援助的不平等性的本质特征。在经济层面上，这种

---

① 李小云，唐丽霞，武晋. 国际发展援助概论 [M]. 北京：社会科学文献出版社，2009：5.

② BREUNING M. Foreign Aid, Development Assistance, or Development Cooperation：What's in a Name? [J]. International Politics, 2002, 39：369.

关系可以体现为富裕的工业化发达国家与贫穷的发展中国家的南北关系。从国际政治的角度来看，在具体和特定的援助—受援关系中，受援国和援助国不一定对应发达国家和发展中国家，但援助国的综合实力一般强于受援国，本质也是一种不对等的关系，当然，这并不意味着在具体援助问题上的不平等。① 而"发展合作"一词不仅明确提及合作的目标是为了促进发展，同时也表明了捐助国和受援国之间的平等合作伙伴关系。

从概念的具体内涵来看，三者也有所差别。第一，全球贫困治理与国际发展合作是两个相互关联又有区别的议题。在经济学的探讨中，贫困议题从属于经济发展的支配性话语。在"二战"后的发展主义学说中，贫困问题一度被认为会随着经济的发展自然而然地得到解决。当然，这种关于贫困与发展的线性化的思考，在实践中逐渐被"否思"，但充分发挥贫困群体的主体能力，构建一种"益贫式"的发展模式仍然是国际发展合作所关注的重点。② 尽管目前对于国际发展合作的定义也缺乏足够的共识，但是学界和政策界也基本认同国际发展的核心内容需要围绕消除贫困而展开。③ 国际发展合作的重要内容之一是减贫领域的国际交流合作，无论是南北合作还是南南合作，都已经成为推动全球减贫努力的关键因素。通过南北合作，发达国家可以提供资金、技术和经验，支持发展中国家实施减贫项目。同时，南南合作也起到了重要作用，发展中国家之间可以分享成功经验、交流最佳实践，并共同解决减贫过程中面临的挑战。第二，国际发展合作所针对的对象范围更为宽泛，包括一国的贫困群体或普通民众，而全球贫困治理有明确的实施对象，强调的是针对一个国家的贫困群体的行动。第三，国际发展合作旨在解决主要的发展问题，其内涵和外延更为

① 丁韶彬. 大国对外援助：社会交换论的视角［M］. 北京：社会科学文献出版社，2010：25.

② 向德平，黄承伟. 减贫与发展［M］. 北京：社会科学文献出版社，2016：1-16.

③ 赵剑治. 国际发展合作：理论、实践与评估［M］. 北京：中国社会科学出版社，2018：3.

丰富，除了减贫，还包括世界范围内的发展不平衡、社会以及环境的可持续发展等。第四，无论是从国际发展援助广义层面的含义还是狭义层面的含义来看，减少国际贫困都是其主要目标，这与国际发展合作的核心目标呈现出一致性，因此，国际发展援助更多地可以看作全球贫困治理的重要手段。

第二节　全球贫困问题研究的理论视角

发展经济学、国际政治经济学和国际发展研究是全球贫困问题研究的主要理论视角，其理论核心和研究方法各有差别。

一、发展经济学

发展经济学（development economics）主要以发展中国家的经济活动为研究对象，集中探讨发展中国家贫困的成因、机理和反贫困的路径。如何通过促进经济增长来实现减贫是发展经济学研究的重要议题。从贫困问题研究的发展历史来看，发展经济学不仅是贫困问题研究的基础学科，同时也是对国际减贫研究贡献最大的学科，许多理论对发达国家或国际组织的国际减贫政策影响深远。正是在发展主义的话语框架内，理论研究开始将贫困问题化，成为有意义、可操作的"难题"。[①]

20 世纪五六十年代，发展经济学普遍认为发展中国家贫困的根源在于资本的缺乏，强调物质资本和工业化对于发展中国家减贫的重要性，其核心命题为通过加大资本投入来推动经济增长，使经济增长产生的溢出效应来促进贫困的减少。基于此种认识，这一时期的发展经济学家提出的解决

---

① 李小云. 发展援助的未来：西方模式的困境和中国的新角色［M］. 北京：中信出版集团，2019.

发展中国家的贫困问题的理论也多倾向于促进发展中国家的经济增长。比如，罗森斯坦·罗丹的"大推进"理论、刘易斯的二元结构模型、纳克斯的贫困恶性循环理论、钱纳里的两缺口模型等。这些理论对于推动国际发展援助的相关资源投入发展中国家减贫起到了重要的作用，但由于这些理论集中认为单纯的经济指标的上涨可以通过涓滴效应使贫困群体受益，忽略了产业结构、制度缺陷以及社会结构发展不平衡等因素，未能有效达到通过经济增长推动减贫的预期目标。

20世纪60年代以后，舒尔茨提出了人力资本理论和农业经济发展理论，以对早期的以经济增长为核心的现代化理论进行修正。在此之后，克鲁格曼、斯蒂格利茨、钱纳里等经济学家又从不同的角度对新古典的发展理论以及结构主义经济发展理论进行了完善，形成了"华盛顿共识"（Washington Consensus）的基础，其核心观点主要包括：第一，主张保护个人利益、强调私有化的重要性；第二，反对国家干预，主张自由竞争、自由放任；第三，主张经济自由化，包括贸易自由化和金融自由化。[1] 以此为基础，从20世纪70年代到20世纪80年代，华盛顿共识指导下的结构调整计划成为发达国家指导发展中国家经济发展、改善贫困的重要方式。但这一政策也遭受了重大挫折，政策核心"否认了各国发展道路多样性的可能，发展中国家在发展与减贫问题上的自主政策空间被挤压"[2]，因此，未能在促进发展中国家减贫上取得良好的效应，反而使发展中国家和发达国家的经济发展呈现出两极分化的状态。

由此，侧重于关注发展中国家国内经济发展问题的发展经济学远远不能解释贫困为何在全世界范围内广泛存在，出现了理论的贫困。而且，发展经济学研究方法上的缺陷也遭到较多批评，包括对于发展中国家的整体

---

① 张建华，杨少瑞. 发展经济学起源、脉络与现实因应 [J]. 改革，2016（12）：136.

② STEETS J. Adaptation and Refinement of the World Bank's "Country Policy and Assessment" （CPIA） [R]. Bonn：Federal Ministry for Economic Cooperation and Development （BMZ），2008：25-38.

性研究和一般性研究较多，国别区分、区域分析、个案研究较少，实证分析、定量分析和微观分析较少等，因而在发展中国家的贫困问题上，发展经济学研究方法的解释力不足。加之，社会学、政治学、历史学等学科对贫困问题的关注，使得学术界关于贫困以及减贫的思考呈现出多元化视角。因此，研究发展中国家贫困问题的新的理论成果应运而生。

二、国际政治经济学

20 世纪 70 年代末，国际政治经济学兴起，在国际政治经济学视野下，贫困问题跨越了国家内部的层面，开始融入国际体系的分析中。国际政治经济学强调从国内—国际的互动、政治—经济的互动的视角去考察发展中国家的贫困问题。特别是随着南北差距的扩大和南北矛盾的发展，对广大发展中国家的贫困根源以及发展道路的研究成为国际政治经济学的一个重点议题。因此，在相关的研究中，贫困问题的焦点已经集中到国际社会的权力和财富的分配问题上来。依附理论和世界体系论是其中的典型代表，对发达国家与发展中国家的经济关系做了深入的剖析。

依附理论具有一定的马克思主义理论基础，采用阶级分析法，利用"中心"和"外围"的结构来解释发达国家和发展中国家之间的关系，其中心议题是探讨发展中国家的贫困根源，以及如何打破这种不平等的发展与依附关系。依附理论主要分为三个不同的理论流派：

第一，以安德烈·甘德·弗兰克（Andre Gunder Frank）和萨米尔·阿明（Samir Amin）为代表的激进派。弗兰克提出了著名的"不发达的发展论"（Development of Underdevelopment），他认为，"发展中国家的贫困既是宗主国对殖民地剥削压迫的历史遗物，又是由现今发达国家对发展中国家的剥削和控制造成的"[①]，也就是说，发端于殖民主义时期并延续至今的、不平等的国际关系是发展中国家贫困的根源。阿明的主要理论贡献在

---

① 樊勇明. 西方国际政治经济学（第 2 版）[M]. 上海：上海人民出版社，2006：85.

于提出"中心地区自主式积累"和"外围地区依附式积累"模式，认为中心积累是在资本的本质属性基础上追逐利润，扩张发展，而外围积累则是外向型的依附，主要特征是贫困和不发达的积累。受在政治经济和技术上占据主导地位的中心国家的操纵，外围国家的经济剩余会源源不断地流向中心地区，使中心地区形成了高度的资本积累。因而，外围国家由于资本积累不够，处于经济贫困化的状态。据此，阿明提出了外围国家解决贫困的根本出路在于"脱钩"，即外围国家同中心国家切断经济联系，从而打破中心国家主导的、不平等的国际分工，实现经济上的自力更生。

第二，以巴西学者特奥托尼奥·多斯桑托斯（Theotonio Dos Santos）为代表的"新依附理论"。在《帝国主义与依附》一书中，多斯桑托斯提出："依附是指这样的一种状况，即一些国家的经济受制于它所依附的另一国经济的发展和扩张，当处于支配地位的国家的经济可以独立发展，而受支配国家只有依附于前者的发展才能发展时，我们不能认为这是相互依存关系。"① 从这一定义来看，依附主要包含两层含义：一是中心国家可以自我推动政治经济的发展与创新，边缘国家只能在中心国家的依附下获得发展；二是依附结构不只是从外部制约了发展中国家的政治经济，同时也限制了其内部的发展，而内部的发展又加剧了外部的依附。可以看出，这一理论观点已经将内因和外因结合起来对发展中国家的欠发达状况进行考察。因此，多斯桑托斯提出了摆脱依附的激进主张——社会主义革命。

第三，以费尔南多·恩里克·卡多佐（Fernando Henrique Silva Cardoso）为代表的"联系性依附发展理论"。他指出，依附和发展并非相互对立，而是可以同时并存的过程，发展中国家在依附环境下仍然可能会取得发展，并摆脱依附，走向政治独立和经济自主。因此主张对不同的社会依附类型进行具体分析，强调摆脱依附关系对于发展中国家经济发展和脱贫的

① 多斯桑托斯.帝国主义与依附［M］.杨衍永，等译.北京：社会科学文献出版社，1999：305.

重要性。

依附理论对于南北关系做出了实质性的解释，认为依附结构造成了不发达国家的贫穷，强调外部因素对发展中国家经济发展的影响，即认为世界资本主义体系造成并加强了国际分工的不平等，导致发展中国家长期处于"不发达"的状态，同时也促进了发展中国家人民主体意识的觉醒。从20世纪70年代开始，发展中国家将探索自身的发展之路作为重要的奋斗目标。

20世纪70年代，建立国际经济新秩序的呼声日益增高，其间对公正平等的国际经济新秩序的呼吁在一定程度上形成了后来全球治理的思想[①]，成为广大发展中国家争取独立自主的发展环境的主要理论指导。但依附理论的分析严重贬低了国内因素，比如，国家的角色和国内社会力量[②]，也因此遭受了不少批评。冷战结束后，国际政治经济的发展变化现实也开始使其理论不断遭到质疑。

伊曼努尔·沃勒斯坦（Immanuel Wallerstein）则从第三世界的角度关注全球发展问题，提出了世界体系论。他认为资本主义发展的不平衡性，使得世界经济体系形成了核心区域（center）、边缘区域（periphery）和半边缘区域（semi-periphery）的等级制结构。在这种结构中，三个不同的区域所承担的经济角色有所差异：核心区域主要利用边缘区域提供的原材料和劳动力资源来进行生产，并将生产的产品销售给边缘区域，牟取暴利的同时把控着金融和贸易市场；边缘区域承担的主要角色是向核心区域提供生产原料、初级产品以及廉价劳动力；半边缘区域则介于上述二者之间，兼有核心区域与边缘区域的属性。由此，沃勒斯坦将国家间经济关系的互动归结为世界体系层次上的资本积累过程，其规律是"经济剩余"不断从

---

① 蔡拓，杨雪冬，吴志成. 全球治理概论［M］. 北京：北京大学出版社，2016：183.
② 杰克逊，索伦森. 国际关系学理论与方法［M］. 吴勇，宋德星，译. 北京：中国人民大学出版社，2012：183.

边缘区域和半边缘区域向核心区域转移，导致了前者越来越不发达、后者越来越发达的世界经济趋势。而世界经济中的这种体系结构，从本质上来看并不是静态的，其主要变化反映在"半边缘区域"的结构变动上，也就是说，半边缘国家会通过发展成为新崛起国家，而核心国家也可能经历衰退，沦落为半边缘国家。总体上来看，沃勒斯坦对现代世界体系的发展趋势持否定态度——由于这一体系内部存在难以克服的生产利润缩减的危机，必然会导致生产资源的紧张。同时，新兴国家的发展壮大也进一步对世界体系造成了冲击。

三、国际发展研究

与发展经济学关注国内经济发展和国际政治经济学宏观层面的分析有所差异，国际发展研究（international development study）是在关注国内增长的发展经济学的基础上诞生的，如何协调使用国际援助和国内资源来一起推进经济发展和民生改善，是国际发展研究的重要课题。[①] 国际发展研究与发展经济学、国际政治经济学有一定的交叉，但无论是从研究方法、研究内容还是研究侧重点来看，都存在较大差异。

国际发展研究是涉及经济学、政治学、社会学等领域的跨学科研究，且更注重微观层面的指导，在国际层面关注域外资源在减贫和改善民生问题方面的作用。[②] 在国际发展研究的学科视野下，对外援助不仅是重要的研究对象，也是促进全球发展与减贫的重要工具之一。在某种程度上，可以说国际发展研究中关于援助的讨论隐含了一个前提假设，即援助国，同

---

① 程诚.《"一带一路"中非发展合作新模式："造血金融"如何改变非洲 [M]. 北京：中国人民大学出版社，2018：36-38.
② 程诚.《"一带一路"中非发展合作新模式："造血金融"如何改变非洲 [M]. 北京：中国人民大学出版社，2018：36-38.

样地，受援国也可能将援助视为减少贫困的关键手段。①

从理论发展脉络上来看，国际发展研究在早期吸收了发展经济学以及国际政治经济学中关于国际贫困研究的思想。比如，20 世纪 50 年代的现代化理论、20 世纪六七十年代的依附理论以及 20 世纪 80 年代的新自由主义等，但无论是从哪种观点出发，国际发展研究"都承认了发展中国家摆脱贫困的重要性，研究的主要问题也集中于如何摆脱贫困"②。在此过程中，西方国家主导的国际发展研究的理论基础和分析框架逐渐形成，在经济发展的衡量标准、贫困的标准、贫困的概念、性别平等的概念、参与发展、社区发展等方面形成了系统的知识体系。

进入 21 世纪，这一状况伴随着中国减贫的巨大成功开始发生改变。中国在自身取得的减贫成就的基础上，开始积极参与国际减贫，并且呈现出与西方国际发展援助完全相异的路径，不仅对"援助促进减贫"的基本理论假设提出了疑问，还对西方国家构建的全球贫困治理体系提出了挑战。中国在国际发展体系中的角色变化也因此成为国际发展研究的热点，但遗憾的是，依赖于西方发达国家发展经验所构建的国际发展理论体系无法对中国的减贫实践以及参与国际减贫的一系列实践做出合理解释。对于此，国际发展研究领域的学者们提出了许多新的理论构思与研究方向。比如，林毅夫将中国的国际发展合作总结为"超越发展援助"的模式，认为中国将贸易、援助与投资相结合，利用自身的三大比较优势，与发展中国家进行南南合作，在平等的基础上互相支持、互相学习，以实现互利共赢。程诚对中国向非洲提供的发展融资模式进行了新定义，提出"造血金融"的概念等。李小云教授则致力于构建中国国际发展与减贫的新叙事，从"知识—资源—制度"的视角构建了一个解释南方国家发展实践的分析框架，

---

① MESQUITA B，SMITH A. A Political Economy of Aid [J]. International Organization，2009，63（2）：309-304.

② 李小云. 发展援助的未来：西方模式的困境和中国的新角色 [M]. 北京：中信出版集团，2019：24.

即南方国家发展经验、南方国家发展资源的增长、南方国家自主性发展融资体系的建立，这是构成"新南南合作"的三个主要依据。①

当前，国际发展研究的许多理论和实践问题仍然处于探讨中。李小云认为，当前国际发展的争论主要围绕以下两个维度展开：一是围绕有关援助的研究正在过时；二是新兴国家已经为区域和全球领域提供了大规模的公共产品。新兴国家的政策分析和研究需要更清楚地反映出国家在提供全球和地区公共品时更为广泛的角色。② 徐秀丽也提出，作为处理自我和外部世界关系的重要学科领域，中国的国际发展学科建设正处于至关重要的关口。一方面，国内发展和减贫的巨大成效，为发展学科体系奠定了深厚的实践基础。总结梳理中国国内发展和减贫的经验，是国际发展合作知识生产的重要组成部分，也必将为中国国际发展知识的内容生产和传播奠定深厚的基础。另一方面，"一带一路""中非合作"等新机构、新机制、新平台的设立，也向国际发展学科建设发出急迫的召唤。③

第三节 全球贫困治理中国角色的理论探索

近年来，国际关系角色理论已经成为分析国家角色表现和角色实践的重要工具。本部分内容在对国际关系角色理论的发展进行介绍的基础上，对中国参与全球贫困治理的角色分析提出思考。

---

① 具体论述见李小云. 发展援助的未来：西方模式的困境和中国的新角色 [M]. 北京：中信出版集团，2019：115-122. 此外，也有学者将中国参与全球贫困治理的模式概括为"新南南合作"。王小林，张晓颖. 迈向 2030：中国减贫与全球贫困治理 [M]. 北京：社会科学文献出版社，2017.

② 李小云. 发展援助的未来：西方模式的困境和中国的新角色 [M]. 北京：中信出版集团，2019：114-115.

③ 徐秀丽. 总结梳理中国发展和减贫经验 促进中国国际发展学科建设和传播 [EB/OL]. 中国社会科学网，2020-10-25.

一、国际关系角色理论及其运用

尽管国际关系角色理论的发展历史并不太长，但在理论形成之前，"政治家们与国际关系学者就经常使用角色化的语言去描述外交政策以及国际政治中的各种现象。国际体系被看成是一个舞台，大国、中等强国、普通小国乃至国际组织等各色行为体都如同戏剧演员一样，依照各自的剧本扮演着各自的角色，角色隐喻成为人们理解国际政治运行规律的有效方式"①。随着时间的推移，国际关系角色理论逐渐发展成熟，基于其关注国际政治和国内政治互动的优势，角色概念被广泛地运用于国家对外政策分析中。总的来看，"角色理论兼容物质与观念因素，聚焦特定情境和社会过程中的互动，进行跨层次和跨维度分析，为理解不确定世界中复杂多元的国际进程提供了有力工具"②。

但在相关讨论中必须明确的是，虽然国际关系角色理论的演变与发展离不开对社会学角色理论的借鉴与运用，"国际角色"与"社会角色"有所不同，具体来看，两者研究对象所处的系统，行为主体的互动机制、行为规范、结构效应等方面都存在一定区别。社会学理论更强调社会规范对人的引导、约束和塑造作用，侧重"社会期望"对个体行为的规范，个体认知处于相对被动的位置；而在国际关系理论中，国际体系处于无政府状态，国家利益成为国家行为的根本动力，所以建构主义借助"观念—认同—行为"这一范式，更强调国家对体系和角色的主动"认同"，即角色认知。③

---

① 魏玲，李桐．角色理论与当代国际关系研究议程［J］．外交评论，2023（6）：83-110，167-168.
② 魏玲，李桐．角色理论与当代国际关系研究议程［J］．外交评论，2023（6）：83-110，167-168.
③ 印言蹊．被期待的大国角色：新时期中国国际地位角色探析［J］．国际观察，2015（5）：83.

因其观照"结构—行为体"的优势，角色理论近年来成为分析国家角色表现和角色实践的重要分析工具，运用其探讨中国的国际角色也成为国际关系研究新的增长点。正如沃克所言，角色理论具有"描述、组织和解释的价值"，中国的国际角色演变及其与国际体系的互动，也是当前角色研究的一个重要议程。学者们综合运用文本分析法等研究方法，从内部根源和外部根源两个层面探讨中国的国际角色。

从国内层次的角度来看，国际关系领域的学者主要关注了国家实力、价值观念、政治体制等因素的影响。在早期霍尔斯蒂的研究中，"角色观念"是关键性概念，他认为国家"经济—社会"特征是国家角色观念形成的主要来源之一。虽然霍尔斯蒂也关注他者的角色期待和国家状态对国家角色产生的影响，但他认为国家角色观念才是理解国家角色扮演的关键，因此并未对影响国家角色的外界因素进行深入分析。

在霍尔斯蒂的研究基础上，维什（Naomi Bailin Wish）提出了"国家特性—角色观念模式"，她认为："决策者在形成'国家角色观念'时会衡量本国的能力，因而国家特性会给他们提供对外政策行为的指导方针和标准。"① 维什还关注了文化因素对国家角色观念的影响，包括一国决策者和普通百姓在内的全体社会成员都会受到特定的文化因素的影响。② 学者布鲁明也提出文化因素，如社会成员的价值偏好会对国家角色认知的形成产生影响。他认为国家角色认知是"一种公理化的信仰，通过制度机构可以塑造为渴望的未来和可以想象的战略"③。石之瑜则从文明的角度分析了国家角色的根源，他认为中国文化中的不对称规范、平等关系规范、反抗规

---

① WISH N B. National Attributes as Sources of National Role Conceptions：A Capability Motivation Model ［M］// WALKER S G. Role Theory and Foreign Policy Analysis. Durham：Duke University Press，1987：96.

② WISH N B. Foreign Policy Makers and Their National Role Conceptions ［J］. International Studies Quarterly，1980，24（4）：532-554.

③ BREUNING M. Culture，History，Role：Belgian and Dutch Axioms and Foreign Assistance Policy ［J］. Clture and Foreign Policy，1997（2）：20-53.

范、对专制的矛盾心理、马克思主义、民族主义等因素构成了中国国家角色的国内来源。① 庞珣认为身份认同、民族主义和意识形态及其互动是国际角色的国内根源。② 但世界各国的情况不一，影响其内部根源的因素也不同，因此，国家角色的内部根源非常复杂，任何试图将国家角色概念的内部根源简单化的做法都可能面临严重挑战。③

从国际层次的角度来看，影响国家角色的因素主要有国际地位、国际社会的结构（包括权力结构、组织结构和文化结构）。④ 例如，在当前，"地缘政治、民粹主义和经济民族主义复苏，既有国际秩序遭遇重大冲击。国际体系变化引发一系列国际行为体的行为变化，这些国际行为体在新的全球秩序中重新定义自己的角色，进而引发各自的角色变化"⑤。

综上，尽管强调的重点各有不同，但在外交政策研究中，运用到角色理论的共同逻辑思路是国家在国际社会中占据一定的地位。国家的国际地位、能力和资源状况等国内特性构建了国家角色观念。同时，他者根据对国家角色地位的判断产生相应的期望。自我角色观念和他者期望的双重影响塑造国家外交行为。

总体来看，国际角色理论在发展过程中逐渐形成了一套相对完整的理论体系和相对成熟的研究方法。角色理论的核心思想是通过研究角色的形成、变迁和他者塑造等概念，对国际关系中的实际问题进行深入描述和分析，提高对现实的解释力，其中主要涉及的核心概念包括角色观念、角色

---

① SHIH C Y. National Role Conception as Foreign Policy Motivation：The Psychocultural Bases of Chinese Diplomacy [J]. Political Psychology，1988，9（4）：599-631.

② 庞珣. 国际角色的定义和变化：一种动态分析框架的建立 [J]. 国际政治研究，2006（1）：135-137.

③ 袁伟华. 对外政策分析中的角色理论：概念解释机制与中国—东盟关系的案例 [J]. 当代亚太，2013（1）：132.

④ 袁伟华. 对外政策分析中的角色理论：概念解释机制与中国—东盟关系的案例 [J]. 当代亚太，2013（1）：133.

⑤ 魏玲，李桐. 角色理论与当代国际关系研究议程 [J]. 外交评论，2023（6）：105-106.

预期、角色扮演、角色冲突等，与本研究相关的概念主要有以下 3 个。

1. 角色观念

将角色观念（role conceptions）引入国际关系研究是霍尔斯蒂的主要贡献，他将角色观念定义为"决策者对什么样的决策、承诺、规则和行为与他们的国家身份相符的主观认知和判断，以及对国家在国际体系和地区体系中应该履行的职责的认识"①。石之瑜认为角色观念是政治家们理解世界的核心概念，强调了信仰、历史传统、社会思想等文化规范对政治家们的角色观念的影响。②

简单来说，角色观念可以理解为国家或国际组织对自身在国际事务中所扮演的角色的认知和理解。受历史文化、地理位置、政治制度、经济实力、外交政策等因素影响，不同国家和国际组织具有不同的角色观念。

与霍尔斯蒂的观点有所差异，克洛茨、麦考特、哈尼施等学者在解释角色观念时强调了互动因素的影响。如哈尼施等人提出，角色观念是个体通过语言和行为表现出来的、关于自身相对于他者的社会结构位置以及他者的角色预期的感知。③ 由此可见，角色观念不是一成不变的，受国际形势、国内政治、外交政策调整等因素的影响，角色观念也会发生变化。

2. 角色预期

在国际关系角色理论中，角色预期（role expectations）是指其他国家或国际社会对一个国家在国际事务中所扮演角色的期望和要求。这些期望和要求涉及国家的行为、政策、立场和责任等方面。也就是说，角色预期的承载体是除角色主体以外的其他相关行为体，预期的内容是其他行为体

---

① HOLSTI K J. National Role Conceptions in the Study of Foreign Policy [J]. International Studies Quarterly, 1970, 14 (3): 233-309.

② SHIH C Y. National Role Conception as Foreign Policy Motivation: The Psycho-cultural Bases of Chinese Diplomacy [J]. Political Psychology, 1988, 9 (4): 599.

③ HARNISH S. Role Theory: Operationalization of Key Concepts [M] // HARNISH S. Role Theory in International Relations. London: Roultedge, 2012: 8.

对角色主体行为方式的规约①，或是隐含的社会期待。当然，不同国家和国际社会可能对同一个国家的角色预期存在差异和冲突，需要通过外交交流、协商和合作来解决和调整。

也有学者认为，角色预期主要包含两方面的内容。一是他者预期，是指社会以及他者对于某个角色"应该是什么""应该做什么""不应该做什么"的看法和要求；二是自我预期，主要是指角色所有者对自己"应该做什么"和"怎样做"的一种要求和设计，这种预期受到他者预期以及国际社会规范的影响和制约。②

3. 角色实践

角色实践（role performance）是指"针对其他国家的态度、决策、反应、义务和功能的行为模式"③，是个体根据自身对他者期望和社会规范的认知确定自己的角色后，按照自己的方式履行该角色所蕴含的权利和义务的行为。④ 角色实践既受到国家自身利益和政策目标的影响，也受到其他国家和国际社会的期望和压力的影响。通过角色实践，一个国家可以塑造自身形象、维护利益和影响国际秩序。

二、本书研究思路

贫困问题是一个综合性很强的范畴，不同的学科从不同的视角对其进行了研究。从理论发展趋势来看，以中国等新兴国家的减贫实践为基础，运用新的发展主义思维构建有别于"西方中心主义"的全球贫困治理理论

---

① 魏玲，李桐. 角色理论与当代国际关系研究议程 [J]. 外交评论，2023（6）：93.
② 袁伟华. 对外政策分析中的角色理论：概念解释机制与中国—东盟关系的案例 [J]. 当代亚太，2013（1）：129.
③ HOLSTI K J. National Role Conceptions in the Study of Foreign Policy [J]. International Studies Quarterly，1970，14（3）：233-309.
④ 徐正源. 中国负责任大国角色的建构：角色理论视角下的实证分析 [M]. 北京：中国人民大学出版社，2015：31-32.

将是学科发展的重要方向。鉴于中国参与全球贫困治理的动因、路径、趋势的独特性，其减贫观念、减贫合作行为模式与西方发达国家有着显著的差别，这就使得本书难以简单套用现有的理论框架对中国参与全球贫困治理的行为模式进行具体的分析和阐释。因此，本书将基于国际角色的理论视角，从国际和国内互动的层面考察推动中国参与全球贫困治理的政治经济因素，以期更为准确地界定分析中国参与全球贫困治理的独特的角色内涵。

纵观国际角色理论的发展与流变，无论各个流派的学者在关键性概念或角色分析上的观点有何迥异，但所有研究都有一个共同指向，即如同人的行为受到社会因素的影响一样，一国的国际角色也受到国内外因素的影响。贫困问题是全球治理的重点领域，参与全球贫困治理同时也是中国外交政策中的重要组成部分。运用角色理论分析中国参与全球贫困治理的角色时，可以着眼于中国外交政策的具体表现，以内部根源和外部根源双重因素为分析视角，从全球贫困治理的体系变化出发探讨几者之间的互动关系，从而阐释中国参与全球贫困治理的角色内涵，增进对中国角色的理解。

第一，中国参与全球贫困治理的角色是在与全球贫困治理体系的互动过程中形成的。

从全球贫困治理体系的发展变化过程来看，无论是发展经济学视角下的"现代化理论"还是国际政治经济学视角下的"依附理论"，都同属于"中心—外围"的全球治理模式，西方发达国家在其中拥有绝对的中心地位。而广大的发展中国家则处于这种治理结构的边缘位置，缺乏对自身发展与减贫事务的主导权和话语权。在主体的选择上，这种治理模式具有同质性和排他性，可以看作西方发达国家之间的"俱乐部"，非中立的特征表现，也使得全球治理更多呈现出局部扩张的趋势；在治理的权力结构方面，这种模式表现出国家之间权力分布的不对等性，因而塑造了全球治理的框架结构、治理目标和治理事务的优先权。① 从实践历程来看，全球贫困治理在较长的历史时期内，都是依赖于西方国家的发展经验、贫困理论、援助资金和制度设计而展开的。

这一固有的治理体系结构在 20 世纪 90 年代以后开始发生改变。首先，随着贫困问题与恐怖主义、气候问题等国际问题之间的关联性不断增强，在全球治理事务中的影响愈加深入，合作治理的观念开始融入国际社会的主流价值体系和行为规则之中，为全球贫困治理不平衡的单向主体关系转向双向互动奠定了前提条件和基础。其次，以中国、印度为代表的新兴经济体的政治经济实力不断提升，开始从内部积极探索自身的减贫与发展道路，在减贫合作制度建设、发展融资等层面逐步摆脱了在全球贫困治理体系中对西方发达国家的依附地位，从而改变了"中心发达国家—边缘发展中国家"的权力治理结构。因此，总体来说，全球贫困治理体系向更为开放、包容的方向转变，这为以中国为代表的发展中国家在其中发挥作用创造了前提条件。

第二，中国自身的角色观念与国际社会的角色预期共同塑造了中国参与全球贫困治理的角色定位。

角色定位是国家对于自身在国际体系中的作用与功能的设定。通常是指一个国家在国际社会中，根据自身实力和国际环境的变化，以及国际社会对其角色预期，所设定的不同的角色价值。在全球贫困治理体系中，每一个参与主体在与体系互动的过程中，都被给予包含不同权利与义务关系的角色定位。中国参与全球贫困治理的角色定位是中国在全球贫困治理体系中自我身份认定的过程与结果。对于贫困治理这一特殊议题，国际社会在期待中国国内减贫经验指导他国减贫的同时，也对中国向发展中国家、国际减贫合作机制提供相应的物质资源提出了要求。因此，中国在参与全

---

① 麦克格鲁，陈家刚. 走向真正的全球治理［J］. 马克思主义与现实，2002（1）：33-42.

球贫困治理的过程中，必须基于国家利益、对外政策的战略目标等因素选择适合本国发展的角色，并通过自我身份定位以及与全球贫困治理体系中的其他行为主体之间的多元互动来实现。

独特的角色观念是中国在当前全球贫困治理中发挥作用的重要基础。在谈及具体领域的国际角色时，多数学者以国家利益、身份认知这些关键变量作为分析依据。就全球贫困治理这一议题，中国角色有其特殊性。本书将选取文化特性、身份定位、价值追求三个重要变量来对中国参与全球贫困治理的角色观念进行分析。

中国拥有悠久的历史和丰富的文化传统，这些文化特性对中国参与全球贫困治理的角色观念产生影响。例如，中国强调社会和谐、共同发展的价值观念，这在一定程度上会促使中国在全球贫困治理中扮演合作者和发展支持者的角色。此外，中国也注重扶贫济弱，这影响了中国对全球贫困问题的认识，以及对外援助和人道主义行动的态度和方式。

从身份定位来看，2012 年以来，中国更为强调"负责任大国"的身份定位，而这一身份定位是基于中国综合国力的提升做出的相应调整。"负责任大国"的身份是中国参与全球贫困治理的角色认知的主要来源。在当前的全球贫困治理体系中，中国是一个积累了丰富减贫经验的大国，但发展中国家的属性也同时存在。这是由中国的综合国力和中国在国际减贫领域的影响力快速提升，以及中国积极主动承担国际减贫责任的主观意愿共同决定的。基于此，从维护国家利益的视角出发，履行减贫国际责任是中国推进全球贫困治理的基本出发点。还应注意的是，中国在全球贫困治理体系中的身份定位具有双重性的特点，与西方发达国家相比具有显著的区别。在较长的历史时期内，中国在国际社会一直是被援助的贫困国家。中国在发展的过程中接受了国际组织、西方发达国家提供的大量发展援助，并借助国际发展援助的资金、经验促进了自身经济的发展。在积累了大量的减贫经验以及经济发展资源的基础上，中国在 21 世纪初转变为参与全球贫困治理的重要主体，开始向发展中国家提供贫困治理的物质资源、制度资源和理念资源。

因此，作为一个负责任大国，中国积极主张维护发展中国家的权益和利益，强调南南合作和平等互利原则。这种身份定位对中国在全球贫困治理中发挥价值引领作用以及实践引领作用起到了重要影响。中国注重通过推动国际合作和制定相关政策来推动发展议程，进行贫困治理。比如，从治理的制度框架来看，中国着力构建公正合理的治理机制。近年来，中国在全球贫困治理机制方面的补充与完善，也更好地诠释了"合作、共赢、平等、互利、自主"这些关键词。这不仅标志着中国参与国际减贫迈向了制度化轨道，也预示着中国将通过制度渠道对国际减贫甚至全球贫困治理产生更为广泛的影响。

中国在全球贫困治理中的角色观念也受到其价值追求的影响。中国坚持以"共同发展、合作共赢"等理念来引领全球贫困治理。其一，中国在自身减贫实践过程中所提出的"共同富裕""扶贫先扶智""要想富，先修路""精准扶贫"等思想理念在发展中国家传播广泛。其二，近年来，中国针对国际减贫的困境所提出的共建"没有贫困、共同发展的人类命运共同体"、构建"以互利共赢为核心的新型国际减贫交流关系"等理念对国际减贫的发展影响深远，已经趋于成为全球贫困治理中的普适性发展观念、共同性价值准则和行为取向，成为全球贫困治理的重要价值引领。这些价值观念也塑造了中国在全球贫困治理中合作者和多边合作倡导者的角色。

而且，出于不同层面的考量，国际社会对中国在全球贫困治理中所能发挥的潜力和责任的看法并不一致。以美国为代表的部分发达国家从战略竞争的视角出发，对中国的崛起和影响力感到担忧，担心中国可能挑战现有的国际秩序和权力结构。它们既从单边主义的角度出发，要求中国承担更多的全球责任，遵守国际规则和标准；也把中国当作一个战略竞争对手进行打压。对发展中国家来说，它们更多希望从中国的发展经验中获益，加强与中国的减贫交流与合作。以联合国为代表的国际组织对中国的预期并不十分明确，它们期望中国能够更积极地参与全球治理，为解决全球性问题提供更多的支持；但由于中国的实力和影响力的提升，它们可能会面临如何平衡中国和其他成员国之间的利益和影响力的困境。这些不同的预期和矛盾之处反映了国际社会对中国的角色期待复杂且多元化。因此，中国需要在不同的利益和观念之间寻求平衡，找准角色定位。

第三，中国参与全球贫困治理的独特的角色定位，塑造了其参与治理的行为模式。

基于特殊的角色定位，中国在参与全球贫困治理时的角色表现也与西方发达国家存在较大差别，主要呈现出两大重要特点：一是注重减贫经验的"平行转移"，将已经成功实践过的政策或做法因地制宜地介绍到发展中国家，而非西方国家"知识再生产—传播"的方式。二是在自身发展过程中的经历使中国对发展中国家的情况更能"感同身受"，因此在开展减贫合作时更注重发展中国家自主性的培养，与西方国际对外援助所设立的制度约束形成鲜明对比。因此，只有从中国在全球贫困治理体系中身份的视角出发，才能深入把握中国参与全球贫困治理的理念与实践的内在本质，深刻理解中国参与全球贫困治理的理念、模式和行为。

综上，本书将以全球贫困治理体系的发展变化为研究起点，结合中国在全球贫困治理中的角色观念、国际社会对中国的角色预期以及中国参与全球贫困治理的角色定位，遵循从一般到具体、从共性到个性的研究路径，全面把握分析中国在全球贫困治理中的作用和特点。

第二章

全球贫困治理变革与中国角色转型

本章主要从全球贫困治理理念的发展、治理框架以及政策的变化等方面，介绍全球贫困治理的演变历程，归纳总结全球贫困治理的阶段性特征。在此基础上，着重探讨冷战后全球贫困治理的议程设置、进展以及成效，并结合当前国际政治经济局势以及减贫形势的变化，分析全球贫困治理的体系变化、治理困境以及中国参与全球贫困治理的角色转型。

第一节　全球贫困治理的历史演进

"二战"后，贫困问题开始受到国际社会的关注。总体来看，全球贫困治理经历了从战后重建到可持续发展的历程转变。国际社会通过联合国平台和全球合作伙伴关系，致力于减少贫困、促进发展，并将贫困治理与可持续发展紧密结合起来。然而，发展至今，全球贫困治理仍然面临着多方面挑战。本节将回顾全球贫困治理的演变历程，并把握当前全球贫困治理体系的发展变化。

一、20 世纪 40 年代末至 60 年代末：全球贫困治理的兴起

20 世纪 40 年代末，伴随着第二次世界大战后世界秩序和格局的重建，

建立全球性价值体系成为世界各国发展的迫切需求，贫困问题也成为这种价值体系建构中的重要媒介。① 但在冷战的背景下，全球贫困的问题化主要体现了西方发达国家制定符合自身理念和标准的新战略的需要。② 因此，这一时期的全球贫困问题并未成为一个相对独立的议题，主要隐含在国际发展议题之中。与此同时，由于受贫困理论以及国际社会贫困观念的变化影响，全球贫困治理的理念与实践也处于不断调整与发展中。

第二次世界大战后，寻求摆脱贫困的道路成为相继独立的发展中国家的一个重要任务。在学术界，发展经济学最早开始系统研究欠发达国家的贫困问题。由于处于学科初创阶段，缺乏完善的理论工具和实践模型来分析和解释发展中国家的贫困现象，发展经济学家便将经济发展相对富裕的发达国家作为理论探讨的来源和样板。在此基础上，通过一系列理论构建，形成了关于发展中国家发展的现代化理论。现代化发展理论将发达国家划分为以市场化、城市化、工业化为主要特征的"现代社会"，欠发达国家则属于以落后农村生活方式为主的"传统社会"。现代化发展理论还为发展中国家设计了摆脱贫困的美好前景——效仿发达国家的发展模式——由传统的、前工业化的农业社会发展成为现代的、工业化的、大众消费的社会。③ 对于如何帮助发展中国家实现现代化（modernization）、解决贫困问题，发展经济学家们提出：只要一个国家或一个地区经济增长了，就会产生"涓滴效应"，贫困问题可以自然而然地得到解决。

20世纪50年代的发展经济学理论家普遍认为，发展中国家贫困的根源在于缺乏资本和投资，要解决资本累积问题，对外援助和国际社会必须在其中发挥主要作用。如瑞典经济学家冈纳·缪尔达尔指出，欠发达的实

---

① 黄承伟，等. 鉴往知来：十八世纪以来国际贫困与反贫困理论评述 [M]. 桂林：广西人民出版社，2017：77.

② 蔡拓，杨雪冬，吴志成. 全球治理概论 [M]. 北京：北京大学出版社，2016：181.

③ 杰克逊，索伦森. 国际关系学理论与方法 [M]. 吴勇，宋德星，译. 北京：中国人民大学出版社，2012：182.

质是欠发达国家处于贫困的恶性循环之中，没有政府主导的、大规模的行动以及国际援助，欠发达国家就无法脱离贫困。①阿瑟·刘易斯（Arthur Lewis）、沃尔特·罗斯托（Walt Rostow）等早期的发展经济学家都认为导致发展中国家贫困的主要原因是生产资本的匮乏。因此，发展中国家摆脱贫困的重要方向在于通过国际援助弥补投资缺口、平衡国际收支、实现经济的持续增长，从而减少贫困。在"大推进理论"、"哈罗德—多马"经济增长模型、罗斯托起飞模型、临界最小努力理论等理论的影响下，这一时期国际发展援助的核心集中在保证资本、劳动力和技术这三大促进经济增长的基本要素的均衡配置。因此，国际发展援助的最直接目标是提高受援国的资本积累和储蓄率，从而促进经济的持续增长；国际发展援助的资金流向主要是基础设施建设和社会项目等经济发展的瓶颈部门，以期提高受援国的自我经济增长能力。②

　　1949 年 1 月 20 日，美国总统杜鲁门在就职演说中首次提出了"欠发达"国家的贫困问题，揭开了发达国家对发展中国家贫困问题关注的序幕。其就职演说还提出了技术援助亚、非、拉等欠发达国家的实施方案——"第四点计划"③，以争取发展中国家和地区的政治支持。与此同时，苏联也与社会主义国家签订了一系列双边协议，为发展中国家提供了援助。1960 年，苏联和中国等 18 个国家签订了每年援助额度为 4.5 亿美元的经济合作协定。④ 除此之外，随着英国等欧洲国家的经济恢复，也开

---

① MYRDAL G K. Economic Theory and Underdeveloped Regions [M]. New York：Harper & Row，1957.

② 李小云，唐丽霞，武晋. 国际发展援助概论 [M]. 北京：社会科学文献出版社，2009：71-72.

③ 这一计划也被称为"技术援助落后地区计划"，是"马歇尔计划"的补充，前三点计划分别是：支持联合国、战后欧洲经济复兴计划（即"马歇尔计划"）和援助自由世界抵御侵略。

④ 李小云，唐丽霞，武晋. 国际发展援助概论 [M]. 北京：社会科学文献出版社，2009：24.

始加大了对原殖民国的援助,如英国颁布了《出口保护法案》(Export Guarantee Act),向原殖民国提供了价值1.2亿英镑的赠款、技术、优惠贷款等援助。

受发展经济学相关理论的影响,西方国家援助的重点流向是生产部门和基础设施。其背后的思路是,希望通过援助促进发展中国家的工业化与现代化,使工业化带来的经济增长渗透到穷人中,进而防止穷国爆发共产主义革命。① 这一路径总体上带有浓厚的政治动机,并未明确将贫困或贫困国家放置于援助的核心。但以战后重建和难民救助为主要内容的援助,对于促进第三世界国家的经济社会发展起到了良好的促进作用,改善了发展中国家贫困群体的生活条件和状态。

与此同时,多边援助机构也开始关注发展中国家贫困问题。1959年,时任英国罗易茨银行行长奥利弗·弗兰克斯(Oliver Franks)首次提出"南北问题"的概念,将"南北问题"推至了国际关系的核心,在当时引起了巨大的反响。1960年,世界银行成立了国际开发协会(International Development Association, IDA),这一机构的目的是以优惠和灵活贷款的形式来促进发展中国家的经济发展,这标志着多边发展机构开始把发展目标和发展活动转向贫困国家。1961年,经济合作与发展组织下属的发展援助委员会(Development Assistance Committee, DAC)成立,成为向发展中国家提供减贫项目资金和发展援助的主要平台。

此外,随着联合国发展中国家成员国的增加,联合国在国际多边援助中的作用也开始得以体现。1961年,第16届联合国大会通过了第一个发展十年战略(Development Decade)。决议认为,"通过援助促进贫穷国家的社会经济增长不仅能够消除全球贫困人口,而且有利于世界和平与稳定发展,促进世界繁荣发展",并提出了保证发展中国家每年国民收入增长速度不低于5%,援助占发达国家国民生产总值的1%的战略目标。显而易

---

① 崔文星. 2030年可持续发展议程与中国的南南合作 [J]. 国际展望,2016 (1):36.

见，这一战略也秉持了一种"单纯追求经济增长率"的发展理念，而在一定程度上忽视了贫困问题的根本性质和结构性因素。虽然联合国的援助对许多受援国家而言起到了一定的作用，但无法从根本上解决贫困问题。

总体来看，这一时期的全球贫困治理是在西方发达国家主导的"援助—经济增长—减贫"的思维模式下进行的，多边发展机构与发达国家的双边援助相互配合，在维护发展中国家的发展权益、促进发展中国家的经济恢复与发展方面发挥了一定的作用，全球贫困治理机制也逐步发展和完善。但这种模式的局限性也显而易见。其一，援助方式更多地关注总体经济增长，设想通过对外援助来弥补发展中国家的投资缺口、改善国际收支，从而产生"涓滴效应"来惠及贫困群体。但不容忽视的是，援助在促进部分"硬性"资本形成的同时，难以改善"软性"的发展环境；而且援助无法解决公平、收入分配、物价等社会问题，经济增长惠及穷人也就无从谈起。① 其二，从援助的领域来看，为了促进发展中国家的资本积累，这一时期国际发展援助的投资领域大量集中在工业，以满足国民生产总值高速增长的需求，农业生产对于发展中国家的重要性被严重地忽略了。因此，由于未能顾及贫困群体的利益，南北差距急剧扩大，20 世纪 70 年代，发展中国家的贫困问题成为最大的发展问题。

二、20 世纪 60 年代末至 20 世纪 70 年代：全球贫困治理的发展

1968 年以前，世界贫困问题隐含在构筑战后国际秩序的原则之中，国际发展机构讨论贫困问题的范围局限于"贫困国家"，美苏两国以国际援助的形式推动和主导着国际发展格局。但由于这一时期的国际援助流向、投入领域、援助方式等都片面强调经济增长，并未在促进发展中国家的减贫上取得预期效果。20 世纪 60 年代，发展中国家的贫困不仅并未得到缓解，而且由于财富分配不均，出现了更为严重的社会分化和贫富分

---

① 熊青龙. 官方发展援助的减贫效果研究［M］. 南昌：江西人民出版社，2017：40.

化。1968 年后，学术界和国际发展机构开始对过去二十年的援助理论和实践进行反思，对国际发展的关注逐渐回归到贫困问题本身，贫穷被广泛地理解为人的贫穷，贫困群体成为各项发展政策所关注的核心，贫困问题也逐渐成为国家和多边政策机构明确的和国际化的目标。[①] 如发展经济学家冈纳·缪尔达尔在 1968 年出版了《亚洲的戏剧：南亚国家贫困问题研究》，聚焦印度和巴基斯坦的贫困问题，在当时引发了广泛的影响；学者尤德尼·希尔斯（Dudey Seers）也开始在发展的范围内讨论贫困问题。20世纪 70 年代初，学术界和国际政策界的贫困治理思维转换到聚焦贫困的发展观上。此外，联合国和其他国际机构一直在世界范围内收集就业、收入分配和各种社会福利的数据，这为了解世界贫困状况、推动减贫治理奠定了良好的基础。

满足人的基本需求是这一时期全球贫困治理的主流思想。1971 年，联合国引入了"最不发达国家"（Least Developed Countries）概念，指人的基本需求无法得到满足、急需国际援助的发展中国家。[②] 1973 年，人类发展和人权思想逐渐开始影响一国的对外援助，基本需求框架在美国的对外援助中初步被采用。1976 年，国际劳工组织提出了具体的"人类基本需求"（Basic Human Needs）战略。"人类基本需求"主要包括三个层面的含义：一是能够满足一个家庭基本生活所需的最低消费，包括基本食物、御寒物资、住房等；二是包括医疗、教育和交通等基础设施在内的公共服务；三是能够参与社会决策、获得平等的工作机会等权利。由此可见，这一战略具有一定的进步性意义，即以改善贫困人口的生活状况为主要发展目的，把人和人的需求而非国民经济的增长放置于发展的中心，强调在满足人的基本物质需要的基础上，更应保障人的非物质要素需求。"满足人类基本

---

① 马克莫罗 "Not by Bread Alone"。费丽莫. 国际社会中的国家利益 [M]. 袁正清，译. 杭州：浙江人民出版社，2001：106-114.

② 丁韶彬. 大国对外援助：社会交换论的视角 [M]. 北京：社会科学文献出版社，2010：34.

需求"的理念在当时对于世界银行、国际货币基金组织等国际发展机构的援助项目影响较为深远，且对后续的国际发展和全球贫困治理都具有重要的意义。

受学术界对贫困认识的拓展的影响，这一时期国际发展援助从关注受援国的经济增长转向关注受援国的贫困群体，援助资金多流向与人的生存相关的项目上，比如，住房、教育、健康等。此外，在"农村综合发展战略"理论主张的影响下，农业和农村发展在经济增长和经济发展中的作用被重新审视和评估，成为20世纪70年代后发达国家和国际组织开展国际发展援助所关注的重点领域。"农村综合发展战略"理论认为，农村的综合发展被忽略是造成城乡贫困的主要原因之一，必须将农业的发展看作整个农村综合发展的一个部分，而农村综合发展又是整个社会发展的组成部分。可以通过增加农业与林业生产，并对生产结构进行广泛的调整，保证食物、能源和农产品等原材料的供应，保证农业和非农业人口的就业和收入的增加，普遍改善农村地区的生活质量。[①] 此外，农村综合发展战略也提及保证农民参与发展决策的权利，以促进其自力更生。

在"综合农村发展战略"理论的推动下，针对发展中国家大部分贫困群体集中在农村的事实，这一时期的国际发展援助大量投向高产农业。世界银行和联合国共同实施的"综合农村发展项目"，将推动农村和农业的发展作为促进发展中国家减贫的重要途径。20世纪70年代中期至80年代中，大约50%的西方援助投入了农业和社会化领域。在世界银行的贷款比重中，农业所占份额从1961—1965年的12%上升到1973—1974年的24%。

除了援助目标和策略的调整，20世纪70年代，国际援助的主体也从过去的以双边援助为主多边为辅，转向寻求多边援助的协调行动，从而提升贫困治理效果，世界银行和联合国开始在多边减贫中发挥重要作用。

---

① 奎特，裴志新. 农村综合发展的目标与战略 [J]. 农业经济，1990 (5)：43-48.

1. 世界银行

世界银行在20世纪70年代对于推动发展中国家的减贫起到了关键性的作用。主要表现在以下三方面：第一，世界银行是发展中国家的最大多边贷款提供者，1968—1970年和1971—1973年，世界银行针对贫困部门的贷款增长了2倍，向欠发达国家的贷款增加了6个百分点；第二，世界银行的减贫行动对私人贷款者和提供发展援助的捐款政府有重要的导向作用，如世界银行在1972年成立了农村发展的专业机构，贷款项目开始集中流向农业和农村发展领域，这也影响了发展援助委员会国家的贷款流向，1973年发展援助委员会对农业部门的官方发展援助占官方发展援助总额的比例为8.6%，1979—1983年，这一比例上升至17.0%；第三，世界银行促进了贫困与减贫的知识传播，影响和带动了发展研究界学者以及国际发展机构的思维理念，使得学术界和国际发展机构逐渐转向以贫困为中心的发展研究。1969年，世界银行发布了影响深远的"皮尔森报告"（Pearson Report），皮尔森报告将消除贫困列为援助的重要关注方向，对第一个"联合国发展十年"在促进发展中国家减贫方面的失误和不足进行了反思，为联合国第二个发展十年战略的制定奠定了基础。①

2. 联合国

20世纪70年代，联合国在全球贫困治理的理论以及实践上都有了较大的进步。一方面，这一时期，联合国的国际发展援助目标明确转向减贫。以1971年开始实行的《联合国第二个发展十年战略》为标志，联合国开始将发展的目标维度从经济层面拓展到社会层面，基础设施和社会公共服务领域成为其援助重点。另一方面，联合国在20世纪70年代将建立国际政治经济新秩序提上了日程。受"依附理论"的影响，发展中国家在20世纪70年代开始借助联合国舞台，表达寻求摆脱在国际经济体系中的

---

① 费丽莫. 国际社会中的国家利益［M］. 袁正清，译. 杭州：浙江人民出版社，2001：105-117.

"中心—外围"结构的诉求。比如，联合国大会在1974年4月通过了《关于建立新的国际经济秩序宣言》和行动纲领，强调应当排除不平等和非正义因素，缩小发展中国家和发达国家日益扩大的差距，在公正、主权平等、相互依靠、共同合作的基础上建立新的世界秩序。① 因此，这一时期的国际发展援助也更多地用来帮助受援国发展独立的经济体系，而非仅仅为支持受援国经济增长的单一发展模式。建立国际经济新秩序是从国际关系的视角来思考贫困治理的，所隐含的减贫观并非直接将发展援助投资于贫困人口，而是打破旧有国际经济结构对发展中国家发展的束缚，对全球贫困治理来说是一个较大的理论与实践的进步，联合国在全球贫困治理中的话语权也得到提高，但从根本上来说，打破国际政治经济旧秩序和格局并非易事。

三、20世纪80年代：全球贫困治理的调整

20世纪80年代，受石油危机的影响，发达国家经济增长趋缓，在对外援助方面有所缩减。而发展中国家在长期预算赤字、外债增加以及贷款国高利率等因素的影响下，经济也受到重创，无法偿还发达国家、金融机构和国际商业银行的贷款，以1982年墨西哥债务危机为开端，许多受援国，特别是拉美国家集体爆发了严重的债务危机。面对发展中国家的困境，这一时期国际发展援助的目标由20世纪70年代的减少贫困，转变为致力于受援国的经济稳定和结构调整，缓解国际金融体系的危机。全球贫困治理的逻辑起点因此从直接针对贫困群体的减贫措施转向更为广泛的经济战略。

学者们在对过去的发展理论和实践进行反思的基础上，提出了综合发展观、内源式发展理论、可持续发展概念、参与式发展等理论创新。比如，法国学者佛朗索瓦·佩鲁（Francois Perroux）提出的综合发展观，特

---

① 李小云. 国际发展援助概论 [M]. 北京：社会科学文献出版社，2009：30.

别强调了人的价值、人的需要以及人的潜力在发展中的重要性。内源发展理论认为，受援国内部经济发展要素的有效整合是促进稳定可持续发展的重要因素，而非单纯依靠外部力量的支援。可持续发展以及参与式发展理念也开始被广泛地运用到国际发展援助中。这些新的发展观为 20 世纪 90年代以后的全球贫困治理框架的设计奠定了理论基石。此外，联合国在1980 年 12 月通过了《第三个发展十年国际发展战略》，战略将发展中国家的增长指标设定为："尽量促使国内生产总值的年平均增长率达到 7%，人均国内总产值年增长率达到 4.5%……发达国家的官方发展援助应为其国民总产值的 0.7%。"由此可见，该战略不仅继续关注国际经济新秩序，也更加关注人类个体的生存和发展，体现了联合国减贫理念的转变。

四、20 世纪 90 年代：全球贫困治理的过渡期

冷战的结束是全球贫困治理向前迈进的分水岭。一方面，冷战的结束使国际政治经济环境发生了较大的改变，政治议题在国际社会有所降温，这为各国贫困问题的解决创造了良好的外部环境与条件；另一方面，冷战结束后，全球化进程加快，贫困问题与环境、移民、公共卫生等国际问题的关联越来越紧密，国际合作减贫的内在需求不断增强。因此，无论是联合国、世界银行等国际组织，还是发达国家和发展中国家，都从不同的层面对国际减贫的目标、模式、制度进行了调整，全球贫困治理进入系统化发展的新时期。

20 世纪 90 年代，减贫成为国际发展的核心议题。围绕着发展与减贫议题，国际社会召开了一系列会议，在国际发展合作的诸多政策性文件中，也都将减贫置于核心的位置，全球贫困治理的共识进一步增强。

1990 年 5 月，南方委员会发布了《对南方的挑战》报告，提出了关于发展的三个内核，进一步明确了减贫在发展中的重要性。同年 9 月，第二届最不发达国家会议通过《90 年代援助最不发达国家行动纲领》文件，提

出国际发展的首要目标和合作的优先领域：促进发展中国家的经济持续发展和消除发展中国家的贫困。1992 年 6 月 14 日，联合国环境与发展大会通过的《21 世纪议程》（*Agenda* 21）第 3 章强调了消除贫穷的重要性，提出了"消除贫穷"的目标，并阐述了具体减贫方案，其中目标 3.10 明确：联合国系统应通过其有关机关、组织和机构，与各会员国和适当的国际组织和非政府组织合作，将减轻贫困作为一项重要优先事项。① 1995 年，OECD-DAC 高级别会议通过了《新全球背景下的发展伙伴关系》报告，报告提出："减贫是国际发展合作的重要目标，认为资源缺乏导致了贫困国家的经济增长缓慢和社会发展不足，因此，富裕国家要增加对发展中国家的援助，提升减贫效率。"② 1995 年 3 月，联合国社会发展世界首脑会议召开，确立了通过国际合作层面消减贫困的共识，驱动国际社会和国际组织，尤其是国际金融机构支持贫穷国家以消除贫困和基本的社会保护为目标的努力。③ 会议还通过了《哥本哈根宣言》《哥本哈根会议行动纲领》，将 1997—2006 年确立为国际消除贫困十年，哥本哈根会议是国际社会深切认知减贫合作问题重要性的里程碑。④ 综上，20 世纪 90 年代一系列国际会议的召开都凸显了贫困议题在国际发展中的重要性。

自 20 世纪 90 年代开始，国际发展机构对于贫困的认识逐渐从关注人的物质需求拓展到关注人的各方面福利及权利，这为消除贫困有效政策的制定创造了良好的理论环境。1990 年，世界银行最早发布了关于世界贫困的专题报告《世界发展报告》（*World Development Report*），在报告中首次对全球贫困状况做出了标准化的估计，定义了"贫困"的概念。此后，联合

---

① 21 世纪议程［EB/OL］. 联合国网站，1992-06-14.
② 转引自黄超. 新型全球发展伙伴关系构建与 G20 机制作用［J］. 社会主义研究，2015（3）：160-167.
③ KANKWENDA M. Poverty Eradication：Where Stands Africa？［M］. London：Economica Ltd，2000：294-295.
④ 安春英. 中非减贫合作与经验分享［M］. 北京：中国社会科学出版社，2018：8.

国等国际组织也加大了对贫困的研究和关注力度，深化了对贫困的理解，优化了全球贫困治理策略。在报告中，贫困被认为是"未能达到最低生活水准的状态"，而"最低生活水准"不仅仅是指家庭的人均收入和人均支出，还包括医疗卫生保健状况、接受教育的程度、文盲率、预期寿命以及获取社会保障的途径等内容。1996 年，联合国开发计划署（UNDP）第一次发布《人类发展报告》，设计了"能力贫困指标"（Capability Poverty Measure），人类发展理念开始被加入联合国和国际社会的讨论议程当中；在《1997 年人类发展报告》中，联合国开发计划署又提出了"人文贫困"的概念。

在治理实践方面，"援助促进减贫"弊端显现，成效弱化。一方面，冷战的结束使得推动国际发展援助的政治动机有所下降，加之亚洲金融危机等方面影响，20 世纪 90 年代，对外援助在发达国家的对外议程中呈普遍衰退的趋势。1990—2001 年，OECD-DAC 中的 23 个援助国提供的官方发展援助在其国民总收入（GNI）中的比重由 0.33% 下降到 0.22%。发展中国家人均接受的 ODA 从 15 美元下降到 10 美元。① 另一方面，二战后开始盛行的对外援助，并未在促进发展中国家经济增长和社会发展上取得预期成效，这使得援助国国内民众开始对国际发展援助的有效性产生怀疑，随之出现了所谓的"援助疲劳"（Aid Fatigue）现象。在这样的背景下，世界银行在 1998 年发布报告《评估援助：什么在起作用，什么没起作用和为什么》（Assessing Aid：What Works，What Doesn't and Why），正式为对外援助寻找了新的合理性解释——"善治"理论。报告认为发展援助的有效性和受援国的治理质量有紧密的联系，因此，对外援助的分配应以贷款国的政策表现而非经济发展状况和贫困程度来作为主要依据，为了提升对外援助的效率，世界银行应该更为关注一国的治理状况，并为此提供包括经

---

① 李小云. 国际发展援助概论［M］. 北京：社会科学文献出版社，2009：38.

济和知识等方面的支持。① 至此，受新自由主义经济政策的深入影响，国际货币基金组织、亚洲开发银行等国际发展机构都将"善治"与对外援助挂钩，在很大程度上使发展援助成为西方国家"制度霸权"的工具。一系列附加条件使受援国自主发展的内在动力受阻，而且由于一味强调援助过程中的公平、透明、问责，忽略了对发展中国家经济增长的推动，最终的减贫效果相当有限。② 发展中国家不仅未能借助国外援助摆脱贫困，反而造成了更大程度的援助依赖。这也说明，为了更有效地应对贫困，需要采取综合性的、包容性的发展战略，关注贫困人口的基本权益和需求。

五、2000 年以来：全球贫困治理的新时期

20 世纪末，虽然国际社会投入了较多的资源和努力，但世界贫困问题仍然普遍而严峻，这使国际社会意识到要推进全球减贫进程，必须设置具体、可行的目标。2000 年 1 月，安南在千年峰会召开之前向联合国大会提交了《我们人民：二十一世纪联合国的作用》报告，表达了对世界不平等和极端贫困现象的担忧，同时呼吁国际社会加强协调，加强对贫困国家的援助承诺。2000 年 9 月，在联合国千年峰会期间，来自世界 189 个国家的首脑共同签署了千年发展目标。千年发展目标是一个以贫困治理为核心，跨越社会进步、经济发展、环境保护等多个领域的广泛的、明确的、权威的全球发展目标体系，包含减贫、环境可持续发展、推动全球合作伙伴关系等 8 项大目标、21 项具体目标以及 60 项官方监测指标，其中第一项大目标是发展与减贫。

对全球贫困治理来说，千年发展目标具有里程碑式的意义。首先，千

---

① World Bank. Assessing Aid: What Works, What Doesn't and Why [R]. Washington, D. C.: Oxford University Press, 1998.
② 黄梅波，唐露萍. 南南合作与南北援助：动机、模式与效果比较 [J]. 国际展望，2013 (3): 17.

年发展目标量化了人类发展和人类福祉的具体目标，在国际社会形成了广泛的认同。千年发展目标提出"贫困人口比例减半"，是全球公认的，得到支持最广泛、最全面和最具体的发展指标。① 减贫作为 MDGs 的首要目标，不仅源于贫困是阻碍发展中国家经济、社会发展的最大障碍，更重要的是，减贫目标是所有目标的核心。② 这也说明了在全球化的世界，无论是贫困的形成、深化，还是贫困的减少、消除，都已经演化成为国际性事务，单纯凭借贫困国家自身的力量是无法彻底消除贫困的。③ 其次，千年发展目标将人的发展视为发展的终极目标，而非工具，相对过去以经济增长和经济发展为目的的减贫治理来说是一个大的进步和飞跃。千年发展目标后，国际社会一直将"人的发展"作为国际减贫与国际发展的核心。再次，千年发展目标是人类历史上第一个共同的目标体系，有助于协调发展中国家、传统援助国和国际发展机构等贫困治理主体之间的关系，形成良好的发展伙伴关系。最后，千年发展目标的提出，是联合国首次主导国际发展议程，标志着联合国在全球贫困治理中的地位和作用不断提升。

在千年发展目标的大框架下，国际社会消减贫困的努力主要体现在三个不同的层次：一是多边发展机构围绕千年发展目标发挥各自的优势，推进国际减贫。联合国对于千年发展目标的执行进行顶层设计，推动多边机构之间、发展中国家与发达国家的政策对话，在发展中国家开展一些示范减贫项目，对千年发展目标的执行情况进行跟进、监督、评估等。如联合国开发计划署与日本政府、哥伦比亚大学共同合作，在非洲的埃塞俄比亚、加纳、肯尼亚、马拉维等 12 个国家开展了"千年村项目"（Millennium Villages Project，MVP），通过农业项目来改善贫困群体的生存和生活状态。世界银

---

① 联合国千年项目团队. 发展投资：实现千年发展目标的实际计划概览 [R]. 纽约：联合国开发计划署，2005：4-17.

② 王小林，张晓颖. 迈向 2030：中国减贫与全球贫困治理 [M]. 北京：社会科学文献出版社，2017：3.

③ 彭刚. 根除深度贫困的国际经验 [J]. 人民论坛，2018（21）：52.

行在千年发展目标期间的总体减贫思路是以改善投资环境和向穷人赋能为目标，向发展中国家提供贷款和援助。因此，在这一时期的资金流向主要是与贫困人口生活息息相关的健康、教育、基础设施建设等方面，比如，在 2007 年为发展中国家承诺的供水和卫生项目金额高达 31 亿美元，卫生、营养和人口（HNP）方面的贷款为 18.3 亿美元，教育方面为 20 亿美元。

二是发达国家对 ODA 进行了调整和改革。这一时期，西方发达国家对"援助有效性"的积弊问题进行了深入反思。2002—2011 年，OECD 举行了四次关于援助有效性的高层论坛，对 ODA 进行改革。特别是 2005 年《巴黎有效援助宣言》"援助有效性"四项原则的提出，以及 2011 年《釜山宣言》将"援助有效性"扩展到"发展有效性"。这一系列努力希望改善援助在消除贫困、减少不平等以及实现可持续增长方面有持续的推动作用，主要包括受援国的"国家自主性"（country ownership）、包容性发展伙伴关系（inclusive partnerships for development）、透明性和共同责任（transparency and mutual accountability）三方面。客观来看，这些援助改革措施已经开始关注受援国的发展自主性，改变了援助国主导、受援国被动参与的传统援助格局。但不可忽略的是，"由于发达国家在发展理念、发展主体、资源调动方面的局限，现行援助体制并未真正摆脱困境"①。

三是发展中国家开始积极探索自我发展与减贫的道路。对广大发展中国家而言，加强国际合作和实现自主发展是实现千年发展目标的重要途径。一方面，发展中国家进一步开放思维、创新发展理念，积极参与国际发展机构以及发达国家开展的减贫合作；另一方面，在南南合作的框架下，共同寻求更深入的自主发展模式。在此期间，中国积极探索自身减贫与国际减贫的道路，最早完成千年发展目标中的减贫目标，引起了国际社会的高度评价和广泛关注。

---

① 郑宇. 援助有效性与新型发展合作模式构想 [J]. 世界经济与政治，2017（8）：146.

千年发展目标期间（2000—2015 年），世界减贫工作取得了巨大进展。一方面，极端贫困人口数量和贫困率均呈下降状态。世界银行 2018 年发布的全球贫困监测数据显示：世界贫困人口（每人每天 1.9 美元的极端贫困标准）在 1990—2015 年，从 18.95 亿人减少到 7.36 亿人；贫困发生率从 35.85%下降到 10%，降幅超过 70%。这期间，世界人口数量增长了 20 亿，但极端贫困人口数量却减少了 11.59 亿，这意味着贫困率平均每年下降 1 个百分点。① 这些成就大多是在千年发展目标实施期间取得的。

另一方面，贫困群体的生活状况得到了较大改善。1991—2015 年，发展中国家日均生活费高于 4 美元的人数几乎增长了两倍。1990 年以来，发展中地区营养不足的人口的比例接近减半，从 1990—1992 年的 23.3%下降至 2014—2016 年的 12.9%。此外，在教育、降低儿童死亡率、疾病的预防控制、清洁的饮用水等方面也取得了较大进展。2015 年，发展中国家的小学净入学率达 91%，相比 2000 年增长了 8 个百分点。特别是撒哈拉以南的非洲，在 2000—2015 年，小学净入学率增长了 20 个百分点。全球疟疾发病率下降了约 37%。

尽管在千年发展目标期间，全球减贫取得了重大进展。但全球贫困现象依然严重，这与千年发展目标的制度性缺陷、西方发展援助的有效性、贫困国家的自主发展能力等因素都有关系。

首先，MDGs 的制定具有广泛的全球共识性基础，但同时也深深地打上了大国主导的烙印。② 千年发展目标是在援助国和国际发展机构的领导下以"自上而下"的方式形成的，其大多数目标来源于 OECD-DAC 的报告《塑造 21 世纪：发展合作的贡献》，发展中国家在千年发展目标制定中的参与极为有限，这使得目标框架本身受限于"援助国—受援国"的模

---

① 李玉恒，武文豪，宋传垚，等．世界贫困的时空演化格局及关键问题研究［J］．战略与决策研究，2019（1）：43．

② 黄超．千年发展目标塑造中的全球共识性与大国主导性［J］．国际展望，2014（4）：68-81，151-152．

式，发达国家扮演着"资助者"的角色，发展中国家则处于被动依赖的地位。① 同时，新兴援助国、公司企业等在发展融资中的作用也未得到足够的重视。其次，千年发展目标对于可持续发展关注度不够。例如，千年发展目标 7 提及"确保环境可持续性"，但并未设置具体的、量化的指标。事实上，随着人类经济活动的不断发展，贫困问题也越来越多地和生态环境恶化、全球气候变化、能源可持续发展等问题紧密联系在一起。最后，千年发展目标的各项目标、各项具体目标之间缺乏有机的联系，可持续发展的经济、社会和环境三个相互联系的领域并未在千年发展目标的框架中呈现出相互依赖性，在实际推进过程中的协同作用没有得到体现。

虽然千年发展目标的实施极大地促进了全球减贫，获得了有目共睹的成就。但 2015 年千年发展目标到期后，仍然有相当一部分目标未能实现，特别是极端贫困群体、妇女、儿童仍然面临着不利的发展环境。因此，国际社会需要在"千年发展目标"的基础上设定一项新的议程，用以在未来的十五年内完成其未实现的目标。

2015 年 9 月，联合国 193 个会员国一致通过了可持续发展目标，于 2016 年 1 月 1 日开始实施。可持续发展目标涉及贫困、环境保护等内容，包括 17 个具体目标，其中目标 1 提出：在全世界消除一切形式的贫困，1.1 和 1.2 分别提出，到 2030 年消除极端贫困（以每人每天 1.25 美元为标准）和贫困人口减半的具体目标；1.3、1.4 和 1.5 分别从制度保障、贫困群体的权利获取以及应对风险的能力提升角度提出了构建实现减贫目标的国内制度体系的具体目标；1.a 和 1.b 分别从减贫资源整合和国际减贫合作的政策两方面提出了实现减贫目标的框架。②

可持续发展目标是对千年发展目标的继承与发展，相比较而言，可持

---

① 黄超. 千年发展目标塑造中的全球共识性与大国主导性 [J]. 国际展望，2014 (4)：68-81，151-152.

② 贫穷-可持续发展 [EB/OL]. 联合国网站，2017-05-08.

续发展目标（SDGs）在全球贫困治理方面有更进一步的深化和拓展。一是治理目标从"消除贫困"转向"包容性发展"。千年发展目标中的减贫目标为"将每天生活费低于1.25美元的贫困人口减半"，而SDGs的减贫目标核心为"在全世界消除一切形式的贫困"，它从更多维度拓展了对贫困的认识，将贫困的概念从以往的维持生存的"基本需要"（basic needs）拓展到"基本能力"（basic capabilities），更加强调经济资源的获取权、财产所有权和控制权等个人权利，更具发展性和包容性。而且，2030年可持续发展目标不仅强调贫困人口的减少，同时也将能源、气候变化、海陆生态系统平衡等可持续发展问题纳入其中，追求经济、社会、环境的同步发展，覆盖面更广，且具体目标之间的关联度和协调度更高。

二是开始注重发展中国家以及非国家行为体的主体性。尽管2030年可持续发展议程在讨论过程中，话语权与主导地位仍然由北方国家所占据，比如，在欧盟的提议的基础上，明确并通过了17个具体的可持续发展目标。① 但相比MDGs而言，发展中国家在SDGs中发挥了更大的作用。如SDGs制定前的咨询讨论以及正式设定和启动的各个阶段，中国都参与其中。2030年可持续发展议程从咨询、讨论到设定、启动的各个阶段，印度、墨西哥、巴西等众多发展中国家的代表加入了联合国2015年后国际发展议程高级别名人小组。

SDGs通过以来，各行为体在各自的职能范围内积极开展相关实践行动。联合国各机构召开了一系列国际会议、论坛，探讨议程的落实方案和途径，并评估各具体目标的实施进展。如联合国开发计划署在2014年专门创设了可持续发展目标基金，以促进联合国机构与各国政府、学术界、民间组织、企业等在发展与减贫议题上的经验交流，共同应对全球贫困挑战。在区域层面，亚太、欧洲、非洲等地区先后召开政府间区域论坛，以

---

① European Commission. A Decent Life for All: From Vision to Collective Action [R]. Brussels: European Commission, 2014.

分享经验，探讨合作机制，促进减贫与可持续发展。在国家层面，多个国家积极参与项目进展的自愿评估，在政府、公众等各个层面协调落实可持续发展议程的行动。如中国在 2016 年 4 月发布《落实 2030 年可持续发展议程中方立场文件》，系统阐述了落实 SDGs 的各项原则、重点方向以及具体举措，并统筹国内外资源积极参与落实可持续发展议程的各项行动。

由上文对全球贫困治理理论与实践发展历程的回顾来看，从"二战"后至今，全球贫困治理的理论与实践也在不断发展进步，从最初以"发展援助—经济增长"的输血路径，到强调可持续发展的各个维度、注重贫困群体的权利，以及社会各界参与的包容性增长的造血式治理模式，再到以关注人的全面发展为主，强调伙伴关系的可持续发展模式，国际社会关于全球贫困治理的共识已基本达成，以联合国为代表的多边发展机构、发达国家和发展中国家都将反贫困作为一项共同事业进行合作和采取行动纲领。2015 年以来，世界极端贫困人口数量持续减少，世界银行统计数据显示，截至 2020 年 4 月，极端贫困人口进一步减少至 6 亿左右，占世界总人口比重为 7.89%，无论是极端贫困人口总量还是比率，都是 2000 年以来的最低数。但在取得进展的同时，国际减贫也面临着极端贫困人口巨大、减贫资金缺口严重、国际政治经济局势的不确定性等困境，下文将对此进行详细分析。

第二节　全球贫困治理的体系变化与现实困境

随着治理实践的深入推进和新兴经济体的崛起，全球贫困治理在主体结构、减贫合作方式、合作机制、减贫知识与理念等方面的一系列变化，使以西方发达国家为主体、以官方发展援助为主要方式的"自上而下"的全球贫困治理体系转向一种更加平等、包容，以合作共赢为核心的新型国际减贫合作体系。发展中国家已经成为其中最重要的参与力量。这些变化也进一步推动了全球贫困治理实践进程，但由于受国际政治经济环境以及部分发展中国家发展进程的影响，当前的全球贫困治理仍然面临着多重挑战。

一、全球贫困治理的体系变化

第一，全球贫困治理主体更趋多元化。20 世纪 90 年代以来，在以联合国、世界银行等为代表的国际组织的推动下，贫困现象与贫困问题越来越被国际社会重视，与之相对应的反贫困进程与目标却越来越被欧美等发达国家所主导。欧美发达国家在全球减贫进程和目标设置上都占据着主导地位。[①] 然而，在实践中，基于欧美国家自身发展经验出发的反贫困理论与政策设计未能取得理想的成效。2000 年以来，中国、印度、巴西等国经济实力不断增强，逐渐在全球治理中产生影响，也开始推动全球贫困治理主体的多元化。

国际货币基金组织（IMF）数据显示，2000—2021 年，新兴市场和发展中经济体经济年均增速为 5.3%。新兴和发展中经济体经济总量在全球的占比由 2000 年的 21% 提高到 2021 年的 41.7%，比 2000 年上升了 20.7 个百分点，与发达经济体占全球的份额差距缩减至 16.6 个百分点。在经济迅速发展的同时，新兴经济体在自主发展与减贫上也取得了明显的进展。比如，除中国之外，印度减贫也取得了显著进展，2005—2006 年和 2019—2021 年，印度有 4.15 亿人摆脱了贫困，贫困发生率从 2005—2006 年的 55.1% 下降至 2019—2021 年的 16.4%。2005—2006 年，印度有约 6.45 亿多维贫困人口，到 2015—2016 年降至约 3.7 亿人，再到 2019—2021 年降

---

① 吴高辉，岳经纶. 贫困类型、贫困观念与反贫困结构的变迁：世界贫困史的视野 [J]. 探索与争鸣，2023（8）：39-58，177-188，2.

至约 2.3 亿人。① 新兴经济体的经济实力提升和突出的减贫成绩使其具备了参与全球贫困治理的能力和意愿。

首先，新兴经济体的群体性崛起为南南合作注入了新的动力。截至 2011 年，南南合作投入的资金额达到了 172 亿美元左右，且每年递增，在 2013 年已经超过了 200 亿美元。对比分析来看，2011 年南南合作的实际援助额已经达到了 DAC 国家实际提供的官方援助金额的 14%，接近 DAC 援助中可规划的国家级援助（包含人道主义及食品援助）的 25%。② 据 OECD 数据统计，新兴经济体 2019 年的对外援助额达 163.4126 亿美元，在国际发展援助总额中的比重从 2008 年的 5.8% 提升到 8.2%。中国每年为世界上其他国家提供的资金是 1000 多亿美元，是全世界第二大的资本来源国，这种上升趋势仍将持续。③

其次，作为重要的参与力量，新兴经济体开始不断丰富和拓展"三方合作"（triangular cooperation）的形式，使得"三方合作"近年来在全球贫困治理中的地位和作用不断提升。根据 OECD-DAC 的定义，三方合作是指 DAC 成员国与关键国家④以分享发展知识和经验为目的，共同在受援国开展的发展合作项目。这种模式能充分促进合作各方资金技术、人员交流与知识分享，达到合作共赢的减贫目的。联合国南南合作办公室（UN-OSSC）则将三方合作定义为传统援助国和多边国际组织通过提供资金、培训、管理和技术系统等形式来推动南南倡议的一种新型发展合作模式。比如，中国提出的"一带一路"倡议将国际发展合作的二分模式，即南南合

---

① UNDP. Global Multidimensional Poverty Index 2022: Unpacking Deprivation Bundles to Reduce Multidimensional Poverty [R]. New York: United Nations, 2022: 19-20.

② TOMLINSON B, 付涛. 国际援助: 探讨公民社会参与南南合作的可能性 [J]. 中国发展简报, 2014, 61 (1): 71-77.

③ 林毅夫. 中国经济的崛起与南南合作 [J]. 清华金融评论, 2016 (8): 48.

④ Pivotal Countries, 一般为参与南南合作的新兴国家。

作和南北合作进行了有效融合①，使中国的减贫经验与知识得到了更好的延伸和外溢，是三方合作的重要示范。联合国报告也指出："发展中国家正在积极地通过'南南合作'和'三方合作'等重要形式与发达国家组成国际发展合作联盟。凭借实践成果的积累、网络化知识交流以及更广泛的区域性合作，这种发展合力会变得越来越强大。"②

再次，为了满足不断发展的全球贫困治理需求，新兴经济体还相继设立或升级了国际发展合作机构。如2018年4月，中国正式成立国家国际发展合作署，开始综合、全面地规划对外援助和发展合作。2019年10月18日，印度尼西亚成立专门的国际发展机构（Indonesian Agency for International Development，AID），并发起了数额为2.12亿美元的国际发展援助基金，计划投入与发展中国家开展的减贫合作。这种趋势正如2011年《釜山宣言》所指出的："当今的国际发展合作体系结构已经发生了深刻的变化，与传统南北范式下的援助者和受援者关系有所区别的是，新兴经济体和发展中国家已成为国际发展合作资源的重要供给者。虽然新兴经济体作为发展中国家仍然面临着国内贫困问题的困扰，也获益于与发达国家的发展合作，但与此同时，他们在分享发展经验和承担合作责任方面也越来越多地展现出了担当和实力。"③

最后，非政府主体也越来越多地参与全球贫困治理。2005—2013年，非政府组织、私人基金会和私营部门等非政府主体流向发展中国家，私人资本净额从1557亿美元增加至3277亿美元④，近年来更有扩大的趋势。

---

① 李春林，张学文. "一带一路"建设与国际发展合作范式转换 [J]. 福建行政学院学报，2015（6）：99-105.

② A New Global Partnership：Eradicate Poverty and Transform Economies through Sustainable Development [R]. New York：United Nations，2013：10.

③ Fourth High Level Forum on Aid Effectiveness. Busan Partnership for Effective Development Co-operation [EB/OL]. OCED，2011.

④ Coherence，Coordination and Cooperation in the Context of Financing for Sustainable Development and the Post-2015 Development Agenda [Z]. New York：United Nations，2015.

2016 年，非政府主体在人道主义援助方面的捐款高达 69 亿美元，占全球人道主义援助总量的 14%。① 乐施会（Oxfam）、国际救助贫困组织（CARE）、无国界医生（MSF）等非政府组织蓬勃发展，美国的比尔和梅琳达·盖茨基金会长期致力于全球贫困治理事业，通过广泛参与发展中国家的公共卫生、农业、教育等领域的合作，来促进发展中国家的减贫。世界银行也对非政府组织在国际发展中的作用进行了肯定："公民社会组织在政府发展项目和计划中的参与能够提高世界银行的运营绩效……而且公民社会还能为解决发展难题带来创新性想法和方案。"②

第二，全球贫困治理机制向更加平等、包容、有效的方向发展。一方面，新兴国家推动了传统全球贫困治理机制的改革。受新兴国家减贫与发展方式的影响，2011 年，《釜山宣言》将"援助有效性"修订为"发展有效性"，把"发展"议题作为援助的核心，并承认多元的资金来源、政策选择和发展主体。③ 2012 年开始，经合组织发展援助委员会对官方发展援助的内涵进行调整，引入了"可持续发展官方支持总额"（Total Official Support for Sustainable Development，TOSSD）这一全新的概念，扩大了国际发展援助的统计口径，将传统的 ODA、南南合作以及其他官方资金流量等纳入发展融资的统计框架中。此外，中国推动了 20 国集团成为全球经济治理的主要平台，使发展中国家首次以平等成员身份参与全球经济治理④，特别是2016 年的 G20 杭州峰会将"力求落实 2030 年可持续发展议程，消除贫穷与饥饿，实现经济社会发展成果平等共享"列为重要议题，有效地协调了

---

① UN Office for Coordination of Humanitarian Affairs（UNOCHA. World Humanitarian Date and Trends 2017 ［R］. New York：United Nations Publication，2017.

② 转引自王泺. 国际发展援助的中国方案［M］. 北京：五洲传播出版社，2019：39.

③ MAWDSLEV E，SAVAGE L，KIM S M. A "Post‑Aid World?" Paradigm Shift in Foreign Aid and Development Cooperation at the 2011 Busan High Level Forum［J］. Geographical Journal，2014（2）：27‑38.

④ 宋黎磊，蔡亮. 新时期中国国际角色定位的内涵与意义［J］. 新视野，2013（5）：16‑20.

发达国家和新兴经济体在国际减贫合作领域达成共识。

另一方面，新兴经济体推动建立了更具包容性的新型减贫合作机制，主要包括在中国主导下成立的金砖国家新开发银行、亚洲基础设施投资银行、中非发展基金、丝路基金、澜湄合作机制等。这些合作机制的参与主体不仅包括新兴经济体，也包括发达国家和经济落后的贫困国家，行为体的多样化不仅能让发展中国家的权利得到充分体现，同时也能扩展参与各方的共同利益，增进减贫伙伴关系，从而实现多赢的效果。而且，这些机制都聚焦了减贫与发展的议题，将基础设施建设、互联互通、农业发展等作为优先投入资金的项目，打破了传统金融机制的长期垄断，为发展中国家的发展尤其是基础设施部门的建设提供了新的资金来源。[①] 特别是中国在 2013 年提出的"一带一路"倡议，是国际减贫合作机制的新探索。在合作理念上，"一带一路"注入了平等与公平价值[②]，坚持在"共商共建共享"的全球治理理念下开展减贫合作，超越了传统发展合作范式，有助于推动国际减贫合作体系向着更公平合理的方向发展。在合作方式上，"一带一路"实行的是援助和投资双重驱动的"开发式扶贫"模式，突破了传统"北南援助"的"垂直范式"，[③] 能有效地激发发展中国家内在的发展动力，形成可持续发展与减贫效应。

第三，全球贫困治理知识架构得到重塑与发展。长期以来，全球贫困治理主要是依赖于西方国家的知识体系而发展的。国际减贫合作的实践也大多依附于从西方国家视角构建的发展理论的指导，所体现和反映的是西方发达国家的价值观念。千年发展目标以来，新兴经济体的减贫经验和知

---

① 黄超. 全球发展治理转型与中国的战略选择 [J]. 国际展望, 2018 (3): 29-49, 153-154.

② 李春林, 张学文. "一带一路" 建设与国际发展合作范式转换 [J]. 福建行政学院学报, 2015 (6): 99-106.

③ 庞珣. 新兴援助国的"兴"与"新": 垂直范式与水平范式的实证比较研究 [J]. 世界经济与政治, 2013 (5): 31-54, 156-157.

识使国际减贫合作的知识体系得到了重塑和发展。一方面，发展中国家的减贫知识为国际减贫合作提供了全新的经验和理论视角。比如，中国国内贫困治理的成功经验为全球贫困治理提供了多样化的解决方案，将中国减贫经验整合到全球减贫议程中，促进相关治理机制改革及内容调整，可以为其他发展中国家的国内贫困治理提供极具参考价值的理念和方法。①

另一方面，发展中国家的减贫经验与知识理论也转化为发展中国家参与国际减贫合作的软实力，对西方国家占据主导地位的固有减贫合作知识结构造成了冲击。比如，中国的精准扶贫经验在界定贫困主体，创造公平的财富分配渠道，彰显社会发展的公平、正义等方面具有显著的优势。2018年，第73届联合国大会通过关于消除农村贫困的决议，将中国提出的"精准扶贫"理念与实践写入其中。联合国开发计划署等国际组织与中国国际扶贫中心（International Poverty Reduction Center in China, IPRCC）发起"全球减贫案例征集活动"，对于传播发展中国家的减贫经验，推进全球伙伴关系的建设起到了积极的作用。2019年，联合国《2019年人类发展报告》首次广泛咨询了来自中国、巴西、印度等发展中国家智库的意见，这表明发展中国家的减贫经验和知识在国际社会中越来越受到重视。除此之外，联合国开发计划署与清华大学、国家信息中心等机构还共同发布了《中国人类发展报告特别版》，向世界介绍了中国的发展经验、新发展理念，以支持国际减贫合作和人类命运共同体的建设。

综上所述，新兴经济体与西方国家力量对比的变化催生了全球贫困治理体系的深刻变革。虽然，当前逆全球化态势对国际减贫的合作共识造成了一定程度的冲击，且南北双方在全球治理上的分歧难以化解，比如，发达国家曲解"共同但有区别的责任"的原则，双方在对外援助的根本价值理念和原则规范上也难以协调一致。但毋庸置疑的是，发展中国家已经成

---

① 杜旸. 全球治理中的中国进程：以中国减贫治理为例 [J]. 国际政治研究，2011（1）：90-99.

为参与全球贫困治理的重要力量，在全球贫困治理体系的变革与发展中发挥着不可替代的作用。

二、全球贫困治理的现实困境

第一，极端贫困现象严重，且贫富差距扩大化。联合国统计数据显示，2015 年全球仍有 8.36 亿人生活在极端贫困（每天生活标准低于 1.25 美元）中。极端贫困人口主要集中在撒哈拉以南非洲以及西亚等区域，比如，马达加斯加极端贫困人口数量占总人口数量的比重达 82%，布隆迪为 78%，刚果民主共和国为 77%，马拉维为 71%。①

此外，全球贫富差距扩大的状况也越发严重。国际非政府组织乐施会 2018 年 1 月发布报告称，2017 年全球所创财富总额的 82% 为 1% 人口所有，而处于财富底层的 50% 人口几乎一无所获。2010 年起，亿万富豪们的财富平均每年增长 13%，比普通工人工资增长快 6 倍，后者的工资年均增长率仅为 2%。2017 年，比尔和梅琳达·盖茨基金会（Bill and Melinda Gates Foundation）发布了第一份年度《目标守门员》（Goalkeepers）报告，到 2050 年，非洲人口预计将增加近一倍，届时全世界五分之二的极端贫困人口将集中在尼日利亚或刚果民主共和国。截至 2019 年，世界 28 个最贫穷国家中有 23 个在非洲，有些非洲国家的贫困率甚至超过 30%。瑞信研究院（CSRI）发布的《2022 年全球财富报告》显示：2021 年全球总财富增长了 12.7%，创下其有记录以来最大增幅，但相比之下，最富有的 1% 的全球财富占比连续两年上升，从 2019 年的 43.9% 增至 2021 年的 45.6%。财富超过 5000 万美元的"超高净值人群"的数量增加了 4.6 万人。与此同时，面临极端贫困的人数至少增加了 7500 万人。

英国慈善组织乐施会 2024 年 1 月 15 日《全球不平等报告》称，2020 年以来，全球近 50 亿人因通胀、战争和气候危机而变得更穷。而且世界

---

① Development and Globalization：Facts and Figures 2016 [R]. UNCTAD, 2016：5.

财富分配的严重不平等现象越来越严峻：全球 1%最富有的人拥有全球
43%的金融资产。与此同时，发达国家和发展中国家的经济差距 25 年来
首次被拉大。报告称，如果这一状况持续，估计国际社会还要花费 230
年消除贫困，"但 10 年内我们就可以迎来第一位万亿富翁"。根据巴黎
经济学院"世界不平等实验室"发布的报告，全球财富不平等现象十分
突出，2021 年，前 10%的人口掌握了财富总额的 76%。

　　多维贫困现象严重。根据联合国开发计划署 2023 年 7 月最新发布的
《全球多维贫困指数》（Global Multidimensional Poverty Index 2023）报告显
示，在全球多维贫困指数覆盖的 110 个发展中国家中，仍有 11 亿人口（占
报告覆盖人口数的 18%）处于"多维贫困状态"，大约 5/6 的贫困人口生
活在撒哈拉以南非洲或南亚，撒哈拉以南非洲为 5.34 亿（47.8%），南亚
为 3.89 亿（34.9%）。其中，多维贫困率最高的群体是 18 岁以下的儿童，
共有 5.66 亿，约占全球多维贫困人口的一半。具体到多维贫困的各项指
标，在 110 个国家中，11 亿贫困人口中有 8.24 亿至 9.91 亿人缺乏适当的
卫生设施、住房、烹饪燃料，6 亿穷人与家中营养不良的人生活在一起，
半数以上的穷人被剥夺了营养、电力、受教育年限。[1]

　　虽然国际社会为推动全球减贫做出了多项努力，但全球减贫进程的不
平衡性日益凸显，特别是发展中国家出现了分化。世界银行统计数据显
示，东亚和太平洋地区、南亚地区由于经济发展较快，人民生活改善明
显，绝对贫困群体规模逐渐缩小。1990—2012 年，东亚和太平洋地区减贫
成就最为突出，极端贫困人口从 9.87 亿下降到 470 万，贫困发生率从
37.6%下降到 7.2%，减贫人口数量占全球减贫总人口的 63%，对千年发展
目标的实现做出了巨大贡献。然后是南亚地区，13 年间贫困人口减少了
2.6 亿人，基本实现了贫困人口减半的目标。

---

① UNDP. Global Multidimensional Poverty Index 2023：Unstacking Global Poverty ：Data for
High Impact Action［R］. New York：United Nations，2023.

而在撒哈拉以南的非洲地区，极端贫困人口占总人口的比例仅由 1990 年的 57%下降到 2015 年的 41%，是唯一没有实现 MDGs 减贫目标的地区。且由于这一地区人口总量的增长过快、经济增长乏力、自然灾害频发等原因，极端贫困人口数量由 1990 年的 2.91 亿，增加到 2015 年的约 3.66 亿，面临着艰巨的减贫任务，推进这一地区的减贫进程也将是可持续发展目标框架下国际减贫合作的重点。

第二，国际政治经济形势的复杂变化使得全球贫困治理的不确定性和风险增加。"二战"后，全球化是世界贫困史最重要的发展趋势之一，各国的致贫原因与全球的力量密切相关。① 特别是冷战结束以来，气候变化、恐怖主义、地区冲突、公共卫生事件等对国际减贫的冲击越来越大。

首先，恐怖主义、地区冲突与国际贫困互为因果。一方面，贫困是恐怖主义、地区冲突产生的重要根源之一。"发展不足导致贫困问题，加剧了社会群体对有限资源和政治权力的争夺。治理缺位加剧了这一矛盾，导致群体冲突与持续动荡，为极端主义提供了土壤，削弱了地区与全球和平的基础。"② 加之，近年来主要大国加强了对地区事务的干涉，导致北非、中东等地区发生了严重的社会动荡。另一方面，恐怖主义和地区冲突也导致了新的国际贫困问题。最主要的是难民危机，据联合国报告数据，十多年来，全球难民人数逐年增加，2022 年年底达到了 3460 万，是有记录以来的最高数字。2015 年，叙利亚、利比亚等国家的难民开始涌入欧洲，造成了史无前例的难民危机，加深了难民与当地社会民众的矛盾和冲突。据统计，2011 年以来，超过 3/4 的叙利亚难民生活在贫困线以下，严重依赖人道主义援助。不仅如此，难民的大批涌入也加剧了欧洲地区的贫困，2018 年 8 月，德国经济以及社会研究所报告称，德国贫困率已达到近 16%，"穷人经济潮"一度蔓延。

---

① 博杜安. 世界历史上的贫困 [M]. 杜鹃，译. 北京：商务印书馆，2015：94.
② 王鹏权. 构建新型国际关系 消除世界和平赤字 [J]. 红旗文稿，2017 (21)：3.

2022 年爆发的乌克兰危机在世界政治经济领域的外溢效应持续显现。联合国秘书长安东尼奥·古特雷斯（António Guterres）在 2022 年 4 月的一次媒体采访时说，乌克兰危机会对发展中国家造成无声打击，可能导致多达 17 亿人口陷入贫困和饥饿，超过全球人口的 1/5，"规模数十年未见"。

其次，突发性公共卫生事件对国际减贫合作造成冲击。事实上，在自由主义世界经济秩序下，外部冲击通常会对脆弱人群和欠发达国家造成不成比例的负面影响，从而拉大贫富差距。① 突发性的公共卫生事件又是外部冲击的典型，如 2014 年在西非爆发的埃博拉疫情就一度使西非陷入"贫困陷阱"。而 2019 年年底新冠疫情在全球的流行则对全球减贫造成了重大影响，致使全球减贫进程出现重大倒退。联合国 2023 年发布的《可持续发展目标报告 2023：特别版》数据显示：2020 年，生活在极端贫困中的人口已上升至 7.24 亿（以每天 2.15 美元生活费为标准），比疫情前的预测人数多出 9000 万，抵消了大约三年减贫工作的进展。②

许多国家的债务水平在新冠疫情期间创了新的纪录，对经济增长和可持续发展造成了潜在的威胁，其中贫困国家所受影响更深。2021 年低收入和中等收入国家的外债总额达到了 9 万亿美元，比 2020 年增加了 5.6%。这一上升主要是由短期债务增加所驱动的。截至 2022 年 11 月，69 个最贫穷国家中有 37 个国家陷于债务困境的风险很高或者已经陷入债务困境。同时，每四个中等收入国家中就有一个面临很高的财政危机风险。全球 42% 的人口和 90% 的极端贫困人口生活在债务负担最重的国家。

同时，新冠疫情也使贫困人口面临着严峻的生存状态。2020 年 9 月，联合国妇女署和联合国开发计划署发布报告称，新冠疫情对女性就业冲击巨大，将使妇女贫困率上升 9.1%。11 月，联合国教科文组织《被暂停的

---

① 陈兆源. 全球贫富差距拉大呼唤更有效的全球发展治理 [EB/OL]. 中国日报网，2022-10-17.

② UN. The Sustainable Development Goals Report 2023：Special Edition [R]. New York：United Nations，2023.

教育》报告指出，因新冠疫情影响学校关闭，拉美和加勒比地区将近 300 万儿童和青少年面临永久辍学的风险。据《2022 年世界粮食安全和营养状况》报告，自 2020 年起，全球受饥饿影响的人数大幅增加。2021 年全球已经有 8.2 亿人处于"隐形饥饿"状态，较上一年增加了 4600 万人，新冠疫情发生以来累计增加了 1.5 亿人。报告还指出，即使全球经济实现复苏，预计到 2030 年仍将有近 6.7 亿人（占世界人口的 8%）面临饥饿，与 2015 年的水平相近。照这样的趋势发展，2030 年可持续发展议程设定的到 2030 年全球消除饥饿、粮食不安全和一切形式营养不良这一目标或难实现。

最后，气候变化也直接或间接加剧了全球贫困。中国社科院的研究报告指出，气候变化以及极端天气气候事件会对个体或社区生计产生直接或间接的不利影响，从而引发或加剧贫困脆弱性，产生短期或长期的贫困现象。① 相比较而言，贫困国家和群体比富裕国家和群体更容易受到气候变化的影响。这主要体现在全球变暖进程加快的影响效应在全球分布不均，比如，大部分低纬度的国家经济发展较为落后，极端天气事件会严重破坏一些国家的物理和生态系统，造成巨大经济损失，进而拉大贫富差距。研究数据表明，在低纬度的贫困地区，温度每上升 1℃，人均国民收入会下降 8.5%，仅温度这一项就可以解释跨国收入变化的 23%。② 而因气候变化所致的干旱、洪水、风暴等自然灾害会致使农作物减产、食物价格上涨，对于"靠天吃饭"的贫困农民打击十分严重；极端气候天气还可能使疟疾、痢疾等传染病流行。

世界银行在 2020 年年初发布报告称，因气候变化所导致的农业破坏和疾病流行等原因，到 2030 年，将有超过一亿的人口因此陷入极端贫困状

① 中国社科院可持续发展研究中心课题组. 气候贫困：气候变化对农村贫困的影响、认知与启示 [R]. 香港：乐施会，2018：1.

② 罗良文，茹雪. 气候变化与世界贫富差距 [J]. 国外社会科学，2019（6）：109-117.

态。2023 年 5 月 3 日联合国粮农组织（FAO）发布的《2023 年全球粮食危机报告》（*Global report on food crises* 2023）指出，2022 年全球受到严重粮食危机影响的国家和地区已达 58 个，受影响人群约为 2.58 亿人，高于 2021 年的 53 个国家和地区的 1.93 亿人。其中，阿富汗、刚果（金）、苏丹、也门、埃塞俄比亚和尼日利亚等国的粮食安全形势尤为严峻。虽然其中有地缘冲突等因素的影响，但极端天气也是其中主要的驱动因素之一。

第三，全球经济增长乏力导致就业机会减少、收入下降和社会保障体系削弱，减贫动力不足。世界银行在 2024 年 1 月发布的《全球经济展望》报告中预测，2024 年全球经济增长将连续第三年放缓，预计全球经济增长率从 2023 年的 2.6%降至 2024 年的 2.4%，这一数据比 2010 年的平均水平低近 3/4 个百分点。其中，发展中经济体预计仅增长 3.9%，比上一个十年的平均水平低一个多百分点。低收入国家预计增长 5.5%，也弱于此前预期。到 2024 年年底，大约 25%的发展中国家和约 40%的低收入国家的人口仍将比 2019 年新冠疫情暴发之前更加贫困。

全球经济下行通常还可能导致企业面临市场需求下降和利润下滑的压力，失业率上升，高度依赖出口和外资的国家表现更为明显。国际劳工组织 2024 年 1 月发布的《世界就业和社会展望：2024 年趋势》报告显示，2023 年的全球失业率为 5.1%，比 2022 年的 5.3%略有改善。但 2024 年预计新增 200 万求职者，导致全球失业率从 2023 年的 5.1%上升到 5.2%。由于就业缺口较大，低收入国家的失业率将高达 5.7%。这就导致全球不平等日益加剧，而且，失业率上升不仅会使生活水平下降，也容易引发社会不稳定和冲突。

第四，全球贫困治理赤字严重。全球贫困治理赤字集中表现为资金不足、不平等分配、政策执行不力等方面。贫困治理需要大量的资金来支持各种减贫项目和计划，但目前存在资金不足的问题。许多发展中国家缺乏足够的财政资源来应对贫困问题，同时国际援助和捐款也无法满足所有贫困地区的需求。国际劳动组织（ILO）在《世界就业与社会展望：2016 年趋势》报告中估计，要实现 SDGs 中消除极端贫困的目标，在 2015—2030 年，每年需要 6 万亿美元，或总共投入近 10 万亿美元。仅非洲实现可持续发展目标进程的资金缺口就高达每年 5000 亿美元~1.2 万亿美元。亚洲开发银行的报告也称，为确保 SDGs 的实现，到 2030 年，亚洲新兴经济体需要在电力建设、交通、通信和公共卫生方面投入多达 26 万亿美元，平均每年 1.7 万亿美元。① 2023 年，联合国秘书长古特雷斯指出，实现可持续发展目标的年度资金缺口估计已增至 4.2 万亿美元。联合国《2022 年可持续发展融资报告：弥合融资鸿沟》报告提到，要使发展中国家重回实现可持续发展目标的轨道，需要增加对其援助，最贫穷的国家将需要增加 20% 用于关键部门的支出。

在低收入发展中国家的发展融资结构中，经合组织国家提供的优惠贷款或援助仍然是主要渠道。但从实际情况来看，官方发展援助（ODA）占援助国国内生产总值 0.7% 的目标远远未能实现，2022 年的实际水平仅为国内生产总值的 0.36%，远远低于捐助国承诺。虽然从总额上来看，近年来官方发展援助正在创纪录增长，2022 年 DAC 成员国的官方发展援助达 2060 亿美元，已连续四年超过历史纪录水平，保持了历史纪录的最高增长率，但与占国内生产总值 0.7% 的目标仍有较大差距。

而即使官方发展援助呈增长趋势，在资金分配中仍然存在不平等分配的问题。据联合国《可持续发展目标报告 2023：特别版》数据显示：2022 年官方发展援助净额增长达到 2060 亿美元，同比增长 15.3%。但官方发展援助增长的主要原因并非加大了对低收入国家的发展与减贫投入，而是用于本国难民开支和对乌克兰的援助。2022 年，流向非洲国家的双边官方发展援助较上一年实际下降了 7.4%。这也进一步说明随着国际政治经济形

---

① Asian Development Bank. Meeting Asia's Infrastructure Needs [R]. Manila：ADB, 2017：xi.

势的发展变化，减贫与发展议题在国际议程中的位置逐渐偏离。

发展中国家缺乏自主、持续的减贫能力也是全球贫困治理赤字的重要方面。发展中国家的贫困治理不是一蹴而就的短期行动，而是需要不断调整改进的渐进过程，需要充分考虑社会分配过程中的资源和利益平衡，通过因地制宜的政策实践，不断扩大受益群体，减少政策阻碍，凝聚社会共识。① 而从发展中国家内部来看，减贫能力的不足是其贫困治理效率低下的重要原因之一。一是部分发展中国家的减贫战略规划能力不足，缺乏全面、一致的减贫政策和长期规划，缺乏明确的减贫目标和战略以及相关政策的实施和监测机制，这可能导致减贫工作的不连贯和不可持续。比如，部分国家缺乏科学的贫困监测评估体系，对于本国的贫困状况缺少科学的数据掌握。如土库曼斯坦缺乏有关人口生活水平的统计数据，劳动力市场的相关数据也不健全，这限制了对经济增长以及贫困状况的全面分析。而非洲可持续发展目标的相关数据存在大量缺口，全球可持续发展目标的数据指标仅有40%包含非洲数据，而且其中还有大量过时或无法跨国比较的数据。② 在贫困国家，即使政府和行政机构能够行使相关职能，在减贫战略与政策的立法、执行以及监督机制方面也存在不足。③

二是受国内政治发展等因素影响，发展中国家经济增长处于不稳定的低水平状态，政府难以有效地实施减贫措施，因此制约了本国的减贫治理。比如，部分国家内部政治对抗态势长期影响公民基本收入保障。"贫困"和"公民收入"在多数国家仍然是一个在政党、治理机构和非治理机构利益相关者中普遍争论的问题，特别是"减贫"在政策议程中的持久性

---

① 郑宇. 多面全球化：国际发展的新格局 [M]. 北京：中国社会科学出版社，2023：191.
② 卢旺达总统发布报告称非洲实现可持续发展目标面临四大问题 [EB/OL]. 新华网，2019-06-15.
③ UNSWORTH S. Can Foreign Aid Instrument Be Used to Enhance "Good Governance" in Recipient Countries? [R]. Oxford：Global Economic Governance Programme，2005.

仍无法得到保证，其失效的理由往往与"政治流"有关。① 比如，在缅甸，经济改革的步伐明显落后于政治改革，且民族矛盾与冲突时有发生，必然会对经济发展与减贫带来负面影响。再如，在福利政策上，中央政府往往将减贫权力下放给地方政府，全国性方案也主要针对老年人（如养老金）和残疾人，很难向真正贫困人口倾斜。② 此外，许多发展中国家还面临资源有限的问题，包括财政资源、人力资源和技术资源，这使得它们难以独立开展有效的减贫工作。缺乏足够的资金和人力投入可能限制了它们在减贫方面的能力。

综上所述，全球贫困治理赤字表现为资金不足、不平等分配、缺乏可持续发展策略和政策执行不力等问题。解决这些问题需要国际社会共同努力，增加资金投入、改善资源分配、制定可持续发展策略并加强政策执行能力，以实现全球贫困治理的目标。

第三节　中国参与全球贫困治理的角色转型

解读当前中国参与全球贫困治理的角色，离不开对中国在全球贫困治理中的角色变迁的历史脉络分析。在不同的历史时期，中国参与全球贫困治理的观念因素和具体实践都不尽相同。本节内容将在回顾中国参与全球贫困治理历程的基础上，分析总结中国参与全球贫困治理的角色变化。

一、中国参与全球贫困治理的历程

20 世纪 50 年代至 70 年代末，是中国参与全球贫困治理的初始阶段，

① 梁军，刘登辉，陈学琴. 人类命运共同体视域下全球减贫治理的中国方案与实践路径［J］. 西北农林科技大学学报（社会科学版），2024（2）：1-11.
② 转引自梁军，刘登辉，陈学琴. 人类命运共同体视域下全球减贫治理的中国方案与实践路径［J］. 西北农林科技大学学报（社会科学版），2024（2）：1-11.

也是边缘性参与阶段。在这一时期，中国的国家身份深受特定的国际环境和历史因素影响，集中强调"国际主义"这一核心，对当时的中国而言，支援各国人民的正义斗争是一种国际主义义务。① 在此期间，中国参与全球贫困治理的逻辑起点是国际战略调整，政局稳定是与发展中国家合作减贫的社会基础。②

在探索中不断发展的对外援助是中国参与全球贫困治理的主要方式。这一时期，中国的对外援助以"输血式"的无偿援助以及成套项目的物资援助为主。出于战略调整的需要，这一时期中国开展援外减贫合作的对象国从最初的朝鲜、越南等周边国家逐渐扩展到非洲国家，为中国受美苏两国的夹击打开了新局面。此外，1971 年，中国恢复了在联合国的合法席位，国际地位得到显著提高，开始借助多边平台开展对外减贫合作。从 1973 年起，中国开始向联合国系统有关机构提供自愿捐款，在多边层面开展对外援助。但相比较而言，由于中国在这一阶段自身经济实力以及援外经验均不足，在联合国系统参与的多边援助规模较小，影响力也较为有限。

但更为重要的是，中国在这一时期对外援助探索过程中所确立起来的"八项原则"成为对外援助的核心理念和指导方针，也成了中国后续开展各项对外合作所遵循的基本原则和价值基础。这八项原则为：第一，中国政府一贯根据平等互利的原则对外提供援助，从来不把这种援助看作单方面的赐予，而认为援助是相互的。第二，中国政府在对外提供援助的时候，严格尊重受援国的主权，绝对不附带任何条件，绝不要求任何特权。第三，中国政府以无息或者低息贷款的方式提供经济援助，在需要的时候延长还款期限，以尽量减少受援国的负担。第四，中国政府对外援助的目

① 张郁慧. 中国对外援助研究［D］. 北京：中共中央党校，2006.
② 刘建飞，郑嘉伟. 中国参与贫困治理国际合作的历程及启示［J］. 中国领导科学，2020（3）：32.

的，不是造成受援国对中国的依赖，而是帮助受援国逐步走上自力更生、经济上独立发展的道路。第五，中国政府帮助受援国建设的项目，力求投资少，见效快，使受援国政府能够增加收入、积累资金。第六，中国政府提供自己所能生产的、质量最好的设备和物资，并且根据国际市场的价格议价。如果中国政府所提供的设备和物资不合乎商定的规格和质量，中国政府保证退换。第七，中国政府在对外提供任何一种技术援助的时候，都要使受援国的人员充分掌握这种技术。第八，中国政府派到受援国帮助进行建设的专家，同受援国自己的专家享受同样的物质待遇，不容许有任何特殊要求和享受。

其中，八项原则中的第一条、第二条是中国对外援助的基本原则，即平等互利、互相支援，尊重受援国的国家主权，不附带任何条件，不要求任何特权。第三条、第四条则体现了中国对外援助的主要目的和方式，即援助不能给受援国增添负担，主要目的在于帮助受援国逐步走上自力更生、经济上独立发展的道路。这些理念和原则在当时产生了广泛的国际影响，强调平等、合作、互利使中国的对外援助在国际经济合作领域中独树一帜，成为中国和其他西方援助国之间的分水岭。①

总体而言，中国在这一阶段参与全球贫困治理的范围较为有限，开展对外援助也主要是出于政治领域的考虑，始终是以"国际主义"和"人道主义"作为出发点的，是对人类自由和平等的事业的援助，特别是对和中国有着同样经历的、受剥削和压迫的人民承担援助义务。② 但不可否认的是，中国在对发展中国家进行援助的过程中，所表现出来的对于公正合理的世界政治经济秩序的诉求，是改善发展中国家外部发展环境的重要条件。而支持发展中国家从事经济建设，不仅使其经济困难得到一定程度的缓解，同时也是帮助发展中国家获得政治经济上的独立、摆脱对发达国家

① 周弘. 中国援外 60 年 [M]. 北京：社会科学文献出版社，2013：6.
② 周弘. 中国援外 60 年 [M]. 北京：社会科学文献出版社，2013：2.

的依附的过程。与此同时，由于在援助规模上缺乏合理的效应评估，与国力不匹配的对外援助给本国经济发展带来巨大的经济压力，而且，单一的援助模式也难以促进良性的互动和双边往来，造成了一定的资源浪费与低产出，往往使得改善受援国发展状况的初衷事与愿违。①

20世纪70年代末至90年代是中国建设性参与全球贫困治理的阶段。1978年改革开放以后，中国国内减贫取得了较大发展。在20世纪80年代的十年间，中国将国内贫困率减少了大约一半，在90年代又减少了一半②，至20世纪末，已基本实现了解决农村贫困人口温饱问题的战略目标。在自身经济发展和减贫成就的基础上，中国参与全球贫困治理的理念和政策也经历了调整和变革。

1985年，和平与发展问题被正式提出："现在世界上真正大的问题，带全球性的战略问题，一个是和平问题，一个是经济问题或者说发展问题。"③ 而南北差距不断扩大则使发展问题成为最为根本和核心的问题。1987年，邓小平又针对国内发展提出"贫穷不是社会主义"的思想，因此，国内的发展要以经济建设为中心，而经济建设的宗旨之一就是消除贫困。④ 在1983年提出对外援助工作四项原则⑤的基础上，中国参与全球贫困治理主要立足于国内经济发展，消除国内贫困，与此同时，积极推进南南合作，促进世界共同发展。

中国根据国情对援助的总体规模、布局、结构和领域进行了调整，提出了"量力而行"和"互惠互利"的基本原则。1979—1982年，国民经

① 马博，朱丹炜. 国家身份变迁：新中国援非政策与"中非命运共同体"构建 [J]. 亚太安全与海洋研究，2019 (4)：104-105.

② 塞兹. 全球议题 [M]. 刘贞晔，李轶，译. 北京：社会科学文献出版社，2010：5.

③ 徐秀军. 对外开放是深刻把握历史发展大势的战略选择 [EB/OL]. 求是网，2019-01-22.

④ 刘建飞，郑嘉伟. 中国参与贫困治理国际合作的历程及启示 [J]. 中国领导科学，2020 (3)：33.

⑤ 四项原则，即平等互利，讲求实效，形式多样，共同发展。

济调整期间，中国本着"实事求是、量力而行"的精神，将对外援助的规模从占财政支出的 6%～7% 削减了下来。自 1985 年起，国内经济状况好转，中国的对外援助呈现出逐步增长的态势，特别是扩大了对最不发达国家的援助。比如，在援助方式上，中国更加注重提升发展中国家的自主发展能力，结合无偿赠款、无息贷款与贴息贷款几种方式与发展中国家开展援外合作，并于 1995 年开始推行政府贴息优惠贷款框架协议，由中国进出口银行对具体的开发合作项目进行科学评估，发放优惠贷款。再比如，中国开始要求受援国支付援建工程或援建项目的"当地费用"等。

与多边机构关系的发展也是这一时期中国参与全球贫困治理的亮点。这一时期，中国在深化与非洲国家、东南亚国家的双边关系的基础上，积极拓展了与世界银行、国际货币基金组织等国际组织在多边平台的援助与合作。1979 年 6 月，中国政府与联合国开发计划署签订基本合作协定，决定接受其援助，联合国开发计划署也成为联合国第一个对华援助的机构，由此中国同联合国的合作进入了"有给有取"、全面合作的新时期。至 20世纪 70 年代末，中国已成为联合国儿童基金会、人口基金会、联合国开发计划署等主要发展机构的成员。自 1983 年起，中国还与联合国发展机构合作，参与发展中国家间的技术合作活动，牵头实施了一批多边援助项目，并在中国举办了 23 个短期实用技术培训班，涉及水稻种植、乡村开发、妇幼保健、陶器制作、沙漠治理、沼气利用等多个行业，为 46 个国家培训了230 多名技术人员。为支持亚洲和亚太地区的减贫和发展事业，中国还分别于 1985 年和 1986 年加入了非洲开发银行集团和亚洲开发银行。这一时期，中国的人道主义援助也开始增长，这与中国国际责任意识的增强是分不开的。① 此外，中国参与全球贫困治理的形式也从过去的以对外援助为主发展为对外援助、经济技术合作、贸易等多种形式的合作。

---

① 任晓，郭小琴. 解析中国对外援助：一个初步的理论分析 [J]. 复旦学报（社会科学版），2016（4）：162.

与此同时，中国的援外项目逐步开始转向关注与受援国百姓生产生活密切相关的民生项目，如援建受援国的农业示范基地、乡村学校以及生活基础设施等，派遣专家到受援国讲学、传授农业发展技术，对合作项目进行可行性研究；提供小型示范设备；邀请并资助受援国人员来华考察、学习、进行技术培训等。1982—1985 年，中国先后向 15 个国家提供了技术援助项目 22 个。

2000 年以来，是中国参与全球贫困治理角色转变的重要阶段。2000 年以后，全球贫困治理在千年发展目标的框架下系统推进。伴随着经济实力的增强和综合国力的不断提升，中国开始实施"走出去"战略，在这一过程中，中国对国际贫困的认识不断深化，减贫治理在中国对外合作中的重要性和地位不断提升。

2000 年，千年发展目标设定后，中国就一直在全球贫困治理中扮演着积极的角色，且政策展现了明显的连续性和发展性。为推动千年发展目标的落实，中国在推动自身减贫的同时，以南南合作为平台，向其他发展中国家提供减贫支持。2004 年 5 月，首届全球扶贫大会在上海举办，该大会是国际社会历史上第一次以扶贫为主题的全球性会议，具有标志性的意义。温家宝在此次大会上提出："中国政府愿意为全球减贫事业提供无私的援助。在继续向非洲发展基金捐资 5000 万美元的基础上，又决定向亚洲开发银行额外捐资 2000 万美元，在亚洲开发银行设立'中国扶贫和区域合作特别基金'，用于支持亚太地区的扶贫事业和区域合作。"[1] 2005 年 9 月，胡锦涛在联合国会议中提出，要"加强国际发展合作，缩小南北差距，确保实现千年发展目标"[2]。这一系列话语表明中国已经逐渐开始以积极的态度和务实的行动参与全球贫困治理。

在这一阶段，中国的对外援助规模稳步增长。2000—2020 年，中国对外

---

[1] 温家宝总理在全球扶贫大会开幕式上的讲话 [EB/OL]. 中新网，2004-05-26.
[2] 胡锦涛. 促进普遍发展　实现共同繁荣 [N]. 人民日报，2005-09-15（3）.

援助的规模大幅度增加。财政部资料显示：2000 年中国对外援助财政支出金额为 45.88 亿元，到 2020 年这一数据增加至 203.04 亿元。从 2012 年开始，中国对外提供的援助高于接受的国际援助。2010—2012 年，中国对外援助的总金额达 893.4 亿元人民币。援助形式包括无偿援助、无息贷款和优惠贷款，金额及比重分别为：323.2 亿元人民币（36.2%）、72.6 亿元人民币（8.1%）和 497.6 亿元人民币（55.7%）。在援助对象上，至 2009 年年底，扩展至 161 个国家和 30 多个国际组织。① 在援助方式上，中国还加大了人道主义援助力度，更加关注受援国减贫和民生，重视促进受援国自主发展能力的建设。

在机制建设方面，自 2000 年开始，中国与非洲共同成立了中非合作论坛，论坛成为中国与非洲国家开展发展合作的重要平台和有效机制。2007年，"中国—东盟社会发展与减贫论坛"和"减贫与发展高层论坛"成立。2010 年，聚焦非洲减贫的"中非合作论坛—减贫与发展会议"开始举办。这些国际减贫交流机制平台不断发展完善，有利于深化中国与发展中国家之间的减贫合作，拓宽发展合作和减贫经验互学互鉴的渠道。此外，中国还建立了"中国—拉共体论坛"、金砖国家银行等区域性合作机制，这是对旧有的、以发达国家为主导的全球贫困治理体系的一种有益补充。②

以 2004 年上海全球扶贫大会为起点，中国还开始搭建多层次的减贫知识与经验分享平台，中国开始将国内减贫经验与国际社会进行分享。在此次会议期间，中国国家领导人亲自阐释中国的扶贫道路和经验，国际社会对此表示高度认可。会议还讨论了与会国家的 70 个扶贫案例，其中中国的8 个案例成为探讨的焦点，特别是温州和苏南的扶贫案例，得到了参会各国的高度赞扬。时任世界银行行长沃尔芬森在大会上也对中国减贫成绩给

---

① 中华人民共和国国务院新闻办公室.中国的对外援助（2011）［N］.人民日报，2011-04-22（22-23）.

② 王小林，张晓颖.迈向 2030：中国减贫与全球贫困治理［M］.北京：社会科学文献出版社，2017：171.

予了认可，认为中国是 20 年来对全球扶贫事业作出最大贡献的国家。中国创新性的大规模扶贫活动，为全球扶贫行动提供了极富建设性的范例。为了更好地适应参与全球贫困治理的需求，2005 年，中国与联合国开发计划署等国际组织共同发起成立了中国国际扶贫中心（International Poverty Reduction Center in China，IPRCC），为中国总结分享减贫经验、开展南南合作搭建了平台。

此外，国务院还分别于 2011 年、2014 年发布了《中国对外援助》白皮书。2014 年 12 月 8 日，中国颁布了《对外援助管理办法》，使中国的对外援助更加规范化、制度化。

2030 年可持续发展议程实施以来，中国参与全球贫困治理的深度和广度均有所提升，在全球贫困治理中承担了更多的责任和义务。一方面，中国参与全球贫困治理的意愿、政策和实践，对全球贫困治理体系的变革产生了深刻影响，在全球贫困治理体系中的地位和作用发生了深刻的变化，逐渐成长为全球贫困治理体系中的核心引领者。另一方面，参与全球贫困治理也逐渐成为中国大国外交的重要支撑和手段。在此过程中，中国"负责任大国"的身份定位得到了充分展示，中国参与全球贫困治理的新的角色定位也初步形成。

2018 年 4 月，中国正式成立国家国际发展合作署，将开展国际发展合作置于外交战略的优先位置，优化了参与全球贫困治理的制度基础。此外，中国积极拓展提升多边减贫合作机制，搭建全球贫困治理实践平台。比如，将中非新型战略伙伴关系提升为全面战略合作伙伴关系，开启澜湄合作等，将减贫作为多边合作的重点。

为更好地发挥参与全球贫困治理的引领作用，积极推进 2030 年可持续发展议程，这一阶段中国参与贫困治理国际合作的最突出亮点是提出人类命运共同体思想和"一带一路"倡议，为国际合作提供了理论武装和重要实践平台。① 人类命运共同体理念是中国向世界提供的新型治理观，为全球贫困治理提供了更具时代性与世界性的思想支撑和实践蓝图。② 而"一带一路"倡议则是中国创设的全球贫困治理的新平台。"一带一路"倡议与 2030 年可持续发展议程有着共同的愿景和基本原则③，对于落实 2030 年可持续发展议程、促进全球贫困治理有着重要的推动作用。对中国而言，"一带一路"倡议也是中国履行全球贫困治理大国责任的重要途径，有利于提升中国的国际形象和国际影响力，帮助中国在全球贫困治理体系甚至是全球治理体系中获得更多的制度性话语权。

二、中国参与全球贫困治理的角色变化

从上文对中国参与全球贫困治理历程的回顾来看，2000 年以来，参与全球贫困治理已经成为中国参与全球性事务的重要组成部分。中国通过加强与全球贫困治理多边机制的互动，推进以互利共赢为核心的新型国际减贫交流合作关系的建设。整体来看，其角色变化主要表现在以下三方面：

第一，从边缘性参与到积极引领。2000 年以前，中国在全球贫困治理中扮演着边缘性参与的角色，减贫工作的重点在国内，对外减贫合作以援助、多边合作为主，方式较为单一，范围也较为有限。2000 年开始，中国参与全球贫困治理的角色开始发生转变。在千年发展目标期间，作为世界上最大的发展中国家之一，中国积极响应并提前完成了联合国千年发展目标相关指标。中国在自身减贫经验的基础上，通过提供援助、技术转让和发展合作，帮助其他发展中国家提高贫困治理能力，推动全球贫困问题的解决。2015 年，联合国提出可持续发展目标后，中国在推进自身减贫的同

---

① 刘建飞，郑嘉伟. 中国参与贫困治理国际合作的历程及启示 [J]. 中国领导科学，2020（3）：33.

② 梁军，刘登辉，陈学琴. 人类命运共同体视域下全球减贫治理的中国方案与实践路径 [J]. 西北农林科技大学学报（社会科学版），2024（2）：1-11.

③ 吴红波. 激发全球可持续发展新动力 [J]. 中国报业，2016（15）：19.

时，更多地开始关注全球贫困问题，通过提供各类减贫公共产品承担起了大国责任，履行了国际义务。继 2013 年 9 月 22 日，中国发布《2015 年后发展议程中方立场文件》后，2015 年 5 月 13 日，中国政府再次发布立场文件。这一系列举动不仅展现了中国负责任大国形象，也充分说明中国尝试基于自身实力在国际发展治理中发出更多的中国声音。① 此后，在多个国际场合，中国都表达了参与全球贫困治理的立场和态度。

但需要注意的是，中国参与全球贫困治理的角色转变是一个渐进发展的过程。2000 年以前，虽然中国更多的是关注国内贫困治理，但在国内减贫以及国际减贫合作的参与过程中，所积累起来的经验和方式为中国在全球贫困治理中发挥更积极的角色打下了基础。

第二，从单边援助到积极参与多边合作。随着角色的发展变化，中国参与全球贫困治理的方式也从单边援助逐渐转向多边合作。中国积极参与国际组织和机制，推动南南合作和多边合作，与其他国家和国际伙伴共同应对全球贫困挑战。中国加强与联合国、世界银行等国际机构的合作，共同制定和推动全球贫困治理的政策和规则。

第三，从经济援助到关注可持续发展。在 2000 年以前，中国参与全球贫困治理的行动多为对发展中国家的经济援助，虽然在当时对发展中国家国民经济的发展以及改善国内贫困状况具有一定的作用，但简单的经济援助并不具备可持续的发展前景。因此，2000 年以后，中国开始注重建立机制性的、长效的合作模式来共同应对区域贫困问题。② 基于对贫困问题以及国际政治经济形势的深刻认识，中国参与全球贫困治理更强调可持续发展和包容性的重要性，并将其作为推动国际减贫合作和促进可持续发展的重要基础。

---

① 黄梅波，吴仪君. 2030 年可持续发展议程与国际发展治理中的中国角色 [J]. 国际展望，2016（1）：31.

② 莫光辉，于泽堃. 国际区域减贫合作模式探索：基于"东盟+3"村官交流项目的个案分析 [J]. 领导之友（理论版），2016（19）：15.

　　总体而言，中国在全球贫困治理中的角色正在从受援国转变为重要的发展合作伙伴。随着综合国力的不断提升，中国以更加积极的态度和更加务实的行动，投入全球贫困治理中。这种转型反映了中国作为一个发展中大国在全球贫困治理中的责任和愿景的变化，以及全面推进中国特色大国外交和构建人类命运共同体的具体努力。

第三章

中国参与全球贫困治理的角色定位

在角色理论的研究范式中，国家的角色定位是一国外交政策制定与实施的起点。国际角色的定位是对本国在国际体系中所处地位的判断和认知，是对本国在国际社会中能够扮演和希望塑造的角色与身份的主动选择和认同。① 学者们通常从国内、国际两个层次及其互动关系来分析和探讨一国的国际角色定位。中国参与全球贫困治理的角色定位，也同样是基于内在角色观念和外部角色预期以及二者之间的互动而形成的。

第一节　中国参与全球贫困治理的角色观念

角色观念是塑造和影响中国参与全球贫困治理行为模式的重要因素，包括中国对全球贫困治理的基本看法、主张和态度。一国会根据自己的实力、价值、追求，确认自己在国际社会中的角色、身份、地位、作用。② 本节对于中国参与全球贫困治理的角色观念的考察将从文化特性、身份定位和价值追求三个维度来展开。

---

① 李曼. 基于负责任大国角色定位的中国外交新理念论析 [J]. 武汉理工大学学报（社会科学版），2017（4）：120.

② 蔡拓. 全球学与全球治理 [M]. 北京：北京大学出版社，2017：181.

一、彰显中华优秀传统文化内涵

从本质上来看，中国悠久的历史和深厚的文化传统对中国特色减贫道路的形成产生了深远影响，也反映在中国参与全球贫困治理的态度和观念上，形成了全球贫困治理中国角色观念的独特认知。

中国传统文化强调社会公平、互助合作和关注弱势群体的价值观念。在孟子的思想中，"恻隐之心，仁之端也"成为扶危济困的基本动机，同时也带来了尊老爱幼、相互爱护和相互帮助等思想和行动。墨子指出社会不稳定的原因在于"民有三患，饥者不得食，寒者不得衣，劳者不得息，三者民之巨患也"。可见，在传统执政理念中，为政就是为民众创造丰裕安宁的物质生活和精神生活，把民众对发展生活的追求作为施政的目标，满足民众对幸福生活的渴求，则可实现"惠而不费"（民众得利而社会和谐）的治理成效。① 中国的扶贫工作也始终坚持民本思想，即以人民为中心，关注民生改善，强调人文关怀和对人权的重视。

这一点也体现在中国对国际贫困问题的关注和理解上。在 2015 年 10 月 16 日召开的"2015 减贫与发展高层论坛"上，习近平主席发表了《携手消除贫困 促进共同发展》讲话，其中提到："'足寒伤心，民寒伤国。'我们既为 11 亿人脱贫而深受鼓舞，也为 8 亿多人仍然在挨饿而深为担忧。实现全球减贫目标依然任重道远。"② 2015 年 9 月 28 日，在参加第七十届联合国大会一般性辩论时，习近平主席提到，"大家一起发展才是真发展，可持续发展才是好发展"，"富者愈富、穷者愈穷的局面不仅难以持续，也

---

① 王永祥，华霄珂. 中国特色减贫道路的传统文化意蕴［J］. 西藏发展论坛，2020（6）：67.

② 习近平. 携手消除贫困 促进共同发展：在 2015 减贫与发展高层论坛的主旨演讲［N］. 人民日报，2015-10-17（2）.

有违公平正义"。① 在 2016 年的 G20 杭州峰会开幕式上，习近平主席也指出："国家不论大小、强弱、贫富都应该平等相待，既把自己发展好，也帮助其他国家发展好。大家都好，世界才能更美好。"② 2023 年 7 月，在出席上海合作组织成员国元首理事会第二十三次会议时，习近平主席发表题为《牢记初心使命 坚持团结协作 实现更大发展》的重要讲话，强调："当今世界变乱交织，百年变局加速演进，人类社会面临前所未有的挑战。团结还是分裂？和平还是冲突？合作还是对抗？再次成为时代之问。我的回答是，各国人民对美好生活的向往就是我们的追求，和平、发展、合作、共赢的时代潮流不可阻挡。"③ 可见，在传统文化中扶弱济贫等价值观念不仅促使中国积极采取措施减少国内贫困，并且在国际合作中也将减贫作为重点内容。正如大卫·朗姆斯丹（David Lumsdaine）所说："援助是基于道德观和人道主义思想的对世界贫困的一种反应，也是基于只有在一个慷慨和正义的、人人都幸福的国际秩序中才会有长期和平繁荣的信念的反应。"④

中国的传统文化强调天下观，"穷则独善其身，达则兼济天下"。中国传统天下主义思想将自我与他人定位为互利互达、兼济共兴的统一体，倡导互利共济、合作共进的整体性原则，阐明了以何治天下的互动原则。⑤ "天下太平、共享大同是中华民族绵延数千年的理想。"⑥ 在国际交往中，

① 习近平. 携手构建合作共赢新伙伴　同心打造人类命运共同体：在第七十届联合国大会一般性辩论时的讲话［N］. 人民日报，2015-09-29（2）.

② 习近平. 中国发展新起点　全球增长新蓝图：在二十国集团工商峰会开幕式上的主旨演讲［N］. 人民日报，2016-09-04（3）.

③ 习近平. 牢记初心使命 坚持团结协作 实现更大发展：在上海合作组织成员国元首理事会第二十三次会议上的讲话［N］. 人民日报，2023-07-05（2）.

④ LUMSDAINE D. Moral Vision in International Politicals：The Foreign Aid Regime［M］. Princeton, NJ：Princeton University Press, 1993：3.

⑤ 吴志成，刘培东. 中国共产党坚持天下胸怀的理论与实践［J］. 政治学研究，2022（3）：25.

⑥ 习近平. 论坚持推动构建人类命运共同体［M］. 北京：中央文献出版社，2018：84.

中国坚持"国家之间也要以相互尊重、讲信修睦为基本准则，同时也要弘扬扶贫济困、乐善好施的国际道义精神，通过对外援助向身处困难的国家提供必要的支持和帮助"①。加之，中国在发展过程中也经历了自身的贫困和扶贫减贫的过程，对于贫困问题有着深刻的认识和共情。这种历史经验和共情也使得中国更加重视国际贫困问题，并积极参与全球贫困治理。《人类减贫的中国实践》白皮书也提道："中国始终把自身命运与世界各国人民命运紧密相连，在致力于消除自身贫困的同时，积极参与国际减贫合作，做国际减贫事业的倡导者、推动者和贡献者，与各国携手共建没有贫困、共同发展的人类命运共同体。"②

中国传统文化强调和谐、合作和共赢的理念，对中国推动全球贫困治理体系变革的角色观念产生了重要影响。王逸舟在《创造性介入：中国外交新取向》一书中提道，中国"在积极参加国际事务的同时注意建设性斡旋和创造性思路，发掘和坚守东方文化和历史文明里'求同存异''和而不同''斗而不破''中庸大同'等成分，倡导并坚持'新安全观''新发展观''和谐世界观'等理念，谨慎恰当地处理与其他国家和国际社会的关系，审时度势、统筹兼顾地提升中国在世界舞台的形象与话语权"③。的确如此，中国传统文化中的"和"的理念强调各国之间的相互合作和共同发展，而不是以竞争为导向。这也就意味着在面对全球贫困问题时，中国倡导通过合作、共赢的方式来解决问题，而不是采取单边主义或竞争的态度。习近平主席在第七十六届联合国大会一般性辩论上的讲话中强调："中华民族传承和追求的是和平和睦和谐理念。我们过去没有，今后也不

---

① 罗建波. 中国对外援助模式：理论、经验与世界意义 [J]. 国际论坛，2020 (6)：39-63，156-157.

② 中华人民共和国国务院新闻办公室. 人类减贫的中国实践 [N]. 人民日报，2021-04-07 (9-12).

③ 王逸舟. 创造性介入：中国外交新取向 [M]. 北京：北京大学出版社，2011：21-22.

会侵略、欺负他人，不会称王称霸。中国始终是世界和平的建设者、全球发展的贡献者、国际秩序的维护者、公共产品的提供者，将继续以中国的新发展为世界提供新机遇。"① 由此可见，中国传统文化中的"和合观念"是中国倡导构建人类命运共同体，主张通过多边主义和合作来解决全球贫困问题的重要文化根基。中国在全球贫困治理中提出的一系列倡议和方案，也旨在推动全球治理体系变革，实现更加公正、平等和可持续的发展。

二、树立负责任大国形象

1999 年，外交部政策研究室发布《中国外交》，首次对"负责任大国"国家身份进行了完整表述："中国作为一个和平、合作、负责任大国的形象日益突出，国际地位和影响进一步提高。"② 与此同时，中国也开始积极参与全球治理的多领域实践，"负责任大国"的角色认知不断强化。2006 年，中国明确提出："中国已经成为一个负责任的国家。"③此后，中国更为积极地参与多边外交活动，加强了与联合国以及其他国际组织的合作。

"重视经济发展是对国内负责和对国际负责的统一"④，同时也是在国际社会树立负责任大国形象的基础。2012 年以来，中国经济实力实现了历史性跃升。据国家统计局数据显示，中国经济总量从 2012 年的 53.9 万亿元增长到 2021 年的 114.4 万亿元，按不变价计算增长了 1.8 倍。从人均看，中国人均国内生产总值从 2012 年的 6300 美元上升到 2021 年的 12551 美元，已接近高收入国家门槛，人民生活水平也大幅度提升。从经济增长

---

① 习近平. 坚定信心 共克时艰 共建更加美好的世界：在第七十六届联合国大会一般性辩论上的讲话 [N]. 人民日报，2021-09-22 (2).
② 中华人民共和国外交部政策研究室. 中国外交 [M]. 北京：世界知识出版社，1999：4.
③ 温家宝总理答中外记者问：在第十届全国人民代表大会第四次会议记者招待会上 [EB/OL]. 中国政府网，2006-03-14.
④ 吴瑛，史磊，阮光册. 国家身份的建构与认同：中国负责任大国形象分析与反思 [J]. 上海交通大学学报（哲学社会科学版），2021，29 (4)：135.

速度来看，2013—2021 年，中国经济年均增长 6.6%，大大高于 2.6% 的同期世界平均增速，也高于 3.7% 的发展中经济体平均增速，经济增长率居世界主要经济体前列。2013—2021 年，中国对世界经济增长的贡献率为 38.6%，高于七国集团国家的总和（见表 3-1）。国际货币基金组织的研究表明，中国经济增长对世界其他地区产生积极的溢出效应，中国经济每增长 1 个百分点，将使其他经济体的产出水平平均提高 0.3 个百分点，是世界经济增长的重要引擎。《巴基斯坦观察家报》文章也指出，中国经济稳定的增长势头凸显其持续发展的韧性和能力，使其成为塑造全球经济复苏轨迹的关键角色。

表 3-1 世界主要国家经济增长率和对世界经济增长的贡献 单位：%

国家	经济增长率			对世界经济增长的贡献率*		
	2013 年	2021 年	2013—2021年平均增速	2013 年	2021 年	2013—2021年年均贡献率
中国	7.8	8.1	6.6	35.7	24.9	38.6
美国	1.8	5.7	2.0	16.1	23.0	18.6
日本	2.0	1.6	0.4	4.4	1.5	0.9
德国	0.4	2.9	1.0	0.7	2.1	1.8
英国	1.9	7.4	1.4	2.7	4.5	2.1
印度	6.4	8.9	5.4	5.6	4.7	5.8
法国	0.6	7.0	0.9	0.7	3.5	1.1
意大利	-1.8	6.6	0.0	-1.8	2.4	0.0
加拿大	2.3	4.6	1.5	1.8	1.5	1.2
韩国	3.2	4.0	2.6	2.2	1.4	2.0

资料来源：世界银行 WDI 数据库

具体到全球贫困治理领域，国内减贫的巨大成就也构成了中国身份定位的基础性来源。改革开放后，中国先后实施"三西"农业建设计划和

《国家八七扶贫攻坚计划（1994—2000 年）》《中国农村扶贫开发纲要（2001—2010 年）》《中国农村扶贫开发纲要（2011—2020 年）》。党的十八大以来，实施了 8 年精准扶贫路、5 年脱贫攻坚战。中国减贫的速度和规模均取得了前所未有的成就，成为世界减贫的样板和典范。

从贫困发生率的角度来看，按照 2010 年国家贫困标准（农村贫困户的标准为家庭年人均纯收入低于 2300 元）①，中国农村贫困率从 1978 年的 97.5% 下降至 2019 年的 0.6%，总人数从 7.7 亿下降到 550 万。特别是 2013 年实施精准扶贫后，中国减贫速度显著加快。2013—2020 年，全国农村贫困人口累计减少 9899 万人，年均减贫 1237 万人，贫困发生率年均下降 1.3 个百分点。② 到 2020 年年底，中国如期完成新时代脱贫攻坚目标任务，现行标准下 9899 万农村贫困人口全部脱贫。③

从贫困人口的生活状况来看，其收入和福利水平都得到了极大的改善，"两不愁三保障"④ 质量明显提升。在农村贫困地区，交通基础设施、公共服务设施建设不断完善，教育、住房安全、医疗卫生等均得到全面发展，改善了农村贫困群体的生产生活条件。2020 年贫困地区农村居民人均

---

① 中国第一次制定扶贫标准是在 1986 年，为 206 元，对应的贫困人口数量为 1.25 亿，主要解决温饱问题。2001 年制定第一个十年农村扶贫开发纲要时，将扶贫标准提高到 865 元，对应的贫困人口数量为 9422.8 万。2011 年制定第二个十年农村扶贫开发纲要时，将扶贫标准提高到 2300 元（2010 年不变价），对应的贫困人口数量为 1.22 亿。在脱贫攻坚中，中国的贫困人口识别和退出以户为单位，主要衡量标准是"一收入""两不愁三保障"。"一收入"就是该户年人均纯收入稳定超过现行国家扶贫标准，"两不愁三保障"就是稳定实现不愁吃、不愁穿和义务教育、基本医疗、住房安全有保障。参见，《人类减贫的中国实践》白皮书 [EB/OL]. 中国政府网，2021-04-06.
② 国家统计局. 脱贫攻坚战取得全面胜利 脱贫地区农民生活持续改善：党的十八大以来经济社会发展成就系列报告之二十 [EB/OL]. 国家统计局，2022-10-11.
③ 中华人民共和国国务院新闻办公室. 人类减贫的中国实践 [N]. 人民日报，2021-04-07（9）.
④ 具体指《中国农村扶贫开发纲要（2011—2020 年）》提出针对扶贫对象的工作目标，即到 2020 年，稳定实现扶贫对象不愁吃、不愁穿，保障其义务教育、基本医疗和住房安全，是衡量贫困人口是否真正脱贫的硬杠杠，是核心指标。

可支配收入为 12588 元，2013—2020 年年均增长 11.6%，比全国农村年均增速快 2.3 个百分点。国家脱贫攻坚普查结果显示，贫困地区有小学的乡镇比重 98.5%，所有的县均有初中，有初中的乡镇比重 70.3%，有寄宿制学校的乡镇比重 94.1%；贫困地区建档立卡贫困人口所在辖区县、乡、村三级医疗卫生服务体系健全；贫困人口居住环境持续向好，村庄环境基本干净整洁有序，村容村貌显著提升。① 根据联合国开发计划署（UNDP）《2019 年人类发展报告》显示，中国在普及宽带互联网、提高平均寿命、教育和医疗保障水平等方面都取得了巨大的进步。1990—2018 年，中国的人类发展指数（HDI）从 0.501 跃升到 0.758，增长超过了 51%，成为世界上唯一从"低人类发展水平"跃升到"高人类发展水平"的国家。②

从中国减贫对世界减贫的贡献来看，中国对全球减贫贡献率超过七成。改革开放以来，按照世界银行每人每天 1.9 美元的国际贫困标准，我国减贫人口占同期全球减贫人口 70% 以上；据世界银行公开数据，我国贫困发生率从 1981 年年末的 88.3% 下降至 2016 年年末的 0.5%，累计下降了 87.8 个百分点，年均下降 2.5 个百分点，同期全球贫困发生率从 42.7% 下降到 9.7%，累计下降 33.0 个百分点，年均下降 0.9 个百分点，我国减贫速度明显快于全球，贫困发生率也大大低于全球平均水平。2018 年，世界银行发布《中国系统性国别诊断》报告，称"中国在快速经济增长和减少贫困方面取得了'史无前例的成就'"。这不仅是几千年来人类发展史上的奇迹，也是中国对国际减贫和世界发展事业的巨大贡献。

在这样的背景下，中国对于以什么样的形象和角色参与并融入国际体系，履行与国家实力相一致的国际义务和责任，有了更为深入和成熟的思

---

① 国家统计局. 脱贫攻坚战取得全面胜利 脱贫地区农民生活持续改善：党的十八大以来经济社会发展成就系列报告之二十［EB/OL］. 国家统计局，2022-10-11.

② UNDP. Human Development Report 2019: Beyond Income, Beyond Averages, Beyond Today: Inequalities in Human Development in the 21st Century［R］. New York: United Nations, 2019.

考。2012 年以来，中国官方关于"负责任大国"身份定位表述更加频繁。这不仅表明随着综合实力的提升，中国对"负责任大国"的身份定位更加清晰。与此同时，中国也更加明确在国际体系中如何发挥负责任大国的作用，以及在哪些领域能够更好地发挥作用。如表 3-2 所示，"负责任大国"的相关表述往往与"参与全球治理"相关联，"加强国际减贫交流与合作""推动全球减贫"也是其中的重要内容。因此，中国也开始以负责任大国的身份定位在双边和多边层面积极参与全球贫困治理，发挥引领作用。

表 3-2　2012 年以来中国有关负责任大国的重要表述

时间	文本	主要内容
2012 年 11 月 8 日	胡锦涛《坚定不移沿着中国特色社会主义道路前进　为全面建成小康社会而奋斗——在中国共产党第十八次全国代表大会上的报告》	中国将坚持把中国人民利益同各国人民共同利益结合起来，以更加积极的姿态参与国际事务，发挥负责任大国作用，共同应对全球性挑战
2014 年 6 月 3 日	习近平《让工程科技造福人类、创造未来——在 2014 年国际工程科技大会上的主旨演讲》	我们将承担责任大国的使命，通过建设一个和平发展、蓬勃发展的中国，造福中国人民，造福世界人民，造福子孙后代
2015 年 11 月 27 日	习近平《在中央扶贫开发工作会议上的讲话》	加强同发展中国家和国际机构在减贫领域的交流合作，是我国对外开放大局的重要组成部分。我国在很困难的时候勒紧裤腰带援助发展中国家，事实证明，那时的付出为今天积累了宝贵资源。在这个问题上一定不能算小账。在国际减贫领域积极作为，树立负责任大国的形象，这是大账
2017 年 10 月 18 日	习近平《决胜全面建成小康社会 夺取新时代中国特色社会主义伟大胜利——在中国共产党第十九次全国代表大会上的报告》	中国将继续发挥负责任大国作用，积极参与全球治理体系改革和建设，不断贡献中国智慧和力量

续表

时间	文本	主要内容
2018 年 12 月 18 日	习近平《在庆祝改革开放 40 周年大会上的讲话》	我们要发挥负责任大国作用，支持广大发展中国家发展，积极参与全球治理体系改革和建设，共同为建设持久和平、普遍安全、共同繁荣、开放包容、清洁美丽的世界而奋斗
2019 年 6 月 7 日	习近平《坚持可持续发展 共创繁荣美好世界——在第二十三届圣彼得堡国际经济论坛全会上的致辞》	作为世界最大的发展中国家和负责任大国，中国始终坚定不移履行可持续发展承诺
2019 年 6 月 15 日	习近平《携手开创亚洲安全和发展新局面——在亚信第五次峰会上的讲话》	作为亚洲大家庭一员和国际社会负责任大国，中国将继续做世界和平的建设者、全球发展的贡献者、国际秩序的维护者，推动构建新型国际关系和人类命运共同体
2020 年 9 月 8 日	习近平《在全国抗击新冠肺炎疫情表彰大会上的讲话》	抗击新冠肺炎疫情斗争取得重大战略成果，充分展现了中国共产党领导和我国社会主义制度的显著优势，充分展现了中国人民和中华民族的伟大力量，充分展现了中华文明的深厚底蕴，充分展现了中国负责任大国的自觉担当，极大增强了全党全国各族人民的自信心和自豪感、凝聚力和向心力，必将激励我们在新时代新征程上披荆斩棘、奋勇前进
2020 年 10 月 23 日	习近平《在纪念中国人民志愿军抗美援朝出国作战 70 周年大会上的讲话》	作为负责任大国，中国坚守和平、发展、公平、正义、民主、自由的全人类共同价值，坚持共商共建共享的全球治理观，坚定不移走和平发展、开放发展、合作发展、共同发展道路

续表

时间	文本	主要内容
2021 年 11 月 11 日	习近平《坚持可持续发展 共建亚太命运共同体——在亚太经合组织工商领导人峰会上的主旨演讲》	中国愿继续发挥负责任大国作用，推动加强全球减贫、粮食安全、发展筹资等领域合作，落实联合国 2030 年可持续发展议程，构建全球发展命运共同体
2022 年 10 月 16 日	习近平《高举中国特色社会主义伟大旗帜 为全面建设社会主义现代化国家而团结奋斗——在中国共产党第二十次全国代表大会上的报告》	我们展现负责任大国担当，积极参与全球治理体系改革和建设，全面开展抗击新冠肺炎疫情国际合作，赢得广泛国际赞誉，我国国际影响力、感召力、塑造力显著提升

就全球贫困治理这一议题，中国也多次展现负责任大国担当。在"2015 减贫与发展高层论坛"上，习近平主席提道："中国坚定不移支持发展中国家消除贫困，推动更大范围、更高水平、更深层次的区域合作，对接发展战略，推进工业、农业、人力资源开发、绿色能源、环保等各领域务实合作，帮助各发展中国家把资源优势转化为发展优势。"① 2021 年 9 月发表的《新时代的中国与世界》白皮书指出："大国要有大国的样子，大国要有大国的担当。大国之大，不在于体量大、块头大、拳头大，而在于胸襟大、格局大、担当大。大国要以人类前途命运为要，对世界和平与发展担负更大责任，而不是依仗实力对地区和国际事务谋求垄断。"② 2021 年 7 月，习近平主席出席中国共产党与世界政党领导人峰会时强调："中

---

① 中共中央党史和文献研究院 . 习近平扶贫论述摘编［M］. 北京：中央文献出版社，2018：155.

② 中华人民共和国国务院新闻办公室 . 新时代的中国与世界［N］. 人民日报，2019-09-28（11）.

国共产党愿为人类减贫进程贡献更多中国方案和中国力量。"① 2022 年 6 月 24 日，在全球发展高层对话会上，习近平主席强调，"深化全球减贫脱贫合作""为各国发展注入新动力"。② 这充分说明，中国已将积极参与全球贫困治理视为履行大国责任的重要方式和关键领域。

三、构建"没有贫困、共同发展的人类命运共同体"

"命运共同体"概念首次在中国官方文本中出现是在 2011 年。2011 年 9 月 6 日，国务院新闻办公室发布《中国的和平发展》白皮书提出："要以命运共同体的新视角，以同舟共济、合作共赢的新理念，寻求多元文明交流互鉴的新局面，寻求人类共同利益和共同价值的新内涵，寻求各国合作应对多样化挑战和实现包容性发展的新道路。"③ 2012 年 11 月 8 日，在党的十八大报告中明确提出："合作共赢，就是要倡导人类命运共同体意识，在追求本国利益时兼顾他国合理关切，在谋求本国发展中促进各国共同发展，建立更加平等均衡的新型全球发展伙伴关系，同舟共济，权责共担，增进人类共同利益。"④ "人类命运共同体"概念的国内酝酿极大地促进了中外交流的融洽度，逐渐成为新时代中国特色社会主义外交思想的核心理念和推动人类和平发展的中国方案。⑤

党的十八大以后，习近平主席在多个国际场合以及重要会议、讲话中

---

① 习近平在中国共产党与世界政党领导人峰会上的主旨讲话（全文）[EB/OL]. 中国政府网，2021-07-06.

② 习近平在全球发展高层对话会上的讲话（全文）[EB/OL]. 中国政府网，2022-06-24.

③ 中华人民共和国国务院新闻办公室. 中国的和平发展 [EB/OL]. 国务院新闻办公室，2011-09-06.

④ 胡锦涛. 坚定不移沿着中国特色社会主义道路前进 为全面建成小康社会而奋斗：在中国共产党第十八次全国代表大会上的报告 [M]. 北京：人民出版社，2012：47.

⑤ 姜辉. 构建人类命运共同体：百年大党的中国方案和世界期待 [J]. 党建，2021（7）：95-98.

提到"人类命运共同体"。2013年3月，习近平主席在莫斯科国际关系学院的演讲中，提出构建人类命运共同体的概念；在坦桑尼亚发表演讲时，首次提出"中非命运共同体"。同年4月，在参加博鳌亚洲论坛时，习近平主席发表《共同创造亚洲和世界的美好未来》主旨演讲，强调，各国"应牢固树立命运共同体意识"。同年9月，在二十国集团领导人第八次峰会上，习近平主席指出："各国要树立命运共同体意识，真正认清'一荣俱荣、一损俱损'的连带效应，在竞争中合作，在合作中共赢。"① 此后，习近平主席多次就"人类命运共同体"的丰富内涵、建设原则、建设步骤、具体层次、细分领域等作了具体化的描述和战略化的构想。这不仅反映出中国对世界、对国际形势的认识不断深化，同时也展现出中国对外交往的原则和义利观。

2015年9月，习近平主席在第七十届联合国大会上发表了《携手构建合作共赢新伙伴，同心打造人类命运共同体》的重要讲话，对人类命运共同体的基本内涵作出了深刻的阐释，提出，各国"携手构建合作共赢新伙伴，同心打造人类命运共同体"。这是首次在国际场合明确阐释构建"人类命运共同体"的目标。

2015年10月17日习近平主席出席"2015减贫与发展高层论坛"时，提出共建"没有贫困、共同发展的人类命运共同体"理念。2017年1月，习近平主席在联合国日内瓦总部发表重要演讲，倡导各国共同构建人类命运共同体，提出国际社会要从伙伴关系、安全格局、经济发展、文明交流、生态建设等方面作出努力，强调了构建人类命运共同体的遵循原则。2021年9月，习近平主席在第七十六届联合国大会上提出："加快落实联合国2030年可持续发展议程，构建全球发展命运共同体。"② 可见，人类

---

① 习近平. 共同维护和发展开放型世界经济：在二十国集团领导人峰会第一阶段会议上关于世界经济形势的发言 [N]. 人民日报，2013-09-06（2）.
② 习近平. 坚定信心 共克时艰 共建更加美好的世界：在第七十六届联合国大会一般性辩论上的讲话 [N]. 人民日报，2021-09-22（2）.

命运共同体理念的理论内涵不断丰富，行动路径更加明晰。

人类命运共同体理念"折射了中国在追求本国利益时兼顾他国合理关切、在谋求本国发展中促进各国共同发展的新世界观，是对传统国际关系权力观、利益观、发展观、治理观的更新与升级"①。就全球发展和减贫议题而言，命运共同体这一形态包含着与西方文明不同的新理念新主张，如"以全人类共同价值超越普世价值，以求同存异超越意识形态分歧，以文明互鉴超越文明冲突，以共同富裕超越两极分化等"②。

一方面，"人类命运共同体"理念坚持发展优先。发展是解决一切问题的"总钥匙"，适用于世界各国。"消除贫困，自古以来就是人类梦寐以求的理想，是各国人民追求幸福生活的基本权利。"③构建人类命运共同体包含政治、安全、经济、生态等多个维度，基本内涵是建设持久和平、普遍安全、共同繁荣、开放包容、清洁美丽的世界。其核心理念与 SDGs 所提出的一系列目标相契合，而构建"没有贫困、共同发展的人类命运共同体"是人类感受同呼吸、共命运最真实体验，最能体现人类是一个共生共存的集合体。④

另一方面，"人类命运共同体"理念强调了共同发展的利益观。20 世纪 90 年代以后，随着经济全球化的发展，各国之间的相互联系、相互依存的程度空前加深，形成了利益高度融合的"你中有我、我中有你"的命运共同体。但"少数国家主导的经济全球化，并没有实现普遍普惠的发展，而是造成富者愈富、贫者愈贫，发达国家和发展中国家以及发达国家内部

---

① 刘伟，王文 . 新时代中国特色社会主义政治经济学视阈下的"人类命运共同体"[J]. 管理世界，2019（3）：1–16.

② 梁军，刘登辉，陈学琴 . 人类命运共同体视域下全球减贫治理的中国方案与实践路径［J］. 西北农林科技大学学报（社会科学版）2024（2）：1–11.

③ 习近平 . 论坚持推动构建人类命运共同体［M］. 北京：中央文献出版社，2018：262.

④ 张伟玉，王志民 . 人类命运共同体视域下国际发展援助与减贫合作的模式创新［J］. 中国高校社会科学，2020（2）：115–116.

的贫富差距越来越大"①。当今世界进入新的动荡变革期，经济分化与断层并存，南北差距、发展停滞、技术鸿沟等问题更加突出，国际合作动能不足，落实联合国 2030 年可持续发展议程面临严峻挑战。② 而在全球化的背景下，"人类是一个整体，地球是一个家园。面对共同挑战，任何人任何国家都无法独善其身，人类只有和衷共济、和合共生这一条出路"③。"世界长期发展不可能建立在一批国家越来越富裕而另一批国家却长期贫穷落后的基础之上。"④ 人类命运共同体强调构建利益共同体，体现了中国对人类整体利益和命运的关怀。只有通过建立利益共同体和遵循共同价值观，人类命运共同体才能实现持久和平、共同繁荣和可持续发展。

综上，在全球贫困治理领域，人类命运共同体理念是中国与世界交往互动日益密切，参与全球治理更加具体、广泛和深入的外交战略理念。中国以构建"没有贫困、共同发展的人类命运共同体理念"为指导，不断推动建立以合作共赢为核心的新型国际减贫交流合作关系。

第二节　国际社会对中国的角色预期

塑造中国参与全球贫困治理角色的另一个重要变量是国际社会对中国角色的预期。近年来，国际社会对于中国减贫的关注度不断上升，对于中国参与全球治理角色的关注度也不断上升。基于不同的利益考量，国际社会对于中国在全球贫困治理领域的角色期待具有复杂性和多层次性。具体

① 中华人民共和国国务院新闻办公室．共建"一带一路"：构建人类命运共同体的重大实践 [N]．人民日报，2023-10-11（10-12）．
② 梁军，刘登辉，陈学琴．人类命运共同体视域下全球减贫治理的中国方案与实践路径 [J]．西北农林科技大学学报（社会科学版），2024（2）：1-11．
③ 习近平．习近平谈治国理政：第四卷 [M]．北京：外文出版社，2022：424．
④ 中共中央文献研究室．十八大以来重要文献选编（上）[M]．北京：中央文献出版社，2014：260．

而言，发达国家、发展中国家与国际组织对中国角色的预期都存在矛盾性和差异性。

一、发达国家对中国的角色预期

中国稳定而迅速的发展客观上使得一些西方大国对中国的认知更为务实客观①，在看待中国减贫成就问题上也是如此。但基于心理、情感和现实复杂性的三重目的，西方国家对中国成为一个负责任大国的期待也具有复杂性和多重性——既想从伦理道德的角度激励中国接受越来越多的国际责任，又想把自身承担的责任甚至与中国无关的责任推卸给中国，同时暗中预借"国际责任"的名义抑制中国经济的发展。② "中国发达国家论"即典型的例子，2023 年 3 月，美国国会众议院全票通过了《中华人民共和国不是发展中国家法》，在国际社会引起了热议。2023 年 6 月 8 日，美国参议院外交关系委员会通过了所谓的《终止中国发展中国家地位法案》。美国操纵"发达国家"和"发展中国家"话题的重要目的之一就在于利用这一话题来打压中国，给中国附加上超出实力范围的国际义务。在国际发展领域也是如此，出于自身战略利益的考虑，发达国家试图转嫁国际责任，要求中国承担更多的国际责任，而同时又不愿意放弃其在国际规范制定和国际组织治理方面的核心影响力③，试图将发展中国家纳入其制定的原则规范之中。事实上，虽然中国的发展与减贫成就有目共睹，但国内发展不平衡不充分的矛盾仍然存在。

而且，出于战略竞争的需要，美国不断错误解读中国的意图与发展走向，将中国视为需要打压的战略竞争对手，限制中国在全球治理中的参与

---

① 王俊生. 变革时代的中国角色：理论与实践［M］. 北京：中国社会科学出版社，2017：21.

② 甘均先. "中国责任论"解读与中国外交应对［J］. 国际展望，2010（4）：59-69，6.

③ 左常升. 国际发展援助理论与实践［M］. 北京：社会科学文献出版社，2015：238.

度。近年来，美国政府对于中国参与全球治理的认知更为激进，并且有继续保持下去的态势，主要表现为意识形态性逐渐增强，认为中国是美国领导的西方价值体系的威胁与挑战。① 2017 年 12 月，特朗普政府出台一系列战略性文件，公开把中国确立为"美国最大的威胁"和"最主要的对手"。2019 年 9 月，美国在联合国大会投票反对"非洲发展新伙伴关系"和"非洲冲突的原因及促进持久和平可持续发展"等决议草案，其理由是提案中有"合作共赢"的表述。② 2021 年 1 月，拜登政府执政后，在围堵和打压中国的政策上变本加厉加速推进。2022 年，美国国务卿布林肯在"对华政策演讲"中提到："中国是唯一有意愿且有能力重塑国际秩序的国家，而中国对国际秩序的愿景与美国维护的普世价值观背道而驰。"2022 年 8 月，美国发布《美国对撒哈拉以南非洲战略》文件，指责中国利用非洲挑战"以规则为基础的国际秩序"。2023 年 8 月 10 日，美国国家情报总监海恩斯发布了 2023 年美国《国家情报战略》，大肆渲染"中国威胁论"，认为中国相信"只有损害美国的实力和影响力"，才能实现"主导所在地区、扩大全球影响力"的目标。显而易见，在全球治理领域，美国更多的是将中国视为威胁者和挑战者。

欧盟对中国参与全球贫困治理的角色预期呈现出多元化的复杂态势。一方面，对欧盟来说，与中国等新兴力量构建新的伙伴关系是实现其全球治理目标的重要途径之一，中国在其中的角色不容忽视。在 2019 年召开的中法全球治理论坛上，马克龙肯定了中国经济快速发展和减贫的成绩，赞同中国在全球治理中的多边主义立场，提出要重视中国在国际事务中的重要积极作用。为进一步推动双方合作，中法两国签订了《关于共同维护多边主义和完善全球治理的联合声明》。在 2022 年举行的第二十三次中国—

---

① 祝尚珍，吴志远. 美国智库对中国全球治理观的认知、影响及应对：以"人类命运共同体"理念为例 [J]. 智库理论与实践，2023 (8)：102-115.
② 贾德忠. 中国参与建设国际多边治理平台的成果、挑战和着力点 [J]. 当代世界，2013 (12)：42-47.

欧盟领导人会晤、2023 年举行的第二十四次中国—欧盟领导人会晤上，欧盟都强调了中国在全球治理中的角色至关重要，表示愿同中国加快合作步伐，为共同应对全球性挑战发挥积极作用。另一方面，不容忽视的是，虽然需要同中国等新兴力量构建新的伙伴关系来实现其全球治理目标，但这也不足以使欧盟彻底摒弃近年来由于实力对比变化而产生的对华战略质疑。① 在欧盟内部保护主义的推波助澜之下，欧盟将中国视为竞争对手加以防范的心态也仍然存在。

二、发展中国家对中国的角色预期

中国作为发展中国家中最重要的一员，是广大发展中国家和新兴国家所倚重和依赖的对象，广大发展中国家期望中国能够在国际社会代表和增进他们的利益，承担起自身发展中国家"老大哥"的责任。② 就减贫而言，中国减贫成绩显著，为其他发展中国家树立了榜样，发展中国家基于自身发展的紧迫性和与中国发展历程的相似性，期待中国能够在全球贫困治理中发挥更大的作用，对中国抱以积极的角色预期。

一方面，发展中国家期待深入了解中国减贫经验。据中国外文局当代中国与世界研究院课题组的调查，改革开放特别是中共十八大以来，世界媒体对中国减贫的关注度持续升温，20 多年来的英文报道量始终保持全球第一位。2000 年 9 月联合国千年发展目标通过以来，有关中国减贫的全球媒体英文报道量已经突破 26 万篇。

此外，从区域分布上来看，广大发展中国家对中国减贫的关注度最高。在对中国减贫报道量排名前三位的亚洲、美洲、非洲媒体中，亚洲媒体的英文报道量最高，超过 9 万篇，占全球报道总量的 57.3%。从关注的

① 冯存万. 全球治理变化与中欧合作拓新 [J]. 国际论坛, 2020 (1): 45.
② 程国花. 负责任大国: 世界的期待与中国认知 [J]. 社会主义研究, 2018 (6): 124.

内容来看，全球媒体更为关注中国减贫成功的原因和特点，报道中出现的"高频词"有"精准扶贫""生态保护""易地搬迁""消除饥饿""中国模式""可持续发展""基础设施建设"等。

另一方面，国际社会对于中国在全球贫困治理中的角色的较高期望比较突出地表现在希望加强与中国的减贫合作，强化对中国减贫经验的本土化运用。2016 年，在"外国人看中国——聚焦精准扶贫"的实地参观考察活动中，蒙古国驻华大使馆二秘苏荣扎布在参观临城县黑城乡东牟村养殖业扶贫时肯定了临城县黑城乡东牟村养殖业扶贫经验，认为这种"政府+公司+专业合作社+贫困户"的脱贫模式值得借鉴，希望有机会能在蒙古国推广这里的经验。2020 年，泰国上议院事务委员会副主席维拉萨接受访问时表示，中国消除贫困的经验和成就是世界最值得学习和研究的范例，尤其是下沉到最基层的精准扶贫方式值得发展中国家借鉴。2022 年 6 月 28 日，在第 16 届中国—东盟社会发展与减贫论坛上，柬埔寨农村发展部部长乌拉本表示："减贫工作与柬埔寨人民的生活息息相关，我们要借鉴中国经验，发挥关键优势，深化与中国在减贫领域的合作，促进融合，形成合力，以应对复杂的贫困现象。"缅甸合作与农村发展部部长腊莫表示："得益于中国政府的帮助，缅甸成功实施了 2021 年扶贫合作试点项目。我们感谢中国政府在减贫方面的支持和经验分享，我们也坚信中国成功消除贫困的经验能够为缅甸实现农村可持续发展和消除贫困这一目标提供有益的借鉴。"① 苏丹外交官阿里·优素福认为："中国在减贫方面有着独特的经验。中国脱贫攻坚战取得了全面胜利，区域性整体贫困得到解决，完成了消除绝对贫困的艰巨任务。中国为非洲各国实现减贫计划做出了榜样，中国的减贫经验值得非洲国家借鉴。"②

---

① 周仕兴，温潞影．东盟各国代表盛赞中国减贫经验［N］．光明日报，2022-07-01（12）．

② 优素福．为世界各国提供更多发展机遇（国际论坛·读懂中国·读懂中国共产党）［N］．人民日报，2022-07-11（3）．

但从另一个层面来看，发展中国家出于自身发展利益的考虑，期待能搭乘中国发展的便车，希望中国能在国际减贫上做出更大的贡献，但同时又担心自身的生存空间被挤压，对中国仍然持有防范与制衡的心理。如在2019《东南亚态势》报告中，有七成受访者认为本国政府在参与"一带一路"项目时应持更为谨慎的态度，以避免陷入金融债务。中国经贸合作实践在一定程度上引发了东盟国家对中国角色的负面认知，而这些负面认知背离了中国在东南亚"发展者"角色定位时的部分初衷。①

三、联合国对中国的角色预期

随着中国实力的增强和影响力的提升，多数国际组织更加重视中国，期望中国能够更积极地参与全球治理，为解决全球性问题提供更多的支持。以联合国为例，联合国是全球贫困治理的核心组织，其多个专门机构覆盖的议题领域以减贫和发展为重点，联合国机构是中国开展国际角色互动、塑造角色自我观念与他者认知的重要实践场域。②

联合国秘书长古特雷斯表示，中国的"精准扶贫"方略是帮助最贫困人口、实现2030年可持续发展议程宏伟目标的"唯一途径"，中国已实现数亿人脱贫，中国的经验可以为其他发展中国家提供有益借鉴。联合国开发计划署署长施泰纳指出，中国不仅致力于自身发展，还通过"一带一路"倡议和推动构建人类命运共同体，打造未来国际合作和经济发展的新前景。2023年7月10日在北京举行的全球共享发展行动论坛首届高级别会议平行分论坛上，国际农业发展基金会助理副总裁萨图·桑塔拉说，该机构见证了中国过去40年在提高粮食安全和营养、促进农业和农村发展等方面取得的巨大成就，相信中国有非常多的经验可供分享。联合国粮农组

---

① 毕世鸿，马丹丹．中国在东南亚的国家角色构建及面临的角色冲突［J］．南洋问题研究，2021（1）：64-65.

② 宗华伟，谢喆平．中国在联合国机构的国际角色：一种自我与他者视角［J］．国际政治研究，2022（6）：52-75, 6-7.

织助理总干事、亚洲及太平洋区域代表金钟珍说，联合国粮农组织高度赞赏中国对国际发展合作做出的坚定承诺，以及中国对联合国和其他类似组织给予的支持。

联合国对中国参与全球贫困治理的角色预期积极而正面。早在 2020年，联合国前秘书长潘基文表示，在新冠疫情全球流行、不确定性增多的背景下，世界需要为实现 2030 年可持续发展目标付出更大努力，相信人类能够成功消除贫困。在这个过程中，中国的作用不可或缺。联合国驻华协调员常启德多次肯定中国在全球贫困治理中的贡献及积极角色，认为："中国有意愿、有资源且有经验为'2030 年议程'做出重大贡献。联合国非常希望中国成为这一具有世界历史意义的行动中的主要合作伙伴。"①"中国有意愿、有知识、有资源为可持续发展目标做出巨大贡献，在国际社会担当"领头羊"的角色。""在实现可持续发展目标的行动中，联合国将本着南南合作的精神，汇集、联系和促进利益攸关方借鉴中国的发展经验造福其他国家，特别是非洲国家。"②

虽然联合国对中国减贫成绩进行了肯定，也对中国参与全球贫困治理表示了一定程度的期待。但从现有资料来看，在联合国他者视角下的中国国际角色总体呈有限的正向认同，极少肯定中国作为支持者、维护者和贡献者的国际角色，多对中国参与的部分计划、项目和贡献资金进行了肯定。③ 这也在一定程度上反映出，随着中国的实力和影响力的提升，国际组织可能面临如何平衡中国和其他成员国之间的利益和影响力的挑战。

总体而言，发达国家、发展中国家和国际组织对中国参与全球贫困治

① 常启德. 中国、联合国以及全球的伙伴关系与进步机遇 [EB/OL]. 中国网，2021-02-19.

② CHATTERJEE S. Happy 50th Anniversary：Re-Imagining What China and the United Nations Can Achieve Together [EB/OL]. 中国网，2021-07-23.

③ 宗华伟，谢喆平. 中国在联合国机构的国际角色：一种自我与他者视角 [J]. 国际政治研究，2022 (6)：52-75，6-7.

理的角色存在不同层次的复杂预期，这也说明中国需要在合作中与不同行为体进行协商和平衡，调整角色定位，以期实现共同的减贫目标。

第三节　中国参与全球贫困治理的角色内涵

由上述分析可见，中国自身角色观念与国际社会对中国参与全球贫困治理的角色预期之间存在一定程度的冲突。对于此，中国也开始调整自身定位，对国际社会的角色预期给予了恰当的回应。

一、中国参与全球贫困治理的角色构建

中国通过加强与国际社会的沟通对话，争取理解与信任，消除外部疑虑，利用 2030 年议程这一契机，为自身的发展道路正名，也为发展中世界争取、创造更充裕的生存与发展空间。[①]

强调相互尊重，平等相待。"相互尊重，平等相待"是中国参与全球贫困治理的政治基础。中国一贯主张在和平共处五项原则的基础上开展国际合作，在经济全球化世界中，"坚持国家不分大小、强弱、贫富，都是国际社会平等成员"[②]，都应该平等相待。中国对全球贫困治理的参与主要是在南南合作的框架下开展的，本质上来说是发展中国家间的互助模式，以共同解决现代化进程中相似的发展难题，实现经济与社会可持续发展的共同追求。[③] 因此，中国在援助发展中国家或与发展中国家开展减贫合作时，一贯坚持"不附加任何条件"的对外援助，充分尊重受援国的国家主权，尊重它们自主选择发展模式、发展道路的权利，不附加任何政治条

---

① 孙伊然. 2030 年可持续发展议程与中国特色的经济外交 [J]. 当代世界与社会主义，2017（1）：139-147.

② 习近平. 习近平谈治国理政：第二卷 [M] 北京：外文出版社，2017：443.

③ 安春英. 中非减贫合作与经验分享 [M]. 北京：中国社会科学出版社，2018：135.

件，不干涉受援国的内政和外交，只有严格遵守这些原则，才能给予发展中国家自主决定援助的投入领域、使用方式的空间，形成自主发展的能力，也才能在全球治理中凝聚最大的共识、形成治理的合力。① 党的十八大报告进一步提出："我们将加强同广大发展中国家的团结合作，共同维护发展中国家正当权益，支持扩大发展中国家在国际事务中的代表性和发言权，永远做发展中国家的可靠朋友和真诚伙伴。"②

强调合作治理，共同发展。现行全球贫困治理的理论框架主要体现了西方国家的利益。从上述针对全球贫困治理的问题分析中可知，西方发达国家在贫困治理进程的目的、发展模式、优先解决的问题等领域中始终占据主导地位，在全球治理结构的金字塔中处于顶端，并且对国际机构的发展具有重要影响。③ 而作为需要解决贫困问题的发展中国家却在自身的发展合作中缺乏代表性和话语权。对于此，中国提出了构建"共商共建共享"的包容性贫困治理体系的理念。

"共商"指在进行全球贫困治理时，要充分尊重各参与主体对自身发展的领导权和决定权，根据各国的发展情况和实际条件，协商一致，共同制定减贫项目规划。"共商"理念是尊重全球贫困治理主体多样化趋势的表现，强调了参与主体之间平等、民主的关系，是对"援助—减贫"所体现的自上而下的治理关系的突破和超越。在 2015 减贫与发展高层论坛上，习近平主席进一步强调："我们将加强减贫发展领域交流合作，互学互鉴，共享经验，积极呼应和推动 2015 年后发展议程的落实。"④ "共建"是对减贫治理路径的回答，强调发展中国家基于本国贫困状况与发展实际，在共

---

① 金灿荣，石雨松. 习近平的全球治理理念 [J]. 太平洋学报，2019 (10)：19.
② 胡锦涛. 坚定不移沿着中国特色社会主义道路前进 为全面建成小康社会而奋斗：在中国共产党第十八次全国代表大会上的报告 [EB/OL]. 人民网，2012-11-18.
③ 涂志明，庞中英. 国际贫困对全球治理的影响 [J]. 学术界，2016 (11)：217.
④ 习近平. 携手消除贫困 促进共同发展：在 2015 减贫与发展高层论坛的主旨演讲 [N]. 人民日报，2015-10-17 (2).

同制定的规则和制度范围内参与治理，充分发挥主观能动性，这也是全球贫困治理的重要发展方向。而且，以"共建"为基础的全球贫困治理不仅能提升减贫合作的有效性，同时也能提升参与国家共同应对困难与风险的能力。"共享"则是要促进发展成果和合作利益的共享。总而言之，"世界命运应该由各国共同掌握，国际规则应该由各国共同书写。全球事务应该由各国共同治理，发展成果应该由各国共同分享"①。

强调多边主义，权责共担。有学者将中国在全球治理中坚持和践行的多边主义称为"中国式多边主义"（Chinese Multilateralism，CM），提出中国式多边主义的核心诉求是"推动全球治理朝着更加公正合理的方向发展"；"更加公正合理"则是指"增强新兴市场国家和发展中国家在全球事务中的代表性和发言权"②。党的二十大报告提出："中国积极参与全球治理体系改革和建设，践行共商共建共享的全球治理观，坚持真正的多边主义，推进国际关系民主化，推动全球治理朝着更加公正合理的方向发展。"③

中国近年来积极主动的多边外交最显著地表现在对联合国的态度上，在减贫领域尤其如此。党的十八大以来的对外政策中，中国把联合国视为"国际体系的核心"，把联合国宪章及其规则视为"国际关系的基本准则"，把对联合国的立场态度作为国际体系、国际秩序以及全球治理立场态度的标志。④ 早在2011年中国就提出："作为国际社会负责任的国家，中国遵

---

① 习近平. 共同构建人类命运共同体：在联合国日内瓦总部的演讲 [N]. 人民日报，2017-01-20（2）.

② 顾宾. 中国式多边主义的理论框架与实践观察：以亚投行为重点的分析 [J]. 国际经济评论，2023（5）：61-84，6.

③ 习近平. 高举中国特色社会主义伟大旗帜 为全面建设社会主义现代化国家而团结奋斗：在中国共产党第二十次全国代表大会上的报告 [M]. 北京：人民出版社，2022：62.

④ 外交部. 中国关于联合国成立75周年立场文件 [EB/OL]. 中国政府网，2020-09-11；高飞. 国际组织与全球治理 [EB/OL]. 中国人大网，2022-06-15.

循国际法和公认的国际关系准则，认真履行应尽的国际责任……随着综合国力的不断增强，中国将力所能及地承担更多国际责任。"① 在 2015 减贫与发展高层论坛上，习近平主席进一步强调："中国倡导和践行多边主义，积极参与多边事务，支持联合国、世界银行等继续在国际减贫事业中发挥重要作用；将同各方一道优化全球发展伙伴关系，推进南北合作，加强南南合作，为全球减贫事业提供充足资源和强劲动力。"② 这也进一步说明，"中国对现有国际体系与国际秩序的认同、融入、维护与建设的基本态度，表明了中国致力于人类共同事业，维护人类共同利益的原则立场"③。

与此同时，中国也强调"中国坚持权利和义务相平衡，积极参与全球经济治理"④。贫困问题是全球性的挑战，需要国际社会各方的共同努力来解决。"为发展中国家营造良好外部环境，是消除贫困的重要条件。"⑤ 与此同时，"发达国家要加大对发展中国家的发展援助，发展中国家要增强内生发展动力"⑥。发达国家应该及时兑现承诺、履行义务，通过提供资金、技术和援助等方式能够为发展中国家减贫提供支持。发展中国家也应承担自身的责任，采取有效的政策和措施来改善本国的贫困状况。2015 年9 月，习近平主席在联合国发展峰会上强调，"各国能力和水平有差异，在同一目标下，应该承担共同但有区别的责任"，"发达国家应该及时兑现承

---

① 中华人民共和国国务院新闻办公室.《中国的和平发展》白皮书［EB/OL］.国务院新闻办公室，2011-09-06.

② 习近平.携手消除贫困 促进共同发展：在 2015 减贫与发展高层论坛的主旨演讲［N］.人民日报，2015-10-17（2）.

③ 蔡拓，杨雪冬，吴志成.全球学与全球治理［M］.北京：北京大学出版社，2018：336.

④ 中共中央文献研究室.十八大以来重要文献选编（上）［M］.中央文献出版社，2014：4，37.

⑤ 中共中央党史和文献研究院.习近平扶贫论述摘编［M］.北京：中央文献出版社，2018：156.

⑥ 中共中央党史和文献研究院.习近平扶贫论述摘编［M］.北京：中央文献出版社，2018：153-154.

诺、履行义务，国际社会应该坚持南北合作主渠道地位，深化南南合作和三方合作，支持私营部门等利益攸关方在伙伴关系中发挥更大作用"①。在2019年联合国"南南合作日"纪念大会上，中国也进一步强调，发展中国家应维护南北合作为主渠道的发展格局，加强全球发展伙伴关系建设，共同维护发展中国家共同利益。2020年10月，习近平主席向"摆脱贫困与政党的责任"国际理论研讨会致贺信，提出："在各方共同努力下，全球减贫事业取得长足进展，但面临的困难和挑战仍然很严峻，迫切需要包括各国政党在内的国际社会凝聚共识、携手合作，坚持多边主义，维护和平稳定，加快推动全球减贫进程。"②

由此，结合实际国情，承担与我国经济发展相适应的国际减贫责任与义务，制定符合国家利益的减贫国际交流合作对策，是参与全球贫困治理的基本出发点。就中国而言，将坚定支持多边主义渠道，在力所能及的范围内承担国际责任。

二、中国参与全球贫困治理的角色分析

由上述讨论可以明确，中国参与全球贫困治理的意愿、政策在内外互动中不断调整，逐步转变为全球贫困治理的核心引领者，其角色内涵主要表现在以下三方面。

第一，国际减贫公共产品的供给者。"国际公共产品"一词源于公共产品概念在国际关系研究领域的引申和拓展。1966年，曼瑟尔·奥尔森（Mancur Olson）和理查德·查克豪泽（Richard J. Zeckhauser）在以北约为例讨论国家间共同维护安全问题时提出，大国会因为自身利益的考量为大

---

① 习近平. 谋共同永续发展 做合作共赢伙伴：在联合国发展峰会上的讲话 [N]. 人民日报，2015-09-27（2）.

② 习近平向"摆脱贫困与政党的责任"国际理论研讨会致贺信 [N]. 人民日报，2020-10-13（1）.

联盟承担相关成本。① 1971 年，奥尔森最早提出了"国际集体产品"（International Collective Goods）这一概念，用于探讨国际合作激励问题。② 查尔斯·金德尔伯格（Charles P. Kindleberger）在《1929—1939 年世界经济萧条》一书中以英美两国为例分析了第一次世界大战后两国的权力转移，认为世界经济体系的稳定运转需要成本，但市场自身的缺陷以及各国收益方面的考量，需要某个领导型国家来承担"公共成本"。

在金德尔伯格的研究基础上，罗伯特·吉尔平（Robert Gilpin）发展了"霸权稳定论"，他认为国际公共产品对国际社会的有序运行是必不可少的，但国际公共产品总是面临供应不足的问题。作为一个霸权国家，有能力和意愿提供国际社会所需的安全、金融、贸易和国际援助等国际公共产品，也正是通过这种方式来获得其他国家对国际秩序的认同，从而实现体系内的稳定和繁荣。③ 虽然"霸权稳定论"在学界一度产生了巨大的影响。但其理论不足也显而易见：一方面，在"霸权稳定"的思维下，全球性公共产品的提供可能沦为从国际社会谋取私利的工具。另一方面，从动态的角度来看，霸权国家的地位发生变化可能会影响国际公共产品的供应。约瑟夫·奈曾以"金德尔伯格陷阱"（Kindleberger Trap）来分析当今的中美关系，究其本质而言，制造了中国提供国际公共产品的话语陷阱。对当今的国际社会而言，显然并不是没有能力来提供足够的好的国际公共产品，也不是没有能力来减少坏的国际公共产品，危机的出现是不合作的结果。④ 大多学者认为国际公共产品的供给着眼于解决涉及多国且单个国

① OLSON M，ZEEKHAUSER R. An Economic Theory of Alliances ［J］. The Review of E-conomics and Statistics, 1971, 48 (3): 266-279.

② OLSON M. Increasing the Incentives for International Cooperation ［J］. International Or-ganization, 1971, 25 (4): 866-874.

③ 吉尔平. 国际关系政治经济学 ［M］. 杨宇光，等译. 上海：上海世纪出版集团，2006.

④ 王义桅. 全球公共产品的中国方案 ［J］. 前线，2022（12）：59-60.

家难以解决的问题,强调国家间共同行动和协作的重要性。① 因此,对于当前中国提供国际公共产品的讨论也应跳出西方传统的思维框架。

长期以来,西方经济学逻辑认为,由于缺乏国际强制力量,各国更倾向于"搭便车"而非主动提供公共产品,这将导致国际公共产品的"供给困境"。② 事实上,中国更多是将提供公共产品视为一种国际责任感。首先,综合国力的提升使中国具备了提供国际减贫公共产品的现实基础。从政治上来看,中国是联合国安理会五大常任理事国之一、G20 等国际组织的重要成员国,并倡导设立了金砖国家新开发银行(New Development Bank,NDB)、亚投行(AIIB)等新型合作机制,多边外交战略能力不断提升;从经济上来看,中国在 2020 年已经成为世界第二大经济体,亚洲第一大经济体和世界第一大外汇储备国。中国的 GDP 在世界上的占比也逐年提高,2019 年中国 GDP 全球占比已达 16.58%,成为拉动世界经济发展的重要引擎;从贫困治理能力来看,中国是第一个实现千年发展目标中贫困人口减半目标的国家,而且已经成为世界第四大对外援助国。2005 年以来,中国对发展中国家的援助和投资资金年均增长率超过 25%,对外合作减贫已覆盖全球大部分发展中国家。③

在这样的背景下,中国已具备了向国际社会提供优质公共产品的能力。以基础设施建设为例,基础设施建设是发展中国家经济发展和减贫的重要助力,而中国在这方面积蓄了大量的建设经验和产能优势,美国学者帕拉格·康纳(Parag Khanna)认为,在"冷战"时期和"冷战"结束之初,全球安全被普遍认为是最重要的公共产品,其主要提供者是美国;但

---

① 陈海曦."一带一路"国际公共产品供给的实践与创新:以中欧班列为例 [J]. 宏观经济研究,2022(6):138.

② 吴志成,李金潼. 国际公共产品供给的中国视角与实践 [J]. 政治学研究,2014 (5):111-124.

③ 张原. 推动"一带一路"减贫合作 更好发挥中国减贫正向溢出效应 [EB/OL]. 中国社会科学网,2019-04-25.

在 21 世纪，最为重要的公共产品是基础设施，而中国是基础设施建设的主要贡献者。① 在中国开展的国际减贫合作项目中，基础设施建设一直是重点领域。2015 年 12 月 25 日，在中国的推动下，致力于推动亚洲地区发展中国家基础设施开发的亚洲基础设施投资银行正式成立，中国在基础设施建设公共产品的供给方面所做的贡献也日趋增大。

而且，中国的减贫经验可以转化为替代性的国际减贫公共产品。一般来说，发展与减贫类公共产品在国际社会中具有刚性需求和优先次序。治理全球贫困是比维护和平和国际宏观经济治理更紧迫和更根本的国际公共品。② 虽然西方发展知识在贫困的标准、贫困的概念、参与发展等方面具有很强的科学性和系统性，但无法涵盖千差万别的发展中国家的实际。③ 而中国的减贫经验、发展知识来自自身发展的实践，是被实践证明过的有益知识和理念，是特定类型的公共品④，在针对发展中国家的减贫方面具有较大的国际比较优势。但长期以来，中国的发展实践在西方发展理论框架中一直被作为一种"地方性"的发展实践⑤，未能充分发挥其作用。中国要在全球发展中承担起更为重要的领导者角色，需要建立新的多边金融机构来体现其发展理念、经验和隐性知识。⑥

因此，提供更多、更有效的公共产品也日益成为新时代中国参与全球贫困治理的重要方式之一。特别是在全球贫困治理领域，公共产品的供给已成为一个理论与现实难题。鉴于综合实力的提升和中国减贫经验的国际

---

① 周瑾艳. 中国对非洲区域公共产品供给评析 [J]. 当代世界，2020（4）：72-79.
② 蔡昉. 中国经济发展的世界意义 [M]. 北京：中国社会科学出版社，2019：844.
③ 李小云. 发展援助的未来：西方模式的困境和中国的新角色 [M]. 北京：中信出版集团，2019：144.
④ 蔡昉. 中国经济发展的世界意义 [M]. 北京：中国社会科学出版社，2019：567.
⑤ 李小云. 发展援助的未来：西方模式的困境和中国的新角色 [M]. 北京：中信出版集团，2019：144.
⑥ 林毅夫，王燕. 超越发展援助：在一个多极世界中重构发展合作新理念 [M]. 北京：北京大学出版社，2016：11.

比较优势，中国可顺势而为，向国际社会提供更多的减贫治理公共产品，承担更多的全球贫困治理责任，这也是显示中国担当的重要途径。正如赫德利·布尔（Hedley Bull）所说，"贫穷国家的经济正义的要求，应当在大国的政策框架内得到满足"①，这是中国大国责任的一种要求。

在 2016 年二十国集团工商峰会上，习近平主席就表示："中国的发展得益于国际社会，也愿为国际社会提供更多公共产品。"② 2017 年，中国提出："要积极向国际社会提供人文公共产品，分享我国在扶贫、教育、卫生等领域的经验做法，加大对广大发展中国家的援助。"③ 2020 年 9 月，在第 75 届联合国大会上，习近平主席又提出："大国更应该有大的样子，要提供更多全球公共产品，承担大国责任，展现大国担当。"④

此外，国际公共产品的供给不是简单的物力与财力的投入，而是一个关于角色、期望和观念的塑造的过程。⑤ 2000 年后，中国政府开始通过多种方式，积极创造将减贫经验和知识转化的物质和制度条件。特别是 2012 年以来，中国国际扶贫中心不断完善其功能与职责，扩大减贫对外交流。2015 年，习近平主席在减贫与发展高层论坛上也提出："中国将发挥好中国国际扶贫中心等国际减贫交流平台作用，提出中国方案，贡献中国智慧，更加有效地促进广大发展中国家交流分享减贫经验。"⑥ 2017 年，中

---

① 布尔. 无政府社会：世界政治秩序研究 [M]. 张晓明，译. 北京：世界知识出版社，2003：183.

② 习近平. 中国发展新起点 全球增长新蓝图：在二十国集团工商峰会开幕式上的主旨演讲 [N]. 人民日报，2016-09-04（2）.

③ 中共中央办公厅 国务院办公厅印发《关于加强和改进中外人文交流工作的若干意见》[EB/OL]. 中国政府网，2017-12-21.

④ 鞠鹏. 习近平在第七十五届联合国大会一般性辩论上的讲话 [N]. 人民日报，2020-09-23（1）.

⑤ 曹德军. 全球发展倡议下的全球治理路径与中国方案 [J]. 国际论坛，2024（1）：8.

⑥ 习近平. 携手消除贫困 促进共同：在 2015 减贫与发展高层论坛的主旨演讲 [N]. 人民日报，2015-10-17（2）.

国国际发展知识中心成立，致力于向国际社会贡献中国发展与减贫的智慧和经验。中国减贫知识与经验作为公共产品的分享正走向系统化。

第二，全球贫困治理机制的完善者。一方面，新的国际减贫议程要求构建更加包容的治理机制。从 SDGs 的要求来看，全球贫困治理的理念已经从"援助—减贫"过渡到"包容性发展—减贫"，这就要求国际社会建立更加积极有效的全球贫困治理机制。但全球贫困治理体系较长时间以来一直面临着相对固化的缺陷。以联合国、IMF、世界银行和 OECD-DAC 为主的国际发展机构一直在全球贫困治理中占据主导地位，这些机构较多地从各自的优势出发开展减贫工作，缺乏统一协调；发达国家的双边援助则立足于发达国家的民主政治、经济、社会经验等，为发展中国家开出了各种各样的良方①，但实际效果备受争议，机制建设不足是导致这一困境的主要原因。

长期以来，国际多边发展机制反映了欧美国家的利益与价值观优势。②西方大国通过主要的国际贫困治理机制和平台，控制了贫困治理的资本、技术、信息以及各种物质资源的分配权，并牢牢掌握了有关贫困问题的解释权，更在全球贫困治理实践的规则制定、议程设置、舆论宣传和统筹协调等方面占据主导地位③，形成了较大程度的"霸权治理"局面。比如，长期以来，发展援助委员会国家的官方发展援助对发展中国家的权益重视不够。在世界银行就职的大部分官员和学者的学科背景多与自由主义经济学学科相关。因此，主流国际发展机构所制定的国际发展合作政策往往都带有自由主义色彩，创立的治理规则更多的是依据自身局限性的理论，而非发展中国家的发展实际，因此造成了全球贫困治理中的"民主赤字"，

①　王小林，张晓颖. 迈向 2030：中国减贫与全球贫困治理 [M]. 北京：社会科学文献出版社，2017：164.

②　曹德军. 全球发展倡议下的全球治理路径与中国方案 [J]. 国际论坛，2024 (1)：14.

③　吴宇. 全球贫困治理话语权提升的中国视角 [J]. 天津社会科学，2020 (3)：71.

全球贫困治理的实际成效受到制约和影响。① 因此，必须构建公正合理的全球贫困治理机制，更为全面和平衡地反映全球贫困治理的现实，打破治理赤字，提升治理效率。

而且，就发展中国家的需求而言，传统援助国与新兴援助国并不是互相排斥的，双方协调合作，共同参与，可以为全球贫困治理提供更完善的治理方案和更充足的发展资源。从双方实际来看，合作发展也有利于发展中国家的权益保护，完善现有机制的不足。

另一方面，中国需要借助国际减贫机制发出"中国声音"。2000 年以来，中国作为新兴国家的代表，开始积极参与全球贫困治理。在实践层面，中国不仅以自身的减贫成就促进了 MDGs 减贫目标的实现，而且开始加大对国际减贫的政治经济资源投入，积极推动 SDGs 的落实。在理论层面，中国特色的贫困治理理论备受国际社会关注，中国也积极探索并将其延伸到全球贫困治理中。整体来看，近年来中国在国际减贫议题上的代表性和话语权呈上升趋势。但相较中国对国际减贫的贡献而言，其制度性话语权仍然较为有限。由于机构资源约束等方面的原因，中国除了参与一些大的国际发展事务的讨论外，很少参与各种国际发展援助具体议程的讨论。②

而以全球减贫伙伴研讨会为代表的各类日趋活跃的非正式安排，虽然吸引了更多主体了解并参与政策制定、议程设定和行动安排等重要进程，但其代表性和发言权还不足以使既有全球贫困治理体系有实质性改善。③ 因此，借助国际减贫机制提升中国在全球贫困治理中的政策与规则制定、议程设置、理念遵循、活动开展以及相关平台的运行等方面的影响力和决

---

① 涂志明，庞中英. 国际贫困对全球治理的影响 [J]. 学术界，2016（11）：218.

② 李小云. 发展援助的未来：西方模式的困境和中国的新角色 [M]. 北京：中信出版集团，2019：213.

③ 吴宗敏. 全球贫困治理的深化与中国的实践 [J]. 江苏大学学报（社会科学版），2019（1）：21.

策权显得尤为重要。① 比如，在联合国 2030 年可持续发展议程制定的过程中，中国举办了多次研讨会，积极参与其中。2016 年，人民币被正式纳入国际货币基金组织的特别提款权（SDR）的货币篮子，中国在运用货币、金融等手段推动全球减贫上的决策力和影响力得到大幅度提升。② 与此同时，2016 年 9 月在杭州召开的二十国集团峰会上，中国提议将减贫与发展作为重要议题，得到了国际社会的高度肯定。

再者，中国发展中大国的身份有助于协调全球贫困治理机制。基于曾经的受援国身份和多年来的对外合作减贫实践，一方面，中国在国际减贫议题上的经验、认知和感悟更为深刻，能够补充甚至纠偏传统援助国由于各种原因没能认识到或领悟到的东西。③ 另一方面，中国在发达国家减贫经验的"本土化"方面也具有更丰富的经验。从这一角度来看，中国可以成为全球贫困治理机制的协调者，在代表发展中国家的同时，与发达国家合作，共同推进国际减贫进程，以实现其政策目标。这也与中国所推行的共建"以合作共赢为核心的新型国际减贫交流合作关系"的理念相契合。

因此，在国际减贫领域，中国一直秉持包容、共建的态度参加减贫合作机制建设。以 G20 为例，中国积极推动 G20 成为全球发展治理的平台。此外，中国还与发展援助委员会展开了具有建设性意义的对话，2009 年，双方成立了中国—发展援助委员会研究小组（China-DAC Study Group），并对双方在非洲开展的发展合作项目进行了考察，就发展援助、南南合作等议题进行了多次意见交换，有利于增进传统援助国与新兴援助国之间的了解和对话。

第三，全球贫困治理理念的引领者。新时期中国对国际贫困以及减贫路径的认识更加深入。中国在自身减贫实践过程中提出的"共同富裕"

---

① 吴宇. 全球贫困治理话语权提升的中国视角 [J]. 天津社会科学, 2020 (3)：74.

② 吴宇. 全球贫困治理话语权提升的中国视角 [J]. 天津社会科学, 2020 (3)：74.

③ 任晓, 刘慧华. 中国对外援助：理论与实践 [M]. 上海：上海人民出版社, 2017：206.

"扶贫先扶智""精准扶贫"等思想理念对国际减贫合作影响深远。这些理念和思想对于打破传统的国际贫困治理规则和秩序的约束、改变"自上而下"援助驱动型贫困治理思维模式、激发发展中国家自我减贫起到了重要作用。特别是"精准扶贫"的思想贯穿了贫困瞄准、贫困干预、脱贫成效评估等减贫的全过程,为发展中国家解决日趋复杂的贫困问题提供了良好的借鉴思路。泰国开泰银行的高级副总裁蔡伟才曾表示希望借鉴中国"精准扶贫"的经验,他认为中国政府为扶贫所作努力和所获成就为世界各国特别是发展中国家提供了可行的经验和样板。① 牛津大学人类与发展研究中心主任萨宾娜·阿尔克(Sabina Ark)教授也认为:"中国的精准扶贫方略在精准识别、精准帮扶、精准管理、精准退出等方面对其他发展中国家有重要的借鉴意义。"②

而人类命运共同体理念的提出,则为国际减贫合作指明了新的方向。2012 年 11 月,党的十八大报告首次提出人类命运共同体的理念。2015 年,习近平主席又在减贫与发展高层论坛上进一步提出了共建"没有贫困、共同发展的人类命运共同体"理念,强调"推动建立以合作共赢为核心的新型国际减贫交流合作关系,是消除贫困的重要保障。"③ 人类命运共同体的理念与联合国 2030 年可持续发展议程所提出的一系列目标相契合,体现了对人类整体利益和命运的关怀,是中国作为负责任大国针对当前国际减贫合作机制碎片化、减贫成效低下提出的一个美好愿景。同时,人类命运共同体理念的提出也标志着中国参与国际减贫从"行动"到"发声",中国声音开始影响并转变国际发展的话语权,也是中国承担大国责任的具体表

---

① 常天童,沈忠浩,白纯.中国精准扶贫脱贫方略启迪世界 [EB/OL].新华网,2017-03-09.

② 罗雯.世界知名专家齐赞中国精准扶贫方略 贡献全球减贫可行路径 [EB/OL].中国乡村振兴在线,2017-10-24.

③ 习近平.携手消除贫困 促进共同发展:在 2015 减贫与发展高层论坛的主旨演讲 [N].人民日报,2015-10-17 (2).

现，中国将以"人类命运共同体"理念为引领，通过南南合作机制创新积极对接各国发展战略，推动双边和多边领域的全球反贫困。①

在全球贫困治理领域，与物质层面同等重要，甚至更为重要的是中国在理念层面带来的触动和影响。② 中国提出的新的减贫治理理念，既继承了中国文化平等互信、互利互惠、以和为贵的传统精神内核，又蕴含了当今世界的"时代要素"。③ 作为减贫的重要实践者，中国经验的"外化"在某种程度上改变了长期以来被动接受国际社会关于全球性问题的解决规制或方案的局面。④ 比如，亚洲和非洲的官员普遍认可中国的发展与减贫模式，一项问卷调查显示，认为"中国减贫模式对他们国家有用以及非常有用"的比例高达 91.66%。⑤ 再比如，中国提出的"人类命运共同体""共商共建共享""以合作共赢为核心的新型国际减贫交流合作关系"等理念在国际社会得到了广泛认同。2017 年 2 月 10 日，联合国社会发展委员会第五十五届会议一致通过"非洲发展新伙伴关系的社会层面"决议，"构建人类命运共同体"理念首次被写入联合国决议中。2017 年 9 月 11日，第 71 届联合国大会通过《关于"联合国与全球经济治理"的决议》，将共商共建共享的理念纳入其中。2018 年 12 月，第 73 届联合国大会通过关于农村贫困问题的决议，将"精准扶贫"等理念明确写入其中。可见，中国的全球贫困治理理念已在国际范围内得到了较大程度的认可。

中国减贫新理念是中国拓展和运用减贫软实力外交功能的需要。虽然

---

① 张原. "一带一路"倡议下的中国对外合作减贫：机制、挑战及应对 [J]. 当代经济管理，2019 (1)：11-16.

② 孙伊然. 全球发展治理与中国方案 [M]. 上海：上海社会科学院出版社，2019：252.

③ 左常升. 国际发展援助理论与实践 [M]. 北京：社会科学文献出版社，2015：590.

④ 杜旸. 全球治理中的中国进程：以中国减贫治理为例 [J]. 国际政治研究，2011 (1)：91-92.

⑤ 刘倩倩，王小林. 亚洲与非洲官员对中国国家形象的认知：基于对 205 个援外培训官员的问卷调查与访谈 [J]. 学习与探索，2017 (6)：115.

目前"减贫软实力"① 这一概念在学术研究中并未普遍使用,但毋庸置疑的是,改革开放以来,中国在减贫领域已经积累起强大的国际比较优势,成为中国参与全球贫困治理的重要支撑点。在国内外关注中国发展经验思潮的推动下,学界围绕着"中国经济增长和减贫经验国际化"这一主题形成了一系列讨论,中国政府也明确将减贫作为中国成长的"软实力"的重要内容,通过各种机制和媒介进行积极的宣传与推广。② 中国减贫是让国际社会了解中国的重要媒介,中国减贫新理念可以看作中国减贫软实力外交的一种手段,有助于缓解中国的外交压力,维护良好的国际形象。

综上,在内部角色认知的动力与外部角色期待的压力的共同作用下,中国参与全球贫困治理的角色实现了转换,为国际减贫合作注入了新的动力。

① 相关论述参见刘倩倩,王小林. 减贫软实力外交的时代意义 [M] //左常升. 国际发展援助理论与实践. 北京:社会科学文献出版社, 2015;577-599.
② 李小云, 等. 关于中国减贫经验国际化的讨论 [J]. 中国农业大学学报 (社会科学版), 2016 (5);19.

第四章

中国参与全球贫困治理的角色实践

角色实践则是国家角色的具体表现。近年来，随着角色的转换，中国在全球贫困治理中所发挥的作用和贡献也逐渐增大。本章主要介绍中国参与全球贫困治理的角色实践，并以中非减贫合作和澜湄减贫合作为例，分析中国在全球贫困治理中发挥作用和影响的方式及特点。

第一节　中国参与全球贫困治理的路径

在实践层面，中国始终把促进发展中国家减贫作为重要方向，通过多边和双边合作机制，向其他发展中国家提供援助和发展支持，并加强与国际社会的交流和合作，积极履行减贫国际责任。中国参与全球贫困治理的主要路径包括以下三方面。

一、加强议程设置，凝聚发展共识

一般而言，国际议程设置是指国际行为体将与其利益相关的国际问题置于国际社会的关注视域，以引起更多国际社会成员重视或参与的过程。①

---

① 韦宗友．国际议程设置：一种初步分析框架 [J]．世界经济与政治，2011（10）：38-52.

作为一种获取外界理解与支持、推动国际合作的重要手段，国际议程设置的作用受到越来越广泛地关注和运用。对中国而言，"发起倡议、设置议程与塑造国际规范，是中国国际组织外交行为的主要特点，也是中国通过国际组织提升国际形象和话语权、推动国际体系和全球治理变革的主要路径选择"①。近年来，中国在国际舞台上不断加强与减贫相关的国际议程设置，助力发展与减贫优先成为国际社会共识。

通过主场外交传递发展理念是中国加强国际发展议程设置的重要方面。主场外交，简而言之，就是在本国国境之内举行的外交活动。② 开展主场外交，可以提升国际话语权、增强对国际制度的参与和塑造、优化自身的国际形象，最终通过增强战略能力，促进实力更有效地转化为国际影响力，更好地维护国家利益和承担国际责任。③ 主办多边国际会议是其中一种重要的形式。"主办多边国际会议能够使东道主对多边会议机制的议程、议题施加不同程度的影响，提升本国对国际重大议程、议题的话语权。"④ 2012 年以来，中国相继举办了亚洲相互协作与信任措施会议第四次峰会、亚太经合组织第二十二次领导人非正式会议、G20 杭州峰会、第一届至第三届"一带一路"国际合作高峰论坛、金砖国家领导人第九次会晤、中国共产党与世界政党高层对话会、上海合作组织成员国元首理事会第十四次会议、上海合作组织成员国元首理事会第十八次会议、中非合作论坛北京峰会、第一届至第六届中国国际进口博览会等重要国际会议。在中国的推动下，这一系列会议聚焦全球发展议题，着力构建平等互利、合作共赢的全球发展伙伴关系。

---

① 韦进深. 全球治理中的国际议程设置：理论与案例 [M]. 北京：中国商务出版社，2022：161.

② 金灿荣，孙西辉. 主场外交让中国外交更主动 [J]. 中国报道，2014（2）：35.

③ 凌胜利. 主场外交、战略能力与全球治理 [J]. 外交评论，2019（4）：13.

④ 陈东晓. 中国的"主场外交"：机遇、挑战和任务 [J]. 国际问题研究，2014（5）：7.

例如，2016 年在杭州举办的 G20 峰会通过了《二十国集团领导人杭州峰会公报》和 28 份具体成果文件。首次提出将发展问题置于全球宏观政策框架的突出位置，首次就落实 2030 年可持续发展议程制定行动计划，首次就支持非洲国家和最不发达国家工业化开展合作。2018 年中非合作论坛——减贫与发展会议围绕"一带一路"框架下的中非减贫合作展开讨论。2019 年，习近平主席在第二届"一带一路"国际合作高峰论坛开幕式上的主旨演讲中提到："要坚持以人民为中心的发展思想，聚焦消除贫困、增加就业、改善民生，让共建'一带一路'成果更好惠及全体人民，为当地经济社会发展作出实实在在的贡献，同时确保商业和财政上的可持续性，做到善始善终、善作善成。"① 2022 年 6 月 24 日，习近平主席在全球发展高层对话会上强调："我们要把发展置于国际议程中心位置，落实联合国 2030 年可持续发展议程，打造人人重视发展、各国共谋合作的政治共识。"② 2023 年 11 月 6 日，习近平主席在向第六届中国国际进口博览会的致信中提出："更好提供全球共享的国际公共产品服务，助力推动构建开放型世界经济，让合作共赢惠及世界。"③ 总的来看，近年来，中国通过一系列重大主场外交活动，积极向国际社会阐述了中国关于全球贫困治理的理念与实践，体现了中国对全球发展与减贫的关切，更彰显了构建人类命运共同体的重要理念。

中国主动发起与全球减贫议题相关的倡议，提出全球贫困治理的中国方案。近年来，中国在联合国、世界银行等国际组织中多次发起以"贫困治理""减贫""发展"为主题的倡议，主动塑造价值规范、行动规则。2020 年 11 月 22 日，习近平主席在出席二十国集团领导人第十五次峰会第

---

① 习近平. 齐心开创共建"一带一路"美好未来：在第二届"一带一路"国际合作高峰论坛开幕式上的主旨演讲 [N]. 人民日报，2019-04-27 (3).

② 习近平. 构建高质量伙伴关系 共创全球发展新时代：在全球发展高层对话会上的讲话 [N]. 人民日报，2022-06-25 (2).

③ 习近平向第六届中国国际进口博览会致信 [N]. 人民日报，2023-11-06 (1).

二阶段会议时强调："发展是解决贫困问题的总钥匙。"2021 年 9 月 21 日，习近平主席在第七十六届联合国大会一般性辩论的演讲中提出全球发展倡议，这是中国在推进全球可持续发展进程中所提出的重要理念和重大举措。全球发展倡议紧密对接联合国 2030 年可持续发展议程，以国际共识、对话机制和多边合作为基础①，是中国积极主动引领全球发展治理的重要标志。卢克·伊斯汀（Luke J. L. Eastin）曾指出："中国的全球领导力存在'赤字'。这突出体现在中国在联合国通常是反应型的；中国在联合国持续关注地区性利益，但缺少了一个全球性的议程。"② 在国际关系的实践中，由于倡议者通过提出国际倡议的方式将关注的议题纳入国际议程设置，引起国际社会对倡议议题的关注和讨论，从而推动全球或地区性问题的治理。③

全球发展倡议以六个坚持，即"坚持发展优先、坚持以人民为中心、坚持普惠包容、坚持创新驱动、坚持人与自然和谐共生、坚持行动导向"为核心，关切了当今世界发展议题边缘化、经济增长动能不足、发展不平衡等关键性问题，对于国际社会推动全球贫困治理实践、摆脱全球发展困境至关重要。

一方面，全球发展倡议秉持普惠包容的发展理念，强调在以联合国为核心的现有国际多边机制中寻求合作，致力于加强各机制的有效对接④，有助于凝聚各国共谋发展的政治共识。古巴外交部长罗德里格斯（Bruno Rodriguez）指出，全球发展倡议将可持续发展和国际合作放在多边体系优先

---

① 章玉贵. 全球发展倡议：中国式现代化的世界价值体现 [N]. 光明日报，2023-06-26 (12).

② EASTIN L J L. Legitimacy Deficit: Chinese Leadership at the United Nations [J]. Journal of Chinese Political Science, 2013, 18 (4): 389-402.

③ 韦进深. 全球治理中的国际议程设置：理论与案例 [M]. 北京：中国商务出版社，2022: 166-167.

④ 廖炼忠. 全球发展倡议与人类命运共同体构建 [J]. 世界民族，2023 (1): 1-10.

事项的中心位置，具有重要意义。① 圭亚那前总统拉莫塔（Donald Ramotar）
认为："全球发展倡议植根于这样一种信念——全球性问题不能通过竞争
或冲突来解决，而是可以通过合作与和平共处来解决。倡议理应得到所有
进步和民主力量的支持，它是目前确保人类和平与繁荣的最现实方案。"②
在全球经济增长放缓、贸易保护主义抬头、地缘政治紧张局势加剧的大背
景下，全球发展也处于低迷状态。全球发展倡议八大重点合作领域与2030
年可持续发展议程高度契合，为推动各国发展合作交流、推进联合国可持
续发展议程提供了良好的条件。联合国秘书长古特雷斯表示："习近平主
席提出这一倡议旨在重振实现可持续发展目标的全球行动……倡议将为应
对共同挑战，加速实现包容、可持续未来作出重要贡献。为了今世后代的
福祉和人类赖以生存的地球，我们要携起手来，推动可持续发展目标重回
正轨。"③

另一方面，全球发展倡议契合了国际社会弥补理想与现实鸿沟的诉
求，通过利益共生、责任共担实现权益共享。④ 长期以来，获得独立自主
地位的广大发展中国家在全球化浪潮下迅速发展，但也受制于世界体系客
观存在的"中心—边缘"结构的影响，在部分领域出现了南北差距日益拉
大的趋势，在国际话语权上更是势单力薄，难以让自身发展理念和发展需
求得到应有尊重。⑤ 全球发展倡议坚持以人民为中心的理念，契合广大发
展中国家的发展需求。全球发展倡议关注的极端贫困、疫苗获得、气候变

---

① 中国国际发展知识中心. 全球发展倡议落实进展报告 2023 ［R/OL］. 外交部网站，
　 2023－06－20.
② 中国国际发展知识中心. 全球发展倡议落实进展报告 2023 ［R/OL］. 外交部网站，
　 2023－06－20.
③ 外交部. "全球发展倡议之友小组"部长级会议新闻声明 ［EB/OL］. 外交部网站，
　 2022－09－21.
④ 王明国. 全球发展倡议的国际制度基础 ［J］. 太平洋学报，2022，30（9）：35－47.
⑤ 戴长征. 深刻把握全球发展倡议的多维价值 ［N］. 中国社会科学报，2023－07－21
　 （1）.

化等，与发展中国家面临的发展难题、民生问题息息相关，在伙伴关系的推动下，发展中国家能够有效利用资源，发挥自身优势，落实 2030 年可持续发展议程。

此外，全球发展倡议坚持实践导向，强调有效治理。党的二十大报告强调，"构建人类命运共同体是世界各国人民前途所在"，"中国提出了全球发展倡议、全球安全倡议，愿同国际社会一道努力落实"。① 全球发展倡议提出以来，推动和加强减贫合作成为践行倡议的重要内容。从减贫合作网络构建、减贫知识分享交流到发展合作项目建设，全球发展倡议从多个层面推进，取得了积极的成效。

2022 年 1 月 20 日，中国在联合国发起成立"全球发展倡议之友小组"（以下简称"之友小组"）。截至 2023 年 6 月，已有近 70 个国家加入"之友小组"，并通过举办部长级会议等活动，交流对接发展合作问题，达成合作共识。为加强与联合国发展机构的政策沟通和战略对接，"之友小组"还成立了由联合国发展机构负责人和相关领域专家组成的倡议推进工作组。

在 2022 年 6 月发布的《全球发展高层对话会成果清单》中，32 项举措已有多项实施完成，如成立国际民间减贫合作网络、成立全球发展促进中心、正式启动总额 5000 万美元的中国—联合国粮农组织第三期南南合作信托基金、成立中国—太平洋岛国农业合作示范中心等。

二、优化公共产品供给，展现大国责任担当

在全球贫困治理领域，中国的公共产品供给呈现出多层次性和综合性的特征。一方面，通过多层次的合作和多样化的供给方式，中国为发展中

---

① 习近平. 高举中国特色社会主义伟大旗帜 为全面建设社会主义现代化国家而团结奋斗：在中国共产党第二十次全国代表大会上的报告 [M]. 北京：人民出版社，2022：62.

国家提供了有针对性的减贫资金、知识、制度支持，推动全球贫困问题的解决和 2030 年可持续发展议程的推进；另一方面，中国的公共产品供给不仅关注贫困问题本身，还涉及相关领域的综合治理，体现了发展促进减贫的思维。

（一）深化对外援助，提升援助促进减贫的综合效应

虽然在对外援助的相关研究中，援助是否直接促进减贫尚存在争议。但从国际援助的实践发展来看，援助仍然是促进减贫的重要外部手段。支持其他发展中国家减少贫困和改善民生，是中国对外援助的主要内容。[①]近年来，中国不断优化对外援助战略布局，积极提升援助促进减贫的综合效应。

中国外援助机制体制建设的不断完善，体现了援助服务于中国特色大国外交的需要。2017 年 2 月 6 日，原中央全面深化改革领导小组第三十二次会议通过了《关于改革援外工作的实施意见》，强调要优化援外战略布局，改进援外资金和项目管理，改革援外管理体制，提升对外援助的综合效应。2018 年 4 月，中国设立国家国际发展合作署，国家国际发展合作署的设立旨在加强中国在国际发展领域的参与和贡献，提升援助的效果和影响力。它的职责范围主要包括制定援助政策、协调援助项目、推动南南合作、参与全球发展议程等。这对于中国在国际发展领域的参与和贡献具有重要意义。在此之前，中国的对外援助从制定政策计划到具体实施，涉及商务部、外交部、财政部等多个部门，这在一定程度上增加了对外援助工作的复杂性。国际发展合作署的成立，能够有效避免过去"条块分割"式的工作模式，有利于形成"一盘棋"的思维，推动对外援助向国际发展合作提质升级，强化对外援助的综合效应。此外，国际发展合作署的成立也凸显了中国对外援助的大国外交意义。在发达国家的对外关系中，对外援

---

① 中华人民共和国国务院新闻办公室. 中国的对外援助（2014）［N］. 人民日报，2014-07-11（22）.

助机构扮演着重要角色。美国在 1961 年就设立了负责对外援助的专门政府机构——国际开发署（USAID）。经过 60 多年的发展，国际开发署已经成为美国对外政策中的重要实施机构。其他西方发达国家也较早设立了同类型机构，如法国开发署（AFD）、德国国际合作机构（GIZ）、澳大利亚国际开发署（AUSAID）、日本国际协力机构（JICA）等。在当前背景下，国家国际发展合作署的成立也有利于充分发挥对外援助作为大国外交重要手段的作用，更好地服务外交总体布局。

从援助规模来看，中国持续扩大援助规模，关注受援国民生发展。从援助金额来看，2000 年中国对外援助财政支出金额为 45.88 亿元，2007 年超过 100 亿元，2018 年超过 200 亿元，到 2020 年已增长至 203.04 亿元。①《中国的对外援助（2014）》白皮书和《新时代的中国国际发展合作》白皮书数据显示，2013—2018 年，中国对外援助金额已累计达 2702 亿元人民币。自 2012 年开始，中国对外援助开始高于接受的国际援助，且对外援助金额不断增加，这也表明中国从援助国和受援国的双重身份向单一的援助国身份转变，彰显了负责任大国的担当。

从对外援助的资金分布来看，中国的对外援助资金大多流向贫困的非洲地区和中国周边的发展中国家。其中对最不发达国家和其他低收入国家的援助在中国总对外援助中占据较高的比重。2013—2018 年，中国的对外援助分布情况为：非洲地区 44.65%，亚洲地区 36.82%，拉丁美洲和加勒比地区 7.27%，国际组织及其他 4.24%，大洋洲地区 3.71%，欧洲地区 3.31%。②

从援助方式来看，中国的对外援助方式更加优化，凸显了中国对外援助促进其他发展中国家的减贫与民生的重要目标。中国的对外援助综合采

---

① 具体数据参见财政部网站《全国一般公共预算指出决算表》。
② 中华人民共和国国务院新闻办公室. 新时代的中国国际发展合作 [N]. 人民日报，2021-01-11（14）.

用无偿援助、无息贷款和优惠贷款①三种方式，每种方式的侧重点有所不同。这种多元化的援助体系遵循的是"发展引导、合作共赢"的理念，旨在创造一种从援助到经济合作再到经济发展的良性循环，这不仅有助于受援国的可持续发展，对援助国而言也是保障援助可持续的重要路径。②

从援助的领域来看，中国的对外援助多关注与民生密切相关的农业、教育、医疗卫生等领域，呈现出"软援助"与"硬援助"相结合的特征。③

在农业领域，持续开展系统性农业援助项目，以培育受援国可持续发展能力。世界大部分贫困现象仍然集中在农村地区，因此，农业发展在全球减贫中至关重要。基于在大规模减贫过程中积累的农业发展经验以及发展中国家的产业发展实际，中国一直将农业作为对外援助的重点领域。主要援助方式包括第一，援助发展中国家建设农业技术示范中心。国家发展改革委数据统计，截至2023年12月，中国在非洲建成了24个农业技术示范中心，如利比里亚农业技术示范中心、卢旺达农业技术示范中心等，这些示范中心充分发挥了农业生产领域的带动作用，带动当地农作物平均增产30%~60%，助力非洲国家提升农业发展水平。此外，中国还与加纳开展中加合作农村减贫试点项目，协助贝宁起草农业管理相关法律和发展规划等。在东南亚地区，中国与老挝、柬埔寨、缅甸开展村级减贫合作示范项目。第二，开展农业生产与管理领域的技术人员国际培训项目，项目范围涵盖种植业、林业、畜牧业、渔业等领域。中国国际扶贫中心数据显

---

① 无偿援助主要用于受援方在减贫、民生、社会福利、公共服务以及人道主义等方面的援助需求；无息贷款主要用于受援方在公共基础设施和工农业生产等方面的援助需求；优惠贷款主要用于支持受援方有经济效益的生产性项目、资源能源开发项目、较大规模的基础设施建设项目、提供大宗机电产品和成套设备。

② 秦升，沈铭辉."一带一路"倡议与国际发展合作治理体系的变革 [J]. 新视野，2020（6）：58.

③ 根据学者宋衍涛的定义，"软援助"主要是指一国政府为了实现本国对外援助的战略目标，提升对外援助质量，而采取的涵盖文化、教育、培训、外交等非实体性方面的对外援助。"硬援助"主要是指实体性、物质性的对外援助。

示，2005—2024 年，中心已累计举办 201 期国际减贫培训，为来自 140 个
国家和地区的 5477 名学员提供了减贫和发展领域的知识分享，如中国定期
与东南亚国家、非洲国家开展农业技术培训项目等。截至 2023 年，中国先
后举办了 270 期菌草技术国际培训班，为 106 个国家培训 1 万多名学员。①
第三，派遣农业专家和农业技术组到发展中国家开展具体农业生产指导，
如中国农业专家在非洲国家开展知识培训、技术指导、农业设施修缮等
相关培训，这有助于当地农业官员、农民了解新技术，获得良好的经济
效益。

在基础设施建设领域，优化基础设施建设合作，充分发挥基础设施建
设在减贫中的正向外溢效应。在广大经济落后的发展中国家，较差的交通
运输条件和通信基础设施、贫乏的电力能源供给等，一直是当地经济发展
和区域合作的主要障碍。不论是在政策领域还是学术领域，充足的基础设
施服务一直被视作经济发展和减贫的必要条件。② OECD 也认为有效的基
础设施建设是推动经济增长、社会发展的重要因素，其在减少贫困方面作
用明显。③ 从中国国内减贫经验来看，基础设施建设也有着较高的优先级，
一般从道路、水利、自来水和供电设施建设开始，逐渐扩展到通信和住房
等领域。④ 因此，基于自身减贫的经验积累，中国也将"要想富，先修路"
的思路投射到了对外援助实践中。《中国的对外援助（2014）》白皮书数
据显示，2010—2012 年，中国对外援助金额为 893.4 亿元人民币，对外援

---

① 中华人民共和国国务院新闻办公室. 携手构建人类命运共同体：中国的倡议与行动
　　白皮书 [N]. 人民日报, 2023-09-27 (6).
② JEROME A. 非洲的基础设施、经济增长与减贫 [M] //左常升. 国际减贫理论与前
　　沿问题 (2016). 北京：中国农业出版社, 2016：17.
③ OECD. Promoting Pro-Poor Growth：Policy Guidance for Donors, Infrastructure Part [R/
　　OL]. OECD iLibrary, 2007：17-20.
④ 叶普万. 贫困经济学研究：一个文献综述 [J]. 世界经济, 2005 (9)：70-79.

建了 156 个经济基础设施项目。①

虽然并非所有的援助项目都直接致力于减贫，但不可忽视的是，基础设施在居民就业和经济发展等方面产生的溢出效应明显。例如，中国对撒哈拉以南非洲的援助，总体有效降低了当地贫困程度，特别是优化公共资源供给能直接缓解居民在多维贫困中不同维度的贫困程度。② 世界银行《从内陆到陆联：释放中老铁路联通潜力》研究报告称，从长期看，中老铁路将使老挝总收入提升 21%。2010 年，中国远洋海运集团正式参与希腊比雷埃夫斯港运营，使比雷埃夫斯港扭转其几近破产的局面，该港的世界排名从 2010 年的第 93 位提升至 2022 年的第 33 位，为当地直接创造就业岗位 3000 多个，间接创造就业岗位 1 万多个，累计为当地带来直接贡献超过 14 亿欧元。③ 世界银行《一带一路经济学：交通走廊的机遇与风险》报告称，若共建"一带一路"框架下的交通基础设施项目全部落实，到 2030 年，每年将有望为全球产生 1.6 万亿美元的收益，占世界经济总量的 1.3%。2015—2030 年，760 万人将因此摆脱绝对贫困，3200 万人将摆脱中度贫困。④

值得注意的是，中国援外基础设施建设项目近年来逐渐聚焦中小型发展。《"一带一路"共建国家基础设施发展指数报告（2023）》数据显示，中国在"一带一路"共建国家援建的基础设施项目平均规模呈逐年下降趋势，由 2013—2017 年的 5.1 亿美元，下降至 2018—2022 年的 3.8 亿美元，降幅达 24.8%；但"小而美"且与民生息息相关的基础项目数量保持逐年

① 中华人民共和国国务院新闻办公室.中国的对外援助（2014）[N].人民日报，2014-07-11（22）.

② 李晓，张李云鹏，庄宇航.中国对非援助的减贫效应：基于时空估计策略的研究[J].世界经济，2023，46（7）：56-87.

③ 中华人民共和国国务院新闻办公室.携手构建人类命运共同体：中国的倡议与行动白皮书[N].人民日报，2023-09-27（6）.

④ 世界银行.一带一路经济学：交通走廊的机遇与风险[R/OL].世界银行集团，2019：59.

增长，由 2013—2017 年的 8840 个，增长至 2018—2022 年的 16761 个，增幅达 89.6%。①

当前，"小而美"已经成为中国援外项目品牌效应的代名词。从字面意义上看，"小"是工程技术标准，如成本低、范围小；"美"是产出效益标准，如改善民生、提升影响。②"小而美"项目主要指的是与"一带一路"早期的大型公路和铁路等基建项目形成鲜明对比的，以小额贷款为资金来源、规模较小且更具针对性的项目。"小而美"项目多聚焦受援国当地基本民生需求，如水、电基础设施，公共卫生基础设施等。标志性的项目有为柬埔寨、老挝和缅甸民众提供安全饮用水的"澜湄甘泉行动计划"、柬埔寨特本克蒙中柬友谊医院、塔吉克斯坦杜尚别面粉厂改造项目、达舍尔干地污水处理厂等。

这些项目的开展取得了良好的社会效益，也进一步凸显了中国国际发展理念日渐成熟。美国环保协会负责全球气候合作的副总裁表示：相比难度大、耗时长、落地难的大规模建设项目，这类项目可以有针对性地解决非洲国家偏远地区的需求，在获得资金支持和当地社区准许的情况下，有望快速落地、推进和实施。③王义桅认为，"小而美"项目的参与主体更加多元，政府机构、"走出去"的企业、民间社会组织和非政府组织等都能参与。④

在医疗卫生领域，开展内容广泛的"造血式"医疗卫生援助。通过援建医院、提供药品、医疗设备、派遣医疗队等形式，中国帮助受援国不断

① "一带一路"共建国家基础设施发展指数报告（2023）［R］. 北京：中国对外承包工程商会，中国出口信用保险公司，2023：12.

② 孙天舒. 如何开展"小而美"的援助项目：基于清洁能源援助案例的分析［EB/OL］. 中国与国际发展微信公众号，2022-09-13.

③ 林子涵. "小而美"项目带来更多幸福感［N］. 人民日报海外版，2023-12-18（10）.

④ 这些"小而美"项目，正成为"一带一路"上的新亮点［N］. 环球时报，2023-11-07（7）.

提升临床医疗水平，加强公共卫生能力建设。医疗基础设施建设方面，2013—2023 年，中国政府和企业参与了 122 个对外医疗基础设施项目，有代表性的项目有：赞比亚利维·姆瓦纳瓦萨医院、非盟疾控中心（一期）、尼日尔综合医院、莫桑比克贝拉中心医院儿科楼项目等，推动了受援国公共卫生防控体系能力以及医疗水平的提升。巡诊方面，中国的援外医疗队是国际上唯一由政府组织派出，长期无偿提供医疗援助的援外医疗队。① 截至 2019 年年底，中国累计向 72 个国家和地区派遣长期医疗队，共计 1069 批次 27484 名医疗队员，涵盖内外妇儿、中医、麻醉、护理、病理、检验、公共卫生等医疗医学全领域。目前有近千名医疗队员在非洲、亚洲、大洋洲、美洲、欧洲的 55 个国家的 111 个医疗点开展对外医疗援助工作。② 中国援外医疗队在受援国开展的主要工作包括在受援国社区、乡村和学校开展义诊、巡诊、药械捐赠、卫生宣传等，并对当地医务人员进行带教培训。例如，在"光明行""微笑行""爱心行"等专科医疗行动中，除了开展常规诊疗，中国援外医疗队还向受援国捐赠手术设备、耗材、检查设备及药品等，并对手术室护士、当地医生、高级技术人员进行设备使用保养的现场培训。此外，中国还与 41 个国家和地区的 46 家医院建立了对口合作关系，帮助受援国建设了 25 个临床重点专科中心，填补了数千项医疗技术空白。新冠疫情期间，中国先后向 34 个国家派出 38 支抗疫专家组，为 120 多个国家和国际组织提供了超过 22 亿剂疫苗。③

除了上述在领域对外援助的实施，中国还通过人道主义援助和减免债务帮助发展中国家缓解发展压力，减轻债务负担，展现了负责任大国的担当。

---

① 宋微. 开拓南南合作新局面：中国对外援助 70 年成就巡礼 [J]. 国际商务财会，2019 (9)：6.

② 中华人民共和国国务院新闻办公室. 新时代的中国国际发展合作 [N]. 人民日报，2021-01-11 (14).

③ 马晓伟. 援外医疗助力人类卫生健康共同体建设 [N]. 人民日报，2023-06-07 (9).

贫困群体在面临地震、飓风、洪涝、干旱等自然灾难时更为脆弱，存在着生存、安全、健康方面的危机。在世界其他国家发生自然灾害或其他人道主义灾难时，中国通常以紧急救灾物资、现汇援助、派遣救援队和医疗队的形式来向受灾国提供援助，如 2015 年，尼泊尔发生 8.1 级地震，中国政府先后 3 次向尼泊尔提供了价值 1.4 亿元人民币的援助物资；在 2017年召开的首届"一带一路"国际合作高峰论坛上，中国政府宣布向沿线发展中国家提供价值 20 亿元人民币的紧急粮食援助，以缓解贫困群体的生活状况；2017 年 5 月，斯里兰卡发生洪灾，中国提供援助的速度最快、金额最大、物质种类最为丰富；2019 年"伊代"飓风席卷东南部非洲，中国向津巴布韦、莫桑比克、马拉维紧急提供人道主义物资援助，并向莫桑比克派出国际救援队。国家国际发展合作署统计数据显示，2018—2022 年，中国提供了 822 项对外紧急人道主义援助，总金额约 152 亿元人民币，其中2021 年项目数量最多，为 317 个，而 2022 年项目金额最多，达 38 亿元人民币。① 新冠疫情在全球暴发后，中国及时向国际社会提供抗疫物资援助。截至 2020 年 3 月，中国已宣布向 89 个国家和世卫组织、非盟等 4 个国际组织，提供检测试剂盒、口罩等防疫物资援助。2020 年 5 月 18 日，在第73 届世界卫生大会视频会议开幕式上，习近平主席宣布：两年内提供 20亿美元国际援助，与联合国合作在华设立全球人道主义应急仓库和枢纽，建立 30 个中非对口医院合作机制，中国新冠疫苗研发完成并投入使用后将作为全球公共产品，同二十国集团成员一道落实"暂缓最贫困国家债务偿付倡议"等一系列重大举措。2020 年 10 月，在联合国成立 75 周年系列高级别会议上，中国提出向联合国新冠疫情全球人道主义应对计划提供 5000万美元资金。

债务负担是制约发展中国家经济增长的沉疴痼疾。在 2015 年联合国发

---

① 中国国际发展知识中心. 国际发展合作的中国实践：紧急人道主义援助篇［R］. 北京：国家国际发展合作署，2023：6.

展峰会上，中国提出免除对有关最不发达国家、内陆发展中国家、小岛屿发展中国家截至 2015 年年底到期未还的政府间无息贷款债务。在 2018 年中非会议上，免除与中国有外交关系的非洲最不发达国家、重债穷国、内陆发展中国家、小岛屿发展中国家截至 2018 年年底到期未偿还政府间无息贷款债务。2020 年在第 73 届世界卫生大会视频会议上，中国提出将同 G20 成员共同落实"暂缓最贫困国家债务偿付倡议"等。2013—2018 年，中国免除最不发达国家、重债穷国、内陆发展中国家和小岛屿发展中国家共计 98 笔到期无息贷款债务，累计金额达 41.84 亿元人民币。2022 年 8 月 18 日，在中非合作论坛第八届部长级会议上，中国宣布免除非洲 17 国截至 2021 年年底到期的 23 笔总额达 246.7 亿美元的无息贷款债务，彰显了负责任大国担当。

（二）加强知识类公共产品供给，提升参与全球贫困治理的软实力

中国能够为全球治理供应需要的观念、规则、方案、价值、思想，发挥知识作用（intellectual role）是中国参与全球治理的关键问题。[①] 在当前国际社会学习、了解中国减贫经验的需求不断上升，推进"一带一路"倡议背景下，构建中国减贫经验国际化的立体式网络十分重要。[②] 近年来，中国积极与国际多边组织合作，构建了多层次的减贫知识供给体系。

首先，搭建多层次立体化的减贫知识共享平台。通过平台发布减贫政策文件、研究案例和理论成果，向其他国家分享减贫经验，为各国提供学习和借鉴的机会。

1. 中国国际扶贫中心

中国国际扶贫中心（International Poverty Reduction Center in China, IPRCC，以下简称"中心"）是上海全球扶贫大会的标志性成果之一，由中国政府与联合国开发计划署等国际机构共同发起组建，于 2005 年正式成

---

① 庞中英. 全球治理与世界秩序 [M]. 北京：北京大学出版社，2012：62.
② 黄承伟. 为全球贫困治理贡献中国方案 [N]. 人民日报，2017-07-20（3）.

立，是中国对外分享减贫经验、传播减贫知识的重要平台。

中心的职责是促进全球减贫事业的发展，推动国际减贫经验和资源的共享。主要工作分为两大部分：第一，国际扶贫领域的应用性政策研究。通过分析全球减贫形势和趋势，形成理论成果，为决策者提供政策建议。目前中心已取得一系列重要成果，如《中国和非洲的发展与缓贫：多元视角的比较》（2012）、《新时期新阶段的国际扶贫交流》（2012）、《中南半岛地区的基础设施互联互通与减贫》（2016）、《"一带一路"国家减贫合作研究》（2018）、《中亚地区全球贫困治理研究》（2019）等，这对于中国减贫经验"走出去"，加强中国与发展中国家减贫知识的交流与分享起到了重要的作用。第二，通过培训和实践交流促进国际社会减贫知识和经验的传递。比如，为亚洲、非洲等发展中国家培训扶贫官员以及扶贫工作者，并具体承担国外减贫示范点的建设工作。中心还通过与联合国开发计划署、世界银行、亚洲开发银行等国际发展机构开展减贫交流，传播中国的减贫知识经验。

此外，中心还不断拓展中国减贫经验对外传播的新平台。比如，与世界40多家智库和研究机构建立合作关系，广泛征集全球减贫案例，中心联合中国发展门户网共同运营南南合作减贫知识分享网。2017年5月，该网站开放了中外减贫案例数据库，数据库收录了中国和其他发展中国家在减贫模式和方案上的创新案例，开放性地向其他国家展示。自2018年开始，中心与世界银行、联合国粮食及农业组织、联合国世界粮食计划署、国际农业发展基金和亚洲开发银行等7家机构联合发起"全球减贫案例征集活动"。该活动已连续开展四届，征集了涉及67个国家和地区的2700余个案例，评选出424个优秀案例。这些案例对广大发展中国家来说有着重要的启发和借鉴意义。

2. 中国国际发展知识中心

2015年9月，习近平主席在联合国发展峰会上宣布："中国将设立国际发展知识中心，同各国一道研究和交流适合各自国情的发展理论和发展实践。"① 2017 年 8 月，中国国际发展知识中心（Center for International Knowledge on Development，CIKD）正式成立，中国国际发展知识中心围绕"可持续发展""中国发展经验""国际发展合作"三条主线进行知识生产②，并注重统筹协调国内外资源，开展有关国际发展合作的理论和实践研究。如与联合国儿童基金会共同开展儿童早期发展经验研究，与英国国际发展部合作开展人道主义援助研究，与亚洲开发银行等机构合作开展"一带一路"与中南半岛经济走廊研究，与联合国有关机构举办可持续发展论坛等。

此外，为了持续梳理中国减贫研究成果，不断总结中国减贫经验，中国国际发展知识中心于 2020 年 7 月上线"中国减贫知识平台"，发布中国减贫过程中的代表性案例，对中国减贫成就的动力、经验等予以总结分享。中国国际发展知识中心的设立是中国积极落实联合国 2030 年可持续发展议程的重要举措，更重要的是，这意味着由中国等南方国家的发展经验和合作方式转化并生产而成的新发展知识将逐渐成为与西方发展知识并行的另一个重要知识体系。③ 2022 年 6 月 20 日，中国国际发展知识中心发布首份《全球发展报告》，报告分析了中国落实联合国 2030 年可持续发展议程取得的进展、面临的挑战，以及全球发展的现实背景，并提出了构建全球发展共同体的政策建议。

3. 其他知识分享平台

中国于 2016 年 4 月在北京大学成立了南南合作与发展学院，2016 年 5 月上线了中国—联合国粮农组织南南合作减贫知识分享网站，并与世界银

---

① 习近平. 谋共同永续发展 做合作共赢伙伴：在联合国发展峰会上的讲话［N］. 人民日报，2015-09-27（2）.

② 周瑾艳. 中国对非洲区域公共产品供给评析［J］. 当代世界，2020（4）：74.

③ 刘靖. 全球援助治理困境下重塑国际发展合作的新范式［J］. 国际关系研究，2017（4）：46.

行、经合组织等建立了世界银行—中国发展实践知识中心、亚行—中国区域知识分享中心、中国减贫研究数据库等多个成熟的知识分享与交流平台。

为更好地落实《联合国2030年可持续发展议程》，为全球贫困治理提供新助力，在2020年第七十五届联合国大会一般性辩论上，习近平主席提出，中国将设立联合国全球地理信息知识与创新中心和可持续发展大数据国际研究中心，这是中国在减贫合作知识分享方面不断创新的重要尝试。这对于更为精准地了解、掌握各国贫困状况，更有针对性地开展减贫合作，促进各领域减贫效率的提高具有重要意义。

此外，为更好地聚焦减贫议题，2020年11月29日，中国与匈牙利、波兰等国家的科研机构和政府组织共同发起成立了"一带一路"减贫与发展联盟。该联盟关注"一带一路"沿线国家扶贫与发展面临的共性挑战和重大需求，旨在推进中国与"一带一路"沿线国家的扶贫开发经验与模式共享。①

其次，通过多样化渠道分享中国减贫经验与发展知识。中国积极推动与其他国家开展扶贫领域的人员培训和交流，主要形式有两类：第一类是将减贫专家派往其他国家，提供技术指导和培训，这种方式较多地依托具体减贫项目来开展，比如，中国—坦桑尼亚村级减贫学习中心、东亚减贫示范合作技术援助项目等。第二类是通过机制化的论坛定期为发展中国家举办减贫培训班。培训对象主要涉及亚洲、非洲等发展中国家和地区的官员及扶贫工作者。例如，"亚洲国家扶贫政策与实践官员研修班""非洲国家扶贫政策与实践官员研修班""东盟+3村官交流项目""中国—东盟村官交流项目"等。这些培训项目主要通过理论知识学习以及实地考察来进行，不仅能增进发展中国家对于中国专业减贫知识的理解，同时他们也能

---

① "一带一路"减贫与发展联盟在云南成立［N］．人民日报海外版，2020－11－18（2）．

更为直观地体会和感受中国扶贫政策的具体实施过程、方式和成效。

"东盟+3 村官交流项目"是其中最具代表性的项目。该项目在第七届东盟农村发展与减贫高官会暨第三届"东盟+3"农村发展与减贫高官会上，由马来西亚代表东盟国家主动提出。他们希望能向中国交流学习基层减贫经验，加强东盟成员国的"村官"能力建设，从而推动本区域农村地区的发展。2013 年，中国政府开始举办"东盟+3 村官交流项目"，结合理论研讨学习和参与式调研与东盟国家交流中国农村基层贫困治理方面的经验。参与式调研环节是该项目的特色，通过对选取的项目村进行详细分析，尤其是产业选择、产业建成和产业发展等关系到贫困社区发展的核心环节，构建出一个完整的农村基层减贫发展体系供各国基层"村官"参考。① 比如，2019 年第 8 届"东盟+3 村官交流项目"选取了与东盟国家乡村发展情况相近的一个传统瑶族村寨，该村寨位于云南省西双版纳市热带雨林中的勐腊县河边村。该村在中国农业大学李小云教授团队的指导下，采取"精准扶贫"的策略，通过打造休闲旅游新产业、发展热带特色生态农业等，培育村民减贫的"造血功能"，取得了良好的成效。在详细直观地了解了河边村的案例后，柬埔寨、老挝、缅甸等国的"村官"纷纷表示，中国的减贫经验具有很强的借鉴意义，特别是云南的一些政策和方法，老挝等国甚至可以"直接借鉴"。总的来看，该项目的开展对于东盟"村官"了解中国减贫有着重要意义。同时也推动了东盟地区的"村官"能力建设，有利于提升区域贫困治理能力。

此外，通过与国际多边组织合作，共同建立以减贫为主题的交流机制也是中国减贫经验对外传播的主要方式之一。比如，中国国际扶贫中心与联合国驻华系统共同组织举办"减贫与发展高层论坛"，自 2007 年起，每两年举办一届。与东盟国家合作组织举办"中国—东盟社会发展与减贫论

---

① 莫光辉，于泽堃. 国际区域减贫合作模式探索：基于"东盟+3"村官交流项目的个案分析 [J]. 领导之友（理论版），2016（9）：16.

坛",截至2023年,该论坛已连续举办了17届。自2010年起,与非洲国家共同举办每年一届的"中非减贫与发展会议",该论坛于2015年12月被纳入中非合作论坛总体框架。自2017年起,与世界银行、联合国粮农组织、联合国国际农业发展基金等国际机构共同举办每年一届的全球减贫伙伴研讨会。2021年8月,首届中拉减贫与发展论坛成立,该论坛旨在进一步促进中国与拉美和加勒比国家减贫经验交流和分享。这些机制不仅拓宽了发展中国家减贫经验交流的渠道,同时也增强了中国减贫经验在国际范围的影响力。

总体来看,中国减贫知识类产品供给呈现以下三个特点:一是坚持多边合作。虽然中国减贫知识的供给渠道多样,但与国际多边组织的合作是重要的方式之一。比如,与联合国粮农组织、国际农业发展基金、世界粮食计划署等国际组织建立密切伙伴关系,共同推动减贫经验交流、知识分享。二是开放性原则。中国搭建了多个促进国际减贫交流互鉴平台,与世界各国一道为发展中国家实现可持续发展目标贡献中国智慧与中国方案。比如,近年来中国先后推出《摆脱贫困》《外国人眼中的中国扶贫》《中国扶贫案例故事选编》等多语种图书和新媒体产品,推动了中国减贫经验的互学互鉴。三是实践性导向。西方发达国家早期经验的发展理论体系坚持一元的思维体系,把减贫看作一个单纯的技术问题,希望通过要素组合找到标准答案;而中国的减贫实践说明,贫困治理没有标准的成功配方和预设条件,是一个在"干"中"学"的动态平衡过程。① 因此,中国减贫经验的分享在注重普适性理论的提炼以外,更注重从实践中进行交流互鉴。

最后,创设全球贫困治理的新机制、新平台。近年来,中国在全球贫困治理机制平台的建设方面进行了积极探索,建立了多层次且持续深化的

① 郑宇.多面全球化:国际发展的新格局[M].北京:中国社会科学出版社,2023:192.

全球贫困治理机制网络体系。例如，"中国—东盟社会发展与减贫论坛""中非合作论坛—减贫与发展会议"等机制不断完善。2015 年，"中国—拉共体论坛"成立，中国与拉美和加勒比地区发展中国家的多维合作减贫机制初步构建。① 这些新的合作机制在合作目标上也与 2030 年议程对接，更具广泛性和针对性，充分体现了合作共赢的新型减贫交流合作关系的内涵。

而"一带一路"倡议的提出，则是中国推动沿线国家消除贫困、共同发展的重大举措，也是中国响应 SDGs 第 17 个目标、构建全球伙伴关系最为有效的行动。② 全球 90% 以上的贫困人口集中在"一带一路"沿线国家及其延长线上，这些地区贫困的根源是发展不足。③ 中国提出的"一带一路"倡议旨在推动与沿线国家发展的有效对接，实现政策沟通、设施联通、贸易畅通、资金融通和民心相通。根据规划，以沿线中心城市为支撑重点，打造重点经贸产业园区合作平台，建设国际经济合作走廊是建设的重点。这些措施将使"一带一路"倡议成为带动沿线国家经济发展、消减贫困的重要平台。"一带一路"超越了传统发展合作范式，有助于推动全球贫困治理体系朝着更公平、合理的方向发展。

第一，"一带一路"倡议以基础设施建设为重点，能促进沿线各国的互联互通，形成联动发展格局，拓展发展中国家经济增长的新空间④，带来巨大的减贫效应。世界银行 2019 年发布的《一带一路经济学》研究报告显示："一带一路"交通基础设施建设能够缩短走廊沿线经济体的运输时间，从而降低贸易成本，扩大贸易，增加外资，减少贫困。前任联合国

① 张原. 推动"一带一路"减贫合作 更好发挥中国减贫正向溢出效应 [EB/OL]. 中国社会科学网，2019-04-25.
② 王小林，张晓颖. 迈向 2030：中国减贫与全球贫困治理 [M]. 北京：社会科学文献出版社，2017：174.
③ 李云龙. 全球贫困治理的中国方案 [J]. 理论导报，2020 (1)：27-29.
④ 卢静. 全球经济治理体系变革与中国的角色 [J]. 当代世界，2019 (4)：16.

驻华协调员、联合国开发计划署原驻华代表罗世礼指出：在全球范围内实现 2030 年可持续发展目标面临巨大资金缺口，仅在亚洲地区 2010—2020 年的基础设施投资需求就高达 8.3 万亿美元，而"一带一路"庞大的投资规模和资金流，将有潜力转化为实现可持续发展目标所需的资金，成为加速实现可持续发展目标的重要推动力量。

第二，"一带一路"倡议着眼于沿线各国共同的发展需求，蕴含着如何打破以传统霸权国家为中心的全球公共品供给的内容及模式，更加注重通过所有国家的参与消除全球贫困的新理念。[①]"一带一路"倡议具有开放性、包容性和互鉴性，更有利于发展中国家经济普惠平衡的发展，弥补贫富差距。这主要表现在两方面，一是"一带一路"倡议与过去少数国家受益的模式不同，它始终重视相关国家的战略对接、优势互补以及共同受益；二是"一带一路"倡议与过去的沿海开放发达、内陆封闭落后不同，始终注重通过陆海联通赋予内陆地区更多的发展机遇。

第三，"一带一路"执行的是援助和投资双重驱动的"开发式扶贫"模式，突破了传统"北南援助"的"垂直范式"，[②] 能有效地激发发展中国家的内在发展动力，形成可持续的发展与减贫效应。世界银行在 2019 年发布的研究报告称："'一带一路'倡议相关的投资可使 3200 万人摆脱日均生活费低于 3.2 美元的中度贫困状态。"[③] 到 2030 年，"一带一路"倡议相关的投资能让日均生活费低于 1.9 美元的 760 万人口摆脱极端贫困，对减贫有显著影响。

[①] 蔡昉. 中国经济发展的世界意义 ［M］. 北京：中国社会科学出版社，2019：805.

[②] 庞珣. 新兴援助国的"兴"与"新"：垂直范式与水平范式的实证比较研究 ［J］. 世界经济与政治，2013（5）：31.

[③] 世界银行集团. "一带一路"经济学：交通走廊的机遇与风险 ［R］. 华盛顿：世界银行，2019：59.

三、坚持多边主义，促进包容性治理

在参与全球贫困治理时，中国主张践行真正的多边主义，坚持开放包容、协商合作，谋求互利共赢，汇聚国际发展的合力。

首先，中国坚持在维护以联合国为核心的国际体系下，以共商共建共享的理念推动全球贫困治理。例如，在联合国的大框架下，中国积极发起相关议题的宣言、决议草案等。2018 年 12 月 20 日，第 73 届联合国大会通过了《消除农村贫困，落实 2030 年可持续发展议程》的决议草案。这是联合国大会历史上首次就消除农村贫困问题通过决议，这一决议是在中国的大力推动下通过的。此外，中国还积极推动世贸组织、世界银行等机构的改革。

其次，中国加大在国际多边机构的发展资金投入，激发全球贫困治理活力。多年来，中国一直通过向世界银行、亚洲开发银行等国际发展机构提供资金的方式参与全球贫困治理，比如，在亚洲开发银行设立中国减贫与区域合作基金等。近年来，中国在多边机构框架下设立了各类基金。比如，于 2007 年设立的中非发展基金以投资实践促进了非洲的减贫发展。截至 2019 年 11 月 15 日，在中非发展基金的支持下，中国已在非洲的 37 个国家决策投资超过 54 亿美元，带动企业对非投资超过 260 亿美元。项目带动非洲当地出口增加了 50 多亿美元，税收增加了 10 亿美元，累计为非洲当地提供了 7 万个直接就业岗位和 30 万个间接就业岗位，解决女性就业近3000 人，项目平均的员工本土化率在 80% 以上。①

2015 年在联合国发展峰会上，中国提出设立"南南合作援助基金"，首期提供 20 亿美元，2017 年增资 10 亿美元。2022 年 6 月，为进一步促进发展合作，南南合作援助基金整合升级为"全球发展和南南合作基金"，

---

① 侯林峰 . 引领中非投资合作 助力国际减贫发展［EB/OL］. 国家发展门户网，2019-11-29.

中国宣布在原有 30 亿美元基础上增资至 40 亿美元。《新时代的中国国际发展合作》白皮书数据显示，全球发展和南南合作基金的资金更多流向发展与减贫领域。中国通过与国际组织、智库以及受援国社会组织等机构合作，将资金进行合理配置，促进发展中国家落实 SDGS。截至 2019 年年底，基金中有 37.71% 的资金流向减贫领域，37.89% 的资金流向与发展中国家减贫密切相关的农业发展与粮食安全领域。①

2018 年，中国政府捐资 1000 万美元，在联合国国际农业发展基金设立"南南及三方合作专项基金"，专门用于支持发展中国家在农业领域的互学互鉴，共同分享农业发展、乡村减贫的经验、技能、知识和丰富的资源，促进企业与企业（B2B）对接，推动农村地区的减贫以及可持续发展。截至 2020 年 7 月，该基金已先后分两批资助实施了 17 个相关项目，在 30 多个发展中国家开展多方位南南合作。合作伙伴包括政府、私营企业、国际及区域性组织、民间团体等，在专项基金搭建的平台中，各参与国就农业价值链、农村青年发展、绿色经济、乡村可持续开发、涉农实用技术等方面的知识进行了交流分享，既为合作伙伴今后进一步开展更深层次合作奠定了基础，也为发展中国家之间增进减贫领域合作交流提供了可供借鉴的范本。②

再次，中国为全球贫困治理开拓新的金融渠道。为弥补全球贫困治理资金不足，提升国际发展融资在促进发展中国家减贫中的效率，近年来，中国还发起创立了亚洲基础设施投资银行（AIIB）、金砖国家新开发银行（NDB）、上合组织开发银行等多边金融机构。主要针对与发展中国家民生息息相关的基础设施建设、农业发展、医疗卫生等领域，为其提供资金支持，契合了发展中国家经济发展与减贫的资金需求。

---

① 中华人民共和国国务院新闻办公室. 新时代的中国国际发展合作 [N]. 人民日报，2021-01-11（14）.

② 加强南南合作，助力发展中国家疫后减贫 [EB/OL]. 人民网，2020-07-03.

最后，中国还积极鼓励企业、非政府组织等主体参与全球贫困治理。一方面，推动企业以多种方式参与国际减贫，履行社会责任。20 世纪 90 年代中国开始实施"走出去"战略以来，国际上对于中国企业积极履行海外社会责任的关注度越来越高。支持发展中国家减贫，使发展合作的成果惠及当地民众，从而促进民生改善是中国企业履行社会责任的重要途径。近年来，中国开始积极推动跨国企业承担社会责任，参与全球贫困治理项目。比如，为支持和鼓励企业参与国际减贫，中国国际扶贫中心与中非发展基金合作，为在非洲投资的中国企业设立了"社会责任奖"，合办企业社会责任杂志，激励在非中资企业积极履行社会责任，促进减贫发展。与此同时，中资企业也越来越注重自身的社会责任建设，积极参与并融入国际减贫中。在通过投资为当地创造产值、促进经济发展的同时，中资企业还通过捐赠等形式，积极参与投资国的公益减贫活动。比如，中国水电集团在博茨瓦纳先后为贫困家庭、艾滋病防治组织和孤儿救助中心提供赞助；中石油在苏丹捐建医院、学校，打水井等；中信建设在安哥拉出资捐建了内图大学孔子学院教学楼等。

另一方面，积极引导、支持非政府组织在国际减贫中发挥更大作用。非政府组织对于中国参与全球贫困治理具有重要的补充作用。虽然中国的非政府组织发展起步较晚，但近年来也积极参与海外公益慈善项目。如中国扶贫基金会于 2007 年 4 月提出了国际化战略，并成立国际发展项目部。据统计，2005 年以来，中国扶贫基金会在 20 多个发展中国家投入了累计超过 1.62 亿元的扶贫基金，受益总人数约 45 万人次。[①] 2019 年，基金会开始与阿里巴巴公益合作，正式启动了向非洲贫困国家学生捐赠文具的"国际爱心包裹项目"。2010 年 12 月，中国青少年发展基金会与世界杰出华商协共同发起"希望工程走进非洲"项目，在坦桑尼亚、肯尼亚、布隆

---

① 陈利明，萨米努．中国扶贫基金会非洲地区减贫合作项目取得积极成果 [EB/OL]．国际在线，2019-06-27．

迪和卢旺达等非洲国家援建了22所希望小学。平澜公益基金会在柬埔寨暹粒省女王宫县枯联乡开展扶贫活动，与柬埔寨相关机构合作，以共同开发有效和可持续的农业项目为目标，致力于排雷行动，打造安全村庄，在此基础上帮助当地人建养殖场、培训学校，改善他们的生活条件。非政府组织还积极与企业合作，以弥补资金不足，扩大公益项目良好的社会效应，如中国扶贫基金会与中石油尼罗河公司合作，共同援建了苏中阿布欧舍友谊医院等。总体来看，非政府组织在海外的公益活动中不仅可以填补中国对外援助的空白，而且为全球贫困治理提供了新的活力。但从现状来看，中国的非政府组织参与全球贫困治理的历程较短，且由于自身力量有限，参与的项目内容仍然较为单一，项目规模也较小。

综上所述，当前中国对全球贫困治理的实践参与以人类命运共同体为思想引领，以对外援助和开发合作等物质性资源为发展中国家提供经济发展支撑，并将自身减贫的经验通过立体化平台平行转移到发展中国家，逐渐成为全球贫困治理领域的重要推动者和领导者。减贫实践主要呈现以下特点：第一，在治理主体上，以官方援助和项目合作为主，并鼓励企业、社会组织等多种行为共同体参与；第二，在治理领域上，结合发展中国家的实际，以农业技术援助、基础设施开发和人力资源合作为主，以培养发展中国家自主减贫能力；第三，在治理路径上，逐渐从以双边为主扩展到双边、多边并举的态势。

第二节　中国参与全球贫困治理的作用和贡献

从参与全球贫困治理的实践的相关分析来看，中国致力于在新型国际减贫交流合作关系的基础上共建"没有贫困、共同发展的人类命运共同体"。综合"资源投入+知识分享+制度建设"的贫困治理模式，中国在实践中将自身减贫的成功经验进行了对外延伸，为全球贫困治理贡献更有价值和智慧的"中国方案"。中国参与全球贫困治理的作用和贡献集中体现在理论创新与实践引领上的统一。

一、对全球贫困治理的主体间关系进行了重新界定

无论是利他性的赠与式援助还是改变制度供给的干预性援助，西方发达国家主导的全球贫困治理模式都呈现出较强的"西方中心主义"色彩，具有明显的"受援者—援助者"的角色划分，这无疑不利于发展中国家自主性的发挥。而中国则是基于"平等、互助、互惠、精准、包容"为核心价值的全球贫困治理理念，在"平等相待、互商互谅的伙伴关系"① 的基础上，采用了合作互惠型的减贫治理模式，突破了传统援助国以国际发展援助为主的减贫治理的模式。这种模式的主要优势在于：超越了受援国与援助国之间"施与"与"被施与"的不平等关系，使受援国摆脱"支配"与"被支配"、"干预"与"被干预"的宿命。② 因此，在治理的过程中，受援国对其发展规划、发展过程、发展实践有充分的领导权和决策权，享有独立自主的发展空间。

从反贫困理论的角度来看，通过在减贫行动中各相关利益主体之间的合作，从制度层面上构建可持续的反贫困机制，这样不仅有利于消除收入贫困，而且有利于从能力、合作机制、治理结构等更深层面为贫困人口的脱贫乃至贫困地区社会、经济、政治等诸方面的协调和可持续发展构建制度基础。③

① 张伟玉，王志民. 人类命运共同体视域下国际发展援助与减贫合作的模式创新 [J]. 中国高校社会科学，2020（2）：120-122.
② 张伟玉，王志民. 人类命运共同体视域下国际发展援助与减贫合作的模式创新 [J]. 中国高校社会科学，2020（2）：120-122.
③ 周爱萍. 合作型反贫困视角下贫困成因及治理：以重庆市武陵山区为例 [J]. 云南民族大学学报（哲学社会科学版），2013（2）：85.

二、突破了"援助促进减贫"的治理思维

从形式上来看，长期以来，西方发达国家主要采用赠款和优惠贷款的形式提供国际发展援助来帮助发展中国家减贫，但实际上并未取得理想的成果。因为从根本上来说，援助必须能有效助力发展中国家的经济社会发展，这样才能形成持续的减贫动力。而现有的关于对外援助的研究也越来越多地表明：积极的增长效应不可能通过大规模的外国援助流入来实现[①]，对外援助与非援助工具的协调运用，对于受援国实现自主减贫与发展具有重要意义。因此，在当今世界应超越传统发展援助模式，树立发展合作的新理念，将所有服务于发展目标的贸易、援助和投资都涵盖进来，以有效推动可持续和包容性发展，缩小南北差距，加快全球减贫。[②]

从减贫模式的具体内容来看，西方发达国家的发展援助深受国内政治的影响，主要是向发展中国家提供以改变制度为主的"软产品"和以教育和卫生等干预为主的福利型产品。[③] 从长远来看，这类保障性援助不仅与发展中国家的关键性需求，比如，农业发展、基础设施建设等严重脱节，而且不利于发展中国家形成可持续的发展能力与减贫动力。莫约也认为，在非洲，传统援助国的主流减贫治理路径是"不起作用"的，未能从根源上促进发展中国家减贫。因而，无论是对外援助还是投资合作，农业发展与基础设施建设都应是发展中国家摆脱贫困需要关注的重点。中国在参与全球贫困治理的过程中，积极搭建了"一带一路"这一重要的国际合作平台。通过这一平台，中国不仅深入推进了基础设施建设，还大力促进了产业合作，这是对传统援助范式的重大超越。

---

① PRIEWE J, HERR H. 发展与减贫经济学：超越华盛顿共识的战略 [M]. 刘攀，译. 成都：西南财经大学出版社，2006：157.

② 任晓，刘慧华. 中国对外援助：理论与实践 [M]. 上海：上海人民出版社，2017：253.

③ 李小云. 新型大国需要新型对外援助 [EB/OL]. 光明网，2017-02-20.

三、为全球贫困治理提供了新思路和新方法

作为减贫的重要实践者，中国减贫经验的"外化"在某种程度上改变了长期以来被动接受国际社会关于全球性问题解决规制或方案的局面。① 中国减贫经验在全球贫困治理中的外化与延伸主要体现在以下三方面：

第一，以政府为主导，充分发挥市场与社会组织的作用。中国减贫以政府力量为主导，积极调动市场、社会等多方力量的参与，构建了多维、科学、有效的协作减贫机制。

一方面，政府在减贫治理中的主导作用突出。中国政府在扶贫政策制定、资源整合以及宣传动员方面投入了大量的人力、物力和财力。例如，将减贫纳入国民经济与社会发展计划中，制定了《国家八七扶贫攻坚计划》，对扶贫工作的具体目标、任务、政策保障作了具体规定。制定了针对农村开发减贫的《中国农村扶贫开发纲要》等多个扶贫的大政方针，确定了开发式扶贫方针，实施精准扶贫方略，开展脱贫攻坚行动，着力消除绝对贫困。② 此外，中国政府还设立了专门的减贫领导机构，如国务院扶贫开发领导小组等。在具体扶贫政策的实施上，中国政府利用行政体系加强资源调配，对贫困地区的政策倾斜并加大减贫专项资金投入，强化对口支援等。

另一方面，中国减贫充分发挥了市场和社会的作用，形成了政府、市场和社会协调发展、共同作用的"大扶贫"格局。例如，中国注重市场在扶贫资源流动和配置中的基础作用，积极鼓励资本、技术、企业等要素与贫困地区的"资源链""产业链""生态链"有机结合，为贫困地区发展

---

① 杜旸. 全球治理中的中国进程：以中国减贫治理为例 [J]. 国际政治研究，2011 (1)：91-92.

② 李云龙. 全球贫困治理的中国方案 [J]. 理论导报，2020 (1)：27-29.

经济、改善民生、创造就业构建长效机制。① 近年来，在阿里巴巴集团推动下的淘宝村建设，带动了农村人口的广泛参与，促进了城乡资本、技术与需求联动，达到了"创富消贫"的双重效果。② 此外，政府还积极支持和发动民间力量以"希望工程""文化扶贫""春蕾计划"等项目形式支持贫困地区的减贫。由此，中国在参与全球贫困治理时也充分重视强化政府主导的减贫理念，并通过支持引导企业、社会组织等行为体的参与，培育发展中国家的利贫性增长。

第二，合理处理对外援助与自主发展的关系。在中国与 DAC 学习小组的报告中，中外双方均承认，中国的发展与减贫"大部分应归因于内部因素的支持"，但是国际援助对于中国发展与减贫的支持作用也同样不可忽视。③ 而其中的关键在于中国在充分重视自主发展的基础上合理利用外援。

一方面，中国从本国的实际情况出发，选择了一条适合本国政治经济制度和资源环境的发展道路。一是中国主要减贫项目的规划与实施，都是由政府主导的，这确保了减贫政策符合国家发展实际以及经济社会发展与减贫政策执行实施的稳定性和连续性。二是在发展融资的结构上，中国主要是依靠和立足于国内力量解决减贫资金的来源。与其他大量接受国际发展援助的国家不同，援助在中国的发展融资中所占比例并不高。诺贝尔经济学奖获得者安格斯·迪顿也认为中国减贫成绩的取得与国际发展援助并不存在较大的相关性，中国接受的国际发展援助在国内生产总值中的比重极低，中国主要是依靠自身的经济发展来进行减贫的。

另一方面，从中国利用外援的方式以及项目执行管理等方面来看，将

① 王灵桂，侯波. 新中国成立 70 年贫困治理的历史演进、经验总结和世界意义［J］. 开发性金融研究，2020（1）：5.

② 陈劲，尹西明，赵闯. 反贫困创新的理论基础、路径模型与中国经验［J］. 天津社会科学，2018（4）：111.

③ 中国发展援助委员会研究小组. 促进中国与非洲各国分享增长与减贫的经验［R/OL］. 中国国际扶贫中心，2010-09-19.

外援的经验本土化是中国减贫成功的重点。以中国自身的减贫经历为例，在世界银行、联合国等机构和中国开展的扶贫项目中，中国不仅获得了直接的经济产出，更为重要的是，不断学习扶贫项目的管理经验，并据此因地制宜，制定和完善了本国扶贫项目的管理方法。① 黛博拉·布罗蒂加姆在《龙的礼物：中国在非洲的真实故事》一书中也提到，中国在接受和使用外国发展援助的过程中，积累了大量的知识与经验，并将此应用于后期的对外援助实践中。其中最具代表意义的就是中国和日本在 20 世纪 70 年代实施的中日"资源换贷款"的合作方式。这种方式后来被中国直接运用到中非"资源换基建"的合作中。当然，在将西方国家的援助管理经验进行传播的过程中，中国的角色也并不是简单的"二传手"，而是在消化和吸收西方知识和技能的过程中增添了"中国元素"和"中国经验"，② 这也使得中国经验在发展中国家中拥有更强的适用性。因此，"授人以渔，自主发展"，培育发展中国家自主减贫的能力，避免造成援助依赖，一直是中国参与全球贫困治理所依据的重要原则。

第三，充分重视农业发展对减贫的重要性。对一个以农民为主体和以农业为主要经济活动的国家而言，优先发展农业是经济增长和减贫的基础。③ 中国在减贫过程中始终将"三农"（农业、农村和农民）问题放在优先位置。2004—2024 年，中共中央连续 20 年出台以"三农"问题为主的一号文件，中国在土地制度改革、农村劳动力转移、农业技术推广、培育新型农业经营主体等方面积累了大量的经验。非洲、南亚地区的大部分国家与中国的发展情况类似，依赖农业生产经营模式。但长期以来，西方国家对广大发展中国家的农业援助仍集中在农村管理层面，例如，世界银

---

① 王小林，张晓颖. 迈向 2030：中国减贫与全球贫困治理［M］. 北京：社会科学文献出版社 2017：18.

② 周弘. 中国援外 60 年［M］. 北京：社会科学文献出版社，2013：39.

③ 李小云，等. 关于中国减贫经验国际化的讨论［J］. 中国农业大学学报（社会科学版），2016（5）：28.

行推动的社区驱动发展（CDD）发展方法，虽然旨在提高农村贫困社区的发展能力，降低贫困人口的脆弱性，但其抓手却集中在通过参与式的发展方式提高农村对村庄自治和自我决策的能力，这明显不能满足贫困地区的最迫切需求。①

因此，农业一直是中国开展减贫合作的重点。而且中国参与全球贫困治理农业合作的方式也与西方国家有所不同。主要是借鉴自身农业发展的经验，对于发展中国家的农业援助也采取了实践性更强、效果更优的综合模式。比如，上文提及的派遣农业专项技术专家指导当地农业生产实践，如援建东帝汶、尼泊尔等国的杂交水稻生产，援建吉尔吉斯斯坦的农业灌溉系统，为埃塞俄比亚培养农业职业教育教师等。

第四，实施精准扶贫，提高贫困治理的有效性。由于贫困问题是一个集中了社会、经济、政治等多方面因素的综合现象，其多重性、不同"贫根"的叠加性，给扶贫脱贫增加了难度，凸显了扶贫工作要有针对性与科学性。② 为此，习近平主席在 2013 年创造性地提出了精准扶贫的贫困治理策略，主要内容包括扶贫对象的精准定位、扶贫政策的精准实施、扶贫管理的精准。中国实施的精准扶贫策略，着眼于深度扶贫开发边际效用递减的现实问题，借鉴国际减贫的成功经验，对贫困地区的发展进行顶层设计，是对世界减贫理论的创新和发展。③ "精准扶贫"的思想贯穿贫困瞄准、贫困干预、脱贫成效评估等减贫的全过程，在界定贫困主体，创造公平的财富分配渠道，彰显社会发展的公平、正义等方面具有显著优势，为发展中国家解决日趋复杂的贫困问题提供了良好的借鉴思路。

---

① 王小林，张晓颖．迈向 2030：中国减贫与全球贫困治理 ［M］．北京：社会科学文献出版社，2017：182.

② 吴宗敏．全球贫困治理的深化与中国的实践创新 ［J］．江苏大学学报（社会科学版），2019（1）：23.

③ 曾维伦，张丽娜，何伟．精准扶贫对世界减贫事业的历史性贡献 ［N］．光明日报，2017-03-27（11）．

第三节　案例分析

除了从宏观视角对中国参与全球贫困治理的作用进行分析外，本书还选取中非减贫合作和澜湄减贫合作两个案例，具体分析中国对全球贫困治理的参与。

一、中非减贫合作

选取中非减贫合作的案例主要是基于以下两点考虑：第一，中非减贫合作历史由来已久，至今仍然处于不断地发展和完善中，对此案例进行分析可以从中窥见中国参与全球贫困治理的发展变化。第二，非洲是新时期中国参与全球贫困治理的重要区域，探讨双方在减贫合作制度、合作内容、合作方式的变化可以更好地把握中国参与全球贫困治理的特征和方向。

（一）中非减贫合作概况

受自然环境和发展历史等因素的影响，非洲大陆特别是撒哈拉以南的非洲地区，是世界上极端贫困人口最为集中、贫困发生率最高的地区，在联合国确定的全球 46 个最不发达国家的名单中，非洲有 33 个。因此，非洲也是国际减贫行动关注的重点区域。经过多年的减贫治理实践，非洲地区的贫困状况已经有了较大改善。1994—2018 年，撒哈拉以南的非洲地区极端贫困人口（以每人每天 1.9 美元为标准）比例从 61.3% 下降到 40.2%。但由于人口数量的急剧膨胀，与世界其他国家和地区对比，非洲仍然面临着严峻的减贫任务。据世界银行的预测数据，到 2030 年，非洲极端贫困人口数量在世界极端贫困人口总量中的占比将增加至 86%。加之新冠疫情的冲击，非洲极端贫困人口总量在 2020 年内增加了近 3700 万，几乎抵消了 2030 年可持续发展目标实施以来的所有减贫进展。非洲地区的贫困治理面临着更为复杂的局面。

而作为世界上最大的发展中国家，减贫与发展也是中国社会发展的关键。中国"十四五"规划与非盟《2063 年议程》都将减贫发展作为重点领域进行了规划，明确了发展目标。基于共同发展的利益诉求、贫困问题的相似性以及多年来发展合作奠定的制度基础，减贫一直是中非发展合作关注的重点领域。中非减贫合作始于 20 世纪 50 年代的中国对非援助，经过不断地创新与升级，2000 年以来，已经进入一个全新的发展时期。

近年来，中非减贫合作机制随着实践的发展不断完善。2000 年中非合作论坛的成立是中非减贫合作进入新的发展时期的标志性事件。该论坛建立在相互尊重、平等互利、求真务实的合作基础之上，倡导平等互利的新型合作模式，开创了世界上最大的发展中国家中国与发展中国家最集中的非洲大陆合作的新模式，为解决全球贫困问题提供了一种新的思路和方式。① 在第一届部长级会议上，中国和 44 个非洲国家共同制定《中非经济和社会发展合作纲领》，多次提出通过"债务减免""农业合作"等方式帮助非洲减贫。20 多年来，中非合作论坛机制不断完善和升级，已相继举办七届，论坛的主题均聚焦减贫与发展。

2009 年，在中非合作论坛第四届部长级会议上，中国提出"发展经济、消除贫困、改善民生，是非洲国家的首要任务。中国将继续在力所能及的范围内增加对非援助、减免非洲国家债务，优化对非援助结构，使援助项目进一步向农业、教育、医疗卫生、减贫、清洁饮用水等攸关民生的领域倾斜，帮助非洲尽早实现联合国千年发展目标"②。2010 年以后，中非双方开始定期举办"中非减贫与发展会议"，聚焦促进非洲经济增长和

---

① 李安山. 论中非合作论坛的起源：兼谈对中国非洲战略的思考 [J]. 外交评论，2012（3）：15.

② 温家宝. 全面推进中非新型战略伙伴关系：在中非合作论坛第四届部长级会议开幕式上的讲话 [N]. 人民日报，2009-11-09（2）.

减贫等议题，就中非减贫合作的开展进行深入探讨和经验交流。

2014 年 5 月，中国与非盟签订《中国和非洲联盟加强中非减贫合作纲要》，这是中非双方第一份正式的减贫合作官方文件。文件指出，"中非双方决心加强减贫工作，共同应对贫困挑战"，并就减贫合作的原则、优先事项、合作领域和方式等问题进行了交流。可见中非双方的减贫合作机制正逐渐走向健全，中国与非洲国家正在形成减贫合作开发的合力。①

2015 年 12 月，习近平主席在中非合作论坛约翰内斯堡峰会上宣布了中非"十大合作计划"，"减贫惠民计划"被列入其中，主要内容有："增加对非援助，在非洲实施 200 个'幸福生活工程'和以妇女儿童为主要受益者的减贫项目；免除非洲有关最不发达国家截至 2015 年年底到期未偿还的政府间无息贷款债务。"② 2015 年 12 月，"中非减贫与发展会议"被正式纳入中非合作论坛总体框架，减贫合作在中非合作中的地位得到进一步提升。这不仅丰富了中国与非洲国家在减贫领域的磋商与对话渠道，更能聚焦发展知识和资源，提升中非减贫合作成效。

2018 年 9 月 4 日，中非合作论坛北京峰会通过的《中非合作论坛—北京行动计划（2019—2021 年）》指出："中方将秉持真实亲诚理念和正确义利观，以支持非洲培育内生增长能力为重点，回应非方减少贫困、改善民生、吸引投资、提振出口等诉求，持续加大对非洲的投入和合作力度。"③ 在行动计划实施期间，中非开展多项减贫专门项目，形成特色减贫合作机制。

在 2021 年 9 月中非合作论坛第八届部长级会议上，习近平主席提出"携手构建新时代中非命运共同体"。以命运共同体理念为引领，中国积极

① 安春英. 中非减贫合作与经验分享 [M]. 北京：中国社会科学出版社，2018：51.
② 习近平. 开启中非合作共赢 共同发展的新时代 [N]. 人民日报，2015-12-05 (2).
③ 中非合作论坛：北京行动计划（2019—2021 年）[EB/OL]. 国家国际发展合作署网，2018-09-07.

推动落实全球发展倡议，积极对接联合国 2030 年可持续发展议程、非盟
《2063 年议程》以及非洲各国发展战略，在减贫合作的领域以及方式上都
进行了积极的探索和调整。在减贫领域上，覆盖农业、教育、医疗卫生、
基础设施建设等民生项目，促进了非洲当地经济社会发展；在合作方式
上，以非洲国家实际发展需求为导向，注重中国减贫经验的"本土化"借
鉴和运用，激发非洲减贫内生动力。独特的合作理念和方式也使得中非减
贫合作在国际社会对非的减贫合作中脱颖而出，形成全面脱贫发展的可持
续态势，为全球减贫事业发展带来重要创新和贡献。①

（二）中非减贫合作主要内容

1. "大基建"与"小而美"相结合的基础设施建设

基础设施建设不足是制约非洲发展的最大瓶颈之一。基于自身积累的
技术、价格、产业链等优势，中国积极参与非洲交通、水电等基础设施建
设。比如，援建公路、铁路等，2000—2020 年，中非合作已经建成的公
路、铁路超过 13000 千米，建设了 80 多个大型电力设施，援建了 130 多个
医疗设施、45 个体育馆和 170 多所学校②，据中国商务部统计，仅 2016 年
一年，中国在津巴布韦、埃塞俄比亚、加纳等 16 个非洲国家援建了包括公
路、桥梁、供水设施、清洁能源等 22 个成套项目，新开工项目 28 个。如
中国援建安哥拉的本格拉铁路于 2015 年 2 月建成通车；中国中铁建工集团
和中国中铁大桥局共同承建的坦桑尼亚甘博尼大桥在 2016 年 4 月竣工并交
付使用；亚吉铁路吉布提段于 2017 年正式通车等。

除了标志性的大基建项目，近年来中国在非洲偏远地区援建的"小而
美"项目也开始显示出其优势效应。比如，杂交水稻种植、菌草种植、鲁
班工坊等项目都已成为国际减贫合作项目的典范。这些项目不仅改善了当

---

① 于桂章，唐青叶. 中非减贫合作：历史进程、现实意义与未来路径 [J]. 非洲研究，
2022（1）：197-209，234-235.

② 中华人民共和国国务院新闻办公室. 新时代的中非合作 [N]. 人民日报，2021-11-
27（6）.

地民众的生产生活条件，提升了生活水平，同时也带动了当地就业，为非洲减贫贡献了中国智慧和中国方案。

2. 以农业示范项目为依托的减贫经验分享

鉴于非洲大部分国家为不发达的农业国家的现实，中非农业合作的形式主要包括农场建设、农业技术试验站和推广站、农业技术示范中心建设等。在项目建设过程，中国与非洲国家共享中国农业种植的技术，这不仅增强了援助的实效性，也有利于培育非洲国家的内生发展动力。截至 2021年，中国与 23 个非洲国家及地区组织建立农业合作机制，签署了双多边农业合作文件 72 项。2012 年以来，中国与 20 个非洲国家及地区组织签署农业合作文件 31 项。①

2015 年，习近平主席在中非合作论坛约翰内斯堡峰会上，再次强调要通过中非"减贫惠民""农业现代化"等合作计划，将中国的农业发展经验与非洲国家分享，惠及当地农民。根据计划，2016 年中国在非洲实施援助了赞比亚玉米粉加工厂等 24 个"农业富民工程"项目，先后向埃塞俄比亚、贝宁、布隆迪等国家派遣了 41 批农业专家，与苏丹、莫桑比克等国实施农业研究与示范中心等项目建设。中非农业合作的代表性项目有中国—刚果（布）农业技术示范中心、中国—利比里亚农业技术示范中心、中国—莫桑比克农业技术示范中心以及中国—卢旺达农业技术示范中心等。

中国与非洲国家的农业合作项目对于非洲的粮食安全和减贫具有重要意义。以中国—莫桑比克农业技术示范中心为例。莫桑比克是一个位于非洲东南部的典型农业国家，由于长期内战以及生产技术落后等因素的影响，粮食缺口巨大。为了支持莫桑比克农业发展，在 2006 年中非合作论坛北京峰会上，中国提出了在非洲援建 14 个农业技术示范中心的重要承诺。

---

① 中华人民共和国国务院新闻办公室. 新时代的中非合作 [N]. 人民日报，2021-11-27（6）.

中国—莫桑比克农业技术示范中心是中国在非洲援建的首个农业技术示范中心，实行政府投资、企业运行的运作模式。项目合作的主要内容包括农作物品种试验和农业技术转移。在农作物品种试验方面，中国的农技专家根据莫桑比克的生态环境和气候条件，挑选了一批优质的水稻、大豆、玉米等农作物种子，并经过试种进行有序推广，丰富和改善了当地民众的基本生活。农业技术转移方面，注重在实际的生产中向当地农民传授农业种植、管理知识。此外，截至 2017 年年底，还举办了 26 期农技人员培训班。

中国—坦桑尼亚村级减贫学习中心也是一个典型的案例。该中心是中国在非洲建立的第一个村级减贫学习中心项目，也是中国参与国际减贫合作的示范性项目。项目于 2011 年正式启动实施，主要目的是通过实地实践和示范，将中国农业发展与减贫的经验运用到坦桑尼亚的农业发展中。在项目开展过程中，中国农业大学李小云教授提出了中国减贫经验的"平行转移"的思路：一是对比中坦两国的发展进程，当下的中国农业发展经验并不适合坦桑尼亚，因此，在坦桑尼亚的减贫项目中，中国示范的是 20 世纪 80 年代的农业发展经验。二是从坦桑尼亚社会经济及农业发展环境来看，坦桑尼亚人地矛盾不突出，且缺乏类似中国高投入高产出的农业发展模式的基础条件，因此，坦桑尼亚村级减贫中心采用的是"少量资本+大量劳动投入+科技投入"的农业发展模式，这也是中国过去农业发展的实践经验。项目实施后，通过培训种植业示范、养殖业、加工业示范户等形式与当地村民共享中国农村减贫经验，取得了良好的成效。坦桑尼亚驻华大使姆贝尔瓦·布赖顿·凯鲁基（Mbelwa Kairuki）对减贫中心的效应进行了高度赞扬，认为这一项目不仅深入基层、贴近民生，产生了良好的社会效果，更为重要的是，在组织动员基层政权参与扶贫方面给坦桑尼亚带来了很好的启示。①

① 坦桑尼亚联合共和国新任驻华大使拜会中国国际扶贫中心［EB/OL］. 中国国际扶贫中心，2017-05-05.

3. 加强人力资源合作

"扶贫必先扶智"，在减贫工作中，教育和知识的扶持至关重要。教育和知识不仅能为贫困地区居民提供更多机会和选择，也是切断贫困的"代际传递"的重要方式。近年来，中非减贫合作更加注重双方减贫发展经验的互动，减贫知识的分享与交流较之前更为频繁，且进入机制化轨道。① 提供奖学金计划、开展各类技术培训班、举办减贫与发展研修班，是中国促进非洲国家人力资源发展的重要举措。2010 年以来，"中非合作论坛——减贫与发展会议"已在中国、埃塞俄比亚、南非、乌干达等国连续举办 10 届，参会总人数接近 1600 人次。2005—2021 年，中国共举办 160 期减贫援外培训班，为非洲 53 个国家培训了超过 2700 人次，占总参训人数 58.6%。② 仅 2005—2018 年 5 月期间，中国国际扶贫中心就参与举办了 80 多期面向非洲国家的减贫研修班。通过理论介绍、实地考察等形式，向非洲国家介绍中国的扶贫开发政策、农业发展与治理经验等。

此外，中国还通过减免债务、人道主义援助等方式助力非洲的减贫与发展。2000—2009 年，中国先后免除 35 个非洲国家的 312 笔总额 189.6 亿元人民币的债务。在人道主义援助方面，2018 年，莫桑比克、津巴布韦、马拉维三国遭受严重自然灾害袭击，中国政府先后向其提供紧急人道主义援助。2018 年，埃博拉疫情在刚果（金）爆发，中国政府通过双多边渠道向其提供了包括资金、物资、技术、培训等在内的多方面支持。

（三）中非减贫合作的主要特征

1. 合作战略有效对接，提升非洲减贫发展的自主性

中国积极促进中非减贫合作与非洲发展战略的对接，在尊重非洲自主发展意愿的基础上开展合作。比如，积极促进中非合作论坛与《非洲

---

① 安春英. 中国对非减贫合作：理念演变与实践特点 [J]. 国际问题研究，2019（3）：108-124.

② 中华人民共和国国务院新闻办公室. 新时代的中非合作 [N]. 人民日报，2021-11-27（6）.

发展新伙伴计划》（NEPAD）的对接，以及"一带一路"倡议与非洲联盟《2063 年议程》的对接。2015 年，习近平主席在第六届中非合作论坛开幕式致辞中指出："中方始终主张，非洲是非洲人的非洲，非洲的事情应该由非洲人说了算。"① 会议还提出，"中国致力于支持非洲实施《2063 年议程》及其第一个十年规划和《非洲发展新伙伴计划》"，"中非减贫惠民合作计划"的要点要契合非洲《2063 年议程》"。② 在拟定与非洲国家的合作项目和重点领域时，中国也始终注重与非洲已有的减贫战略相互配合和协调。比如，在基础设施建设方面，中国与非盟在"基础设施发展规划"和"总统基础设施倡议"上达成一致，共同开展项目规划、可行性研究、项目融资和管理等。这也体现了中国参与全球贫困治理共商共建的理念，不仅促进了非洲国家的减贫和发展，也为全球贫困治理提供了有益的经验和启示。

2. 合作领域不断拓宽，有效激发非洲内源性脱贫动力

当前，中非减贫合作不仅涉及的内容和领域更为宽广，合作也更为深入。一是在基础设施建设领域，继续加强交通、水利、电力等民生项目的合作。如在肯尼亚，由中国能建葛洲坝集团建设的斯瓦克大坝项目于 2022 年 10 月正式投入使用，解决了 200 多户村民的用水难题；在加纳，农村通信以及数字网络覆盖项目让 300 多万人享受了高速稳定的信息通信服务；在阿尔及利亚，光伏电站项目给当地居民送去源源不断的绿色清洁能源。二是在农业领域的合作不断深化拓展，更注重"授人以渔"。例如，依托中非农业技术示范中心等平台，中国专家在非洲进行了水稻种植、渔业养殖等农业技术推广，为非洲国家培养专业性农业人才等。三是在人力资源领域，中国向非洲提供了多层次、多形式和多领域的合作，为非洲培养了

---

① 习近平. 开启中非合作共赢、共同发展的新时代［N］. 人民日报，2015 - 12 - 05（2）.

② 中非合作论坛约翰内斯堡峰会宣言［EB/OL］. 外交部网站，2015-12-10.

大批减贫领域的专业人才。例如，为落实全球发展倡议的要求，2023 年，中国农村技术开发中心联合南非人文科学研究理事会共同举办了中国—南非科技减贫研讨会暨科技减贫人才培训班。2024 年 5 月 8 日，首届非洲基层干部减贫交流研修班在四川省乐山市开班。此外，在医疗卫生领域，除了向非洲国家派遣短期医疗专家组开展义诊，中国还同 41 个非洲国家的 46 家医院建立了对口合作的关系，真正展现了大国担当。

3. 形成了政府主导、企业和社会组织积极参与的多元治理格局

中国在中非减贫合作实践中探索了多元化的路径，"从政府援助为主向政府、企业、非政府组织互动参与和合作转型"①，形成了多元主体参与治理的格局。比如，由中国有色集团推动建设的赞比亚中国经济贸易合作区，累计完成的产业投资额约 18 亿美元，入驻合作区的企业为当地政府上缴了 4.5 亿美元税收。2007—2017 年，经贸合作区吸纳本地就业的人数从 2647 人增加到 7251 人，员工本地化率为 85%。② 近年来，中国扶贫基金会在非洲开展了多项国际公益项目并取得了积极的成果。如 2015—2019 年，基金会在埃塞俄比亚和苏丹投入资金 1965 万元，开展"微笑儿童学校供餐项目"，惠及两国在校小学生 38278 人次。

总体来看，在中非减贫合作中，中国坚持真实亲诚对非政策理念，秉持正确义利观，以"人类命运共同体"理念为引领，坚持共商共建共享，在实践中不断推动中非减贫合作提质增效，为全球贫困治理贡献了中国智慧和中国方案。

二、澜湄减贫合作

选取澜湄减贫合作这一案例主要是基于以下两点考虑：一是澜湄次区

---

① 安春英. 中国对非减贫合作：理念演变与实践特点 [J]. 国际问题研究，2019（3）：108-124.

② 安春英. 中非减贫合作与经验分享 [M]. 北京：中国社会科学出版社，2018：82-83.

域国家与中国毗邻，且有较好的减贫合作基础，双方的减贫合作具有重要的示范意义。二是2015年澜湄合作机制成立以来，澜湄减贫合作无论是在顶层设计、项目规划还是实践层面都进入了一个新的发展阶段，在中国的对外合作减贫中，具有较大的代表性意义。

（一）澜湄减贫合作概况

减贫是澜沧江—湄公河流域的中国、老挝、缅甸、柬埔寨、泰国和越南六国的共同发展需求。自20世纪90年代开始，在大湄公河次区域合作机制、中国—东盟合作的框架下，澜湄次区域国家开展了一系列减贫合作，但在当前仍面临着经济合作难以深入发展、减贫可持续发展动力不足等问题。特别是柬埔寨、老挝和缅甸属于次区域内经济发展较为落后的国家，在2018年几个国家的人均国民收入均低于3000美元，多元贫困发生率高于20%，社会生活水平低下。而当前中国不仅面临着扶贫资金投入规模的递减效应，且破解基础设施落后的少数民族边境地区的深度贫困也是中国扶贫工作的重难点。

表4-1　澜湄国家贫困率与贫困人口统计

国家	2019年人口（千人）	每人每天1.9美元标准		每人每天3.2美元标准	
		贫困率（%）	贫困人口（千人）	贫困率（%）	贫困人口（千人）
柬埔寨	16487	0.20	33	12.72	2097
越南	96462	0.74	714	4.28	4129
缅甸	54045	2.91	1573	18.12	9793
老挝	7169	10.61	761	39.06	2800
泰国	69626	0	0	0.01	7
中国	1433784	0.24	3441	2.51	35988

资料来源：博鳌亚洲论坛 亚洲减贫报告 2019 [R/OL]. 博鳌亚洲论坛，2019：5-6.

为了提升次区域合作的层次，为澜湄次区域的发展搭建新的平台，为合作减贫寻求新的契机，2015 年 11 月，中国与湄公河流域的缅甸、老挝、泰国、越南和柬埔寨 5 个国家在云南景洪举行了首次外长会议，正式宣布启动新的次区域合作机制——澜湄合作机制。在澜湄合作的大框架下，以建立"和平发展、合作共赢"的澜湄国家命运共同体为目标的减贫合作实践方案逐步明确。农业和减贫作为澜湄合作五大优先领域之一开始落实，成为推进联合国 2030 年可持续发展议程和践行全球贫困治理"中国方案"的新典范。

2016 年 3 月，澜湄合作首次领导人会议召开，各国确立了澜湄合作"3+5"框架，即以坚持政治安全、经济和可持续发展、社会人文为三大合作支柱，以互联互通、产能、跨境经济、水资源、农业减贫为五个优先领域，并提供政策、金融、智力三方面的重要支撑，会议上还提出了《澜湄国家减贫合作非文件》，继续推动落实"东亚减贫合作倡议"，在湄公河国家开展减贫合作示范项目等，为澜湄减贫合作作出了初步的规划。

（二）澜湄减贫合作进展

1. 减贫合作机制不断完善

一是在澜湄合作的大框架下对减贫合作进行了总体规划。2018 年 1 月，澜湄合作第二次领导人会议发表了《澜沧江—湄公河合作五年行动计划（2018—2022）》，其中将减贫列为合作的重点内容，并对今后 5 年澜湄减贫合作进行了总体规划。主要包含以下三项内容：第一，制定"澜湄可持续减贫合作五年计划"，推动澜湄国家减贫经验交流和知识分享。第二，加强减贫能力建设和充足的经济学等减贫经验分享，开展澜湄国家"村官"交流和培训项目。通过人员互访、政策咨询、联合研究、交流培训、信息互通、技术支持等多层次、全方位能力建设活动，提升澜湄国家减贫能力。第三，在湄公河国家启动减贫合作示范项目。此后，相关项目的实施有序推进，并取得了良好的成效。①

2023 年，澜沧江—湄公河合作第七次外长会通过了《澜湄合作五年行动计划（2023—2027）》，其就减贫合作提出具体方案。第一，加强减贫与乡村发展领域的政策对话与经验分享，采取线上与线下相结合的方式，举办论坛、研讨座谈、"村官"交流项目等活动。第二，开展减贫试点项目。举办各类减贫研修会，提升各国减贫政策制定和实施能力，并根据成员国需求开展政策咨询和技术援助合作。第三，积极考虑实施综合扶贫发展示范项目（或旗舰项目），探讨建立"澜湄扶贫培训中心"。第四，重视后疫情时期消除贫困和减少不平等问题，加强利用科学、技术和创新，包括数据科学，来支持精准减贫，促进教育平等。通过联合研究、案例开发等方式，为各国提供减贫和乡村发展知识产品。② 从两个时期的减贫合作内容对比来看，双方在减贫领域的合作不断深化，并进行了有针对性地调整。

二是成立了澜湄减贫合作专项工作组，务实推进减贫合作。2016 年 6 月23 日，在中国国务院原扶贫办的牵头下，澜湄合作减贫联合工作组成立。工作组迄今为止已召开了六次工作组会议，就减贫合作相关事项进行了深入探讨和协商。（见表 4-2）具体到减贫示范项目的层面，中国政府根据规划，派出与湄公河国家邻近的四川、广西、云南 3 省的扶贫机构分别承担与柬埔寨、老挝、缅甸的具体减贫合作项目，合作双方于 2017 年 2 月、2017 年 6月和 2017 年 11 月分别签订了《柬埔寨实施协议》《援老挝减贫示范合作项目实施协议》和《中国援缅甸减贫示范合作项目实施协议》。省级层面，各省还建立了由相关部门组成的联席会议机制及领导小组推进项目实施。

---

① 澜沧江—湄公河合作五年行动计划（2018—2022）［EB/OL］. 外交部网站，2018-01-18.

② 澜湄合作五年行动计划（2023—2027）［EB/OL］. 外交部网站，2023-12-26.

表 4-2　澜湄合作减贫联合工作组会议开展情况

时间	会议	会议成果
2016 年 6 月	澜湄合作减贫联合工作组首次会议	《澜湄合作减贫联合工作组概念文件》
2017 年 7 月	澜湄合作减贫联合工作组第二次会议	《澜湄合作减贫联合工作组一般原则》《澜湄减贫合作五年计划》
2018 年 12 月	澜湄合作减贫联合工作组第三次会议暨东亚减贫合作倡议研讨会	探讨东亚减贫合作示范项目进展及后续合作事项
2020 年 11 月	澜湄合作减贫联合工作组第四次会议	澜湄减贫合作五年计划进行中期回顾；研讨未来两年推动澜湄减贫合作的思路；沟通协调 2021 年澜湄合作专项基金申报
2021 年 11 月	澜湄合作减贫联合工作组第五次会议	成员国代表交流分享澜湄合作国家应对新冠疫情的经验；分享本国的技术和实践经验，包括澜湄合作的成就、挑战和教训；交流澜湄合作减贫联合工作组第四次会议以来各国的减贫情况，并探讨下一步工作计划
2022 年 11 月	澜湄合作减贫联合工作组第六次会议	讨论并原则通过了澜湄减贫合作指南（2023—2027）

资料来源：根据中国国际扶贫中心网站相关新闻报道整理。

2. 减贫合作项目有序推进

（1）开展人力资源培训与合作，提升澜湄国家减贫能力建设

澜湄减贫合作人力资源领域的合作主要包括中国政府为澜湄国家提供的政府及奖学金留学名额，派遣志愿者，开展电力、机械、旅游管理、农业等领域的各类技术培训，举办减贫发展研修班等。如中国国际扶贫中心已举办多期招收澜湄国家学员的减贫发展培训班。2016—2018 年，有超过

1.2 万名湄公河国家学生获得中国政府奖学金，3000 多位在职人员赴华参加短期研修培训。① 据云南省商务厅数据，2022 年云南招收湄公河五国留学生 5755 人，省政府奖学金惠及近 300 名湄公河国家学子，澜湄职业教育联盟、南亚东南亚大学联盟等区域教育合作平台不断发展壮大。2016 年至今，越老柬缅泰 5 国共 95 名官员来华参加研修。面向基层"村官"的"东盟+3 村官交流项目"已连续举办 10 届。2018 年 4 月，中国农业与农村部与云南省人民政府共同主办了澜沧江—湄公河合作村长论坛，就农业与减贫领域的经验进行了交流。2019 年 10 月，首个澜湄减贫合作能力建设项目——"澜湄减贫合作能力提升项目"在北京举办，除了就中国扶贫的理论与实践，如精准扶贫战略、产业扶贫、电商扶贫等内容进行专题讲座与研讨以外，研修班还组织各国学员赴贵州毕节进行了实地考察，深度体验了中国的旅游扶贫、生态扶贫、易地扶贫搬迁项目等减贫治理模式。老挝农业和林业部减贫基金项目官员表示：老挝的地形和自然气候等方面都与贵州毕节有着相似之处，毕节将先进的农业科技运用到乡村扶贫领域的减贫经验值得老挝学习。泰国内政部社区发展司国际关系处处长表示：中国政府和企业合作助推扶贫工作的典型模式值得泰国企业借鉴，这些减贫经验和模式可以用于本国减贫治理。

（2）示范减贫项目成效显著

作为"东亚减贫合作倡议"的重点示范项目，中国与柬埔寨、老挝、缅甸 3 国合作的乡村减贫示范项目于 2016 年 12 月正式启动。减贫示范村合作的主要实践路径是：基于中国扶贫开发"整村推进"的工作经验，在合作对象国选取农村村级社区为试点，开展社区综合性发展示范项目。项目由中国政府提供资金和技术支持，重点将中国的参与式扶贫、产业扶贫等减贫经验及模式因地制宜地进行推广，项目已在 2020—2021 年相继

---

① 李克强. 在澜沧江—湄公河合作第二次领导人会议上的讲话［N］. 人民日报，2018-01-11（2）.

完成。

2017 年 7 月，广西援建老挝的减贫示范合作项目正式启动。项目选取老挝万象市桑通县的版索村、琅勃拉邦市的象龙村为试点村。2017 年 7 月 30 日，四川省援建柬埔寨的减贫示范合作技术项目正式启动，选取柬埔寨干拉省的谢提尔普洛斯村和斯瓦安普村为示范点开展。中国援建缅甸的减贫示范合作项目于 2018 年 2 月启动，主要工作由云南省国际扶贫与发展中心承担，示范村为缅甸内比都北部达贡镇埃羌达村和邻近的莱韦镇敏彬村。减贫示范村的工作围绕基础设施建设、产业发展、能力建设等几方面展开，具体内容如表 4-3 所示。

表 4-3　东亚减贫示范合作技术援助项目实施情况

建设内容 项目名称	乡村基础设施建设	乡村公共服务	农户生计发展	能力建设
广西援助老挝的示范合作项目	实施饮水入户工程；修复道路、新建桥梁	新建村级活动中心和村卫生室，建设亮化工程，为学校新建教师宿舍、学生宿舍、公共厕所、篮球场，并提供教学设备和物资	开展织布、黄牛/水牛养殖、玉米种植、养鸡、大棚/露天蔬菜种植、乡村旅游示范等多项产业，建立村民生产小组	对项目村生产小组开展技术技能培训；对村管理委员会开展生计项目管理培训；组织开展"扶贫产业发展""农民专业合作社组建和管理""脱贫攻坚政策经验和发展模式"来华主题培训；推动老方项目村与中国旅游扶贫示范村开展"友好村"交流互访，点对点加强乡村脱贫扶贫经验分享

建设内容 项目名称	乡村基础 设施建设	乡村公共服务	农户生计发展	能力建设
四川援助柬埔寨的示范合作项目	建成乡村饮水工程；为71户特困户新建住房，改建190户农户旧居，为132户贫困户新建厕所，为82户贫困户接入照明电，向500户村民提供节能灶	新建400平方米社区活动中心；修缮乡村小学，完善教学场所安全设施	实施养牛示范、高温蘑菇种植、庭院经济和洗洁精加工项目；发展盆栽蔬菜种植200户、盆栽小米椒种植80户、高温蘑菇种植28户；提供母牛20头、发展养牛饲草种植40户；新建洗洁精加工厂2个	开展1期管理培训、3期务工技能培训、6期实用技术培训、3期参观学习培训，组织2期来华培训
云南援建缅甸的示范合作项目	实施农村饮水工程、公共照明工程、道路修缮工程、河堤防护工程、农户供电工程	建设教学楼、操场，改善教学设施和环境；新建社区活动中心、卫生室和运动场，处置公共垃圾	推广土鸡、种猪等牲畜养殖技术；示范水稻、芝麻、花生、绿豆、向日葵等高产稳产农作物栽培。利用农户住宅空余土地建立育圃基地，带动130余户种植，示范发展庭院经济	开展种、养殖及手工艺技术等16期技能技术培训；开展项目管理、招投标、财务管理等5期管理培训；组织2期来华培训。组建竹编合作社和纺织合作社，发动村民共同参与拟定合作社章程，提升农业生产组织化水平

资料来源：国际发展合作的中国实践：东亚减贫示范合作技术援助项目评估篇 [R/OL]. 中国国家国际发展合作署，2023：3-9.

在项目实施的过程中，3 个减贫示范合作项目综合运用"精准扶贫"的减贫思维理念，具体工作围绕基础设施建设、产业发展、能力建设等几方面展开，不仅改善了当地村民的生产生活条件，增加了贫困群体的就业和劳动收入，也提升了示范村自我管理和自我发展的能力。

（3）医疗卫生、教育和文化等领域的合作不断拓展

在澜湄合作第二次领导人会议上，中国提出将实施"澜湄国家专项减贫惠民计划"，未来 3 年在湄公河国家开展 100 个医疗卫生等领域援助项目。[①] 在这一计划的支持下，澜湄合作专项基金重点投入改善民生的相关领域，在卫生、教育、减贫、妇女等领域支持开展了 400 多个项目，为湄公河国家提供了 4 万多人次的培训，推动本地区人力资源潜能加快释放。[②] 以"澜湄光明行"和"澜湄青年领袖文化体验营"为代表的民生项目获得了湄公河国家民众的认可，提升了相互的了解与信任，是促进"民心相通"的重要方式。特别是中国在柬埔寨、老挝、缅甸举办的"湄公河光明行"活动，帮助 3 个国家的近 800 名白内障患者重见光明，获得了当地民众的一致赞誉。此外，中国扶贫基金会还在缅甸组织指导了"微笑儿童"粮食包捐赠活动，向仰光市的学校和学生捐赠粮食。

（三）澜湄减贫合作的主要特征

1. 坚持"共商、共建、共享"的合作原则

澜湄合作机制强调的是"共商共建共享"的新型合作理念，澜湄减贫合作也遵循了这一基本原则。澜湄减贫合作的出发点是共同的贫困问题的解决，而不是将自身发展战略强加于他国，提倡在相互尊重的基础上，共

---

① 李克强. 在澜沧江—湄公河合作第二次领导人会议上的讲话 [N]. 人民日报，2018-01-11 (2).

② 李克强. 在澜沧江—湄公河合作第三次领导人会议上的讲话 [N]. 人民日报，2020-08-25 (3).

同探索减贫与发展的最优模式①，实现区域的协调发展与可持续发展。"共商"体现在澜湄减贫合作的项目规划、执行、管理、反馈等各个环节。比如，由于文化背景、发展方式的差异，中国在援建澜湄减贫示范村项目时，与当地民众、官员进行了充分探讨。"共建"体现在充分发挥澜湄国家在减贫合作的主动性上。比如，通过开办技能培训班、援建公共服务中心等，使当地贫困地区村民与干部广泛参与项目，不仅提升了群众的生活质量，还培养了本土减贫人才和技术力量，激发了澜湄国家脱贫发展的内生动力，达到了扶贫且扶志的双重效果。"共享"体现在中方将自身减贫经验共同分享上，如"精准扶贫"理念在示范合作项目中得到了具体体现。

2. 深刻诠释了"授人以渔"的减贫理念

澜湄减贫合作以具体项目为依托，探索中国减贫经验的"平行转移"，以激发湄公河流域国家"造血式"减贫的内在动力，生动体现了"授人以渔"的理念。例如，广西减贫专家在充分了解老挝农村发展现实的基础上，指导当地项目管理人员将中国"精准扶贫"的减贫经验贯穿扶贫工作的各个环节。在减贫示范项目建设中，中方专家综合运用了"扶持谁、谁来扶、怎么扶"的减贫思维，形成了涵盖基本生活、子女教育、健康状况等14大类22项指标的项目区农户调查表，并指导老挝各级项目管理人员开展入户访谈，建立农户贫困信息档案。在此基础上，综合考虑老挝国划定贫困标准，对贫困农户进行分类，提出相应的倾斜措施。根据老挝实际，中国专家还帮助老挝建立了相应的管理机构和信息管理系统，指导老挝相关人员提升减贫工作效率。

在柬埔寨，中方专家组着眼于找准贫根，精准施策。首先对两个项目村开展了摸底调查，了解每户村民的生活基本情况和具体减贫需求。经过

① 罗圣荣. 澜湄次区域国际减贫合作的现状、问题与思考 [J]. 深圳大学学报（人文社会科学版），2017（3）：110.

实地调研，工作组形成了具有针对性的贫困户电子档案。在此基础上，有针对性地开展了以基础设施建设、环境整治、产业发展和能力建设为主要内容的扶贫工作。

3. 加强人力资源建设，提升自主减贫能力

贫困人群不应只是减贫战略的被动受益者，更应作为主体和主导性力量，参与减贫项目的设立、实施以及监督评价各个环节，以促进减贫资源的有效利用和减贫战略的可持续发展。① 因此，贫困人口广泛参与国家减贫进程尤为重要，这也是澜湄减贫合作中的主要内容。在澜湄减贫合作示范项目中，不仅设有专门的官方减贫经验培训班，中国还派出工作组在具体的农业生产、技术操作层面，对当地村民进行培训。比如，中国—柬埔寨联合项目办公室（JPMU）特别为项目村村民举办了创业思维、家庭生计方面的知识培训和技能培训。中国在老挝已开展农户种植养殖、旅游培训等共 155 人次，项目管理人员培训 35 人次等。这不仅使当地村民掌握了生产技术，更为重要的是从观念层面激发了其参与减贫、致力于减贫的内在动力。

4. 强调以人为本，发展成果惠及当地民众

澜湄减贫合作的项目侧重农业、基础设施建设等，这对于从根本上改善当地民众的生产生活状况起到了重要作用。中国项目组在 3 个国家的项目村都开展了民生项目的建设，改善了当地村民的生活环境，提高了他们的生活质量。比如，中老合作项目在象龙村开展的饮水工程，解决了村民饮水困难的问题；中柬合作项目从改善村民居住环境入手，为贫困户修建了厕所、接入了照明用电、重建了新住房等；中缅项目的饮水工程、公共照明工程等项目也已经完成。这些民生项目取得了良好的社会效益，为改善当地民生以及长期发展打下了良好基础。

综上，中非减贫合作和澜湄减贫合作在"人类命运共同体"理念的引导下开展，中国不仅投入了资金援建民生项目，还从"授人以渔"的角度

---

① 安春英. 非洲脱贫战略的演进：减贫战略报告［J］. 西亚非洲，2005（1）：30.

出发，为非洲国家和澜湄国家提供了大量有益的减贫经验，这对于提升发展中国家的资源使用效率，增强其可持续的贫困治理能力有着重要作用，彰显了新型国际减贫交流合作关系的核心要义。

第五章

中国参与全球贫困治理的挑战与角色优化

随着中国参与全球贫困治理角色的深化，其面临的挑战也更加复杂，制约着其效力的发挥。本章在分析中国面临的挑战的基础上，对中国参与全球贫困治理的角色优化进行初步探讨。

第一节　中国参与全球贫困治理面临的挑战

从国际、国内两个层面来看，中国参与全球贫困治理的实践仍然面临着诸多挑战，如国际减贫机制的重叠导致的碎片化治理、国际政治经济局势的不确定性、中国参与全球治理的能力制约以及平衡国际国内减贫治理的压力等，都会影响中国参与全球贫困治理的成效。

一、国际层面的挑战

第一，国际减贫机制的多元化增加了合作治理的难度。随着新兴经济体在全球贫困治理体系中的角色转变，国际减贫合作机制的构成也呈现出多元化的特征。这丰富和完善了全球贫困治理的内容，与此同时，国际制度的扩散、合作制度密度的增加，以及全球治理层面行为体类型的多样化,将会使个体制度安排的治理活动出现重叠、交叉、互动的情况。① 比如,从全球援助资金的构成来看,新兴经济体的加入使发展中国家的减贫资金有了多种选择,当前国际发展援助的主要资金来源构成渠道更为分散,这将可能导致减贫合作项目"管理成本上升、协调难度增加和目标冲突等规模不经济问题,影响减贫效果"②。以非洲地区为例,联合国机制、国际金融机制和双边援助机制等三大国际减贫机制在问题领域、行为体、国际治理等方面存在重叠,降低了援助的有效性,制约了非洲减贫的效率。③

第二,大国战略竞争加剧全球贫困治理困境。首先,发展与减贫议题被边缘化。如以"国际经济合作主要论坛"为机制定位的 G20 峰会,近年来却出现了泛安全化和泛政治化风险。美国等西方国家坚持要将俄乌冲突等安全问题纳入议程,可能使原本该被关注的贸易与投资、粮食供应、能源等议题被边缘化。正如南非外长潘多尔指出:"我们较富裕的伙伴们的注意力和资源已经用偏了。我们不能放任世界某个地区的冲突取代消除全球贫困的目标,成为最大的全球挑战。"④ 2023 年 9 月,在第 78 届联合国大会高级别会议召开期间,美国、英国媒体的相关报道中都提及俄乌冲突造成的全球分歧已经代替全球南方经济和社会发展议题占据了会议的重心,各国团结起来促进和平与安全受到越来越多的阻碍。

而更令人担忧的是,少数发达国家为了保持自身经济优势和技术垄断地位,将发展问题边缘化。比如,通过不公平的贸易政策,如关税壁垒、补贴措施等,保护本国产业并削弱其他国家的竞争力,使发展中国家在全

---

① 王明国. 全球治理机制复杂性的探索与启示 [J]. 国外社会科学, 2013 (5): 67.
② 张原. "一带一路"倡议下的中国对外合作减贫: 机制、挑战及应对 [J]. 当代经济管理, 2019 (1): 15.
③ 刘美武. 重叠国际机制与非洲减贫 [J]. 世界经济与政治论坛, 2011 (4): 84.
④ 郝薇薇等. 再聚焦·再提振·再塑造——全球发展倡议的世界贡献 [EB/OL]. 新华网, 2023-09-20.

球贸易中处于不利地位，难以实现经济独立和可持续发展。部分国家热衷于制造发展壁垒，无视广大发展中国家的发展阶段和发展权，试图将自身意志和标准施加给其他国家，并强行推行为各国均需遵守的普遍规则，对发展中国家经济和产业造成冲击，造成更大范围的不公平，进一步拉大南北鸿沟。

其次，发展越来越多地突出体现其地缘战略工具性特征。"随着当前国际关系向地缘政治的回归和地缘冲突的增加，国际援助中的地缘战略性质和成分明显增加，并开始挤压国际发展的资源和空间。"① 2024 年 4 月，中国商务部国际贸易经济合作研究院发布的《美国对外援助的伪善本质和事实真相》研究报告指出，长期以来，美国对外援助与其国内政治和全球战略捆绑，以恢复美国领导力、强化美式民主等为首要目标，无视发展中国家的发展利益和实际需求。例如，美国在 2018 年以打击恐怖组织不力为由，宣布暂停对巴基斯坦的 16.6 亿美元的军事援助以及 13 亿美元的发展援助，其对外援助越来越多地成为其地缘政治工具。

日本早在 2003 年就确立了 ODA 服务其政治和军事的目标。2015 年，日本通过新的《开发合作大纲》，其主要变化是将对外援助的目标从推动经济发展和民生扩展到"维护和平"和"传播民主"，并更加重视对重要战略地区的援助。2023 年，日本《开发合作大纲》更是提及要以援助的手段来遏制中国的发展，例如，加强海外基建。在此种情形下，受援国担忧援助与减贫成为大国对抗的竞争工具，导致本国的实际国情和减贫需要被忽略②，于是开始有针对性地进行政策调整，以寻求利益最大化。

最后，新兴经济体与传统援助国在发展理念、减贫合作模式等方面的潜在冲突也集中反映在发展合作的战略竞争上。以"一带一路"倡议为

---

① 周弘. 国际援助的多样性与共同性 [J]. 中国社会科学，2023（5）：170.

② 翟崑，李曾桃子. 中国与东盟减贫合作致力于实现"第三个奇迹" [EB/OL]. 澎湃新闻网，2020-11-19.

例，美国认为，中国"一带一路"倡议是对美国的"新丝绸之路"以及"北南走廊"计划的严重干扰和直接冲击，而且中国创设的 400 亿美元"丝路基金"和 1000 亿美元"亚洲基础设施投资银行"更凸显了美国国际发展计划的投入不足，并对其主导的国际发展体系构成现实挑战。在这样的背景下，中国参与全球贫困治理将面临更为激烈的竞争。

第三，发达国家利用话语权优势对中国进行战略遏制。当前，主要国际发展机构的领导权仍然由发达国家所主导，因此，将不可避免地利用话语权优势和影响力在全球贫困治理领域对中国进行战略遏制。

西方国家与中国的减贫理念存在较大差异。比如，在人权和贫困的相关性问题上，西方自由主义学者普遍奉行经济发展的"涓滴理论"，其主要观点是，贫困是单纯的经济问题，会随着经济发展得到解决，因此没有必要把贫困与人权挂钩。① 而这种观点在当前国际社会仍然占据一定的主导话语地位。一些西方国家基于他们对中国减贫存在的固有偏见，将西方的人权信念奉为"普世标准"，并以所谓中国"扶贫不尊重自由""耗费高昂，不可持续"等理由对中国的努力进行抹黑。而中国认为贫困问题就是人权问题，消除贫困是中国人权发展进步的重要成就。事实上，联合国和其他国际组织也一直强调贫困和人权之间的关联性，例如，可持续发展目标（SDGs）旨在消除贫困、促进可持续发展和保障人权。这也说明国际社会普遍认识到贫困和人权之间的紧密联系，并努力寻求综合的解决方案。

西方国家还不断利用话语优势指责抹黑中国国际减贫合作项目。比如，在中非产能合作领域，美国等西方国家常用西方话语体系来进行解读，散布"新殖民主义论""落后产能转移说"等言论。② 中国对非洲国

① 白帆. 解析消除贫困与人权的关联性之争议 [J]. 人权，2020（4）：61.
② 王志章，郑时彦. 中国与非洲产能合作反贫困的现实困境与对策建议 [J]. 重庆大学学报（社会科学版），2019（5）：9.

家提供的发展资金也常常被歪曲，近年来，美国媒体不断翻炒所谓"债务陷阱论"，诋毁中国向发展中国家提供的贷款，导致这些国家无力偿还贷款，落入"陷阱"。在基础设施建设项目上，中国也面临着较多的环境评估风险和国际争议。此外，中国对外援助的透明度问题也一直备受国际社会的质疑。有西方学者甚至称，中国"不附加政治条件"的对外援助抵消了西方发展援助的"良治"效果，干扰了受援国的政治经济改革。①

第四，国际政治经济形势的不确定性使国际减贫面临着更大的压力。例如，由于新冠疫情、地缘安全、经济下行等因素叠加，致使全球减贫进程受到多重阻碍。特别是新冠疫情对全球经济发展带来的持续性"疤痕效应"，使发展中国家产业效率下降，就业机会减少，减贫在发展中国家财政资金分配中的优先地位被削弱。从国际层面来看，国际社会用于减贫领域的资源和投入也大幅下降。国际货币基金组织数据显示，在新冠疫情流行期间，富裕国家已经花费将近 8 万亿美元用于本国公民的防疫工作，国外发展援助投入进一步萎缩，全球贫困治理面临着更大的资金压力。例如，"英国政府宣布 2021 年官方发展援助总额由国民收入的 0.7%下调至0.5%，低于联合国的目标值，也创下英国 2013 年以来官方发展援助总额占国民收入比值新低"②。

二、国内层面的挑战

第一，中国参与全球贫困治理的能力尚待提升。当前，无论是从国际环境还是受援国层面来看，都对中国参与全球贫困治理提出了更高的要求，但实际情况是中国的治理能力仍然存在一些不足。作为全球贫困治理体系的后来参与者，中国在减贫知识体系的构建、合作机制的建立、运行和评

---

① MANNING R. Will Emerging Donors Change the Face of International Co-operation? [J]. Development Policy Review, 2006, 24 (4)：371-385.

② 中国国际发展知识中心. 全球发展报告 2023：处在历史十字路口的全球发展 [M]. 北京：中国发展出版社，2023：67.

估上都略显经验不足，相关专业人才缺乏，参与的广度和深度均不够。

一是专业人员培养储备不够。由于减贫议题的综合性、复杂性和跨学科的特点，对于一线工作人员的专业素养要求更高，而中国在人才储备和团队建设方面还应有所加强。以中国公民在联合国各专业机构任职的专业人员情况为例，数量和职员级别要远远低于发达国家。比如，按照年度会费比例，2018—2019 年，中国在联合国粮农组织的应有任职人数为 60~82 人，而实际人数仅为 53 人。再比如，"联合国 2030 年可持续发展目标（SDGs）涵盖 17 个不同领域的总体发展目标，这就要求援助项目的设计和实施者拥有更专业的学术背景、更宽广的研究视野，以及更扎实的科技和数据知识"①。而且，在具体的减贫合作项目开展过程中，要求相关工作人员能够在了解合作对象国发展与减贫对策的基础上，开展减贫谈判与合作、减贫合作项目方案设计，协助发展中国家制定减贫方案等。比如，在"中国—东盟村官交流项目"中，就需要选派了解国内减贫以及国际合作的缅甸语、柬埔寨语等小语种人才。但目前，"我国大部分从事扶贫援助的人员对中国国内扶贫经验了解不多，同时，参与扶贫经验分享和传播的大部分人员又没有经过系统的外交援外知识的基本训练"②，可能会使中国对外传播的减贫信息无法被有效获取，使合作效果产生折扣。

二是减贫融资渠道有限。如前文所述，当前全球贫困治理面临着巨额的资金缺口，中国无疑难以以一己之力来承担。在中国的对外合作减贫中，政府和国有企业担当了重要角色。在国际减贫合作不断深入、范围不断扩大的背景下，这种依赖政府间的双边减贫合作将可能面临多重问题：一方面，筹资渠道的单一会使援助国承受较大的融资压力；另一方面，受援国的政治不稳定和贫困治理能力也可能成为影响减贫合作效率的重要因

---

① 宋微．逆全球化背景下中国对外援助的系统优化［J］．国际经济合作，2020（5）：11.

② 赵懂文．中国扶贫外交研究［D］．北京：中共中央党校，2017.

素。此外，"利""义"权衡的问题，也是商业型援助和投资项目不得不面临的问题。因此，开辟和拓展多元化的融资方式和渠道，融入并拓展高效率的多边贫困治理体系，是中国参与全球发展与贫困治理的重要途径。①

当前中国的对外减贫合作也存在一些机构协调上的问题，没有形成减贫合力。比如，国家国际发展合作署负责对外援助的综合管理事务，而国际开发合作则由国家发展和改革委员会牵头，分别属于独立的运作管理体系，在减贫项目的投资融资、项目和资金监督评估等方面缺乏协调②，难以形成协同的减贫效应。

第二，中国参与国际减贫面临着国内减贫治理与公众舆论的压力。"全球治理与国家治理是密切相关、相辅相成的，一国在全球治理中的角色相当程度上取决于其国家治理状况。"③ 虽然中国已如期完成脱贫攻坚的目标，但基于发展中国家的现实，在"后扶贫时代"，中国也面临着区域间发展不平衡以及深度贫困地区的持续发展等任务。因此，中国应在建立国内减贫长效机制的基础上，进行国际减贫合作。

第三，中国国际减贫理论体系的构建滞后于实践发展。一是对中国减贫经验的理论化总结不够。相较成绩卓著的减贫实践，"中国贫困理论长期处于碎片化状态，虽然中国在扶贫实践中探索出了许多行之有效的具体做法和基本模式，但始终未能形成成熟的贫困理论体系和基本范式"④。因此，造成了当前在关于贫困研究的理论体系中，西方发达国家的视角和思维仍然占据主导地位，中国的减贫理论有所缺失的局面。现有文献和研究对中国扶贫经验做了多方面的总结，"但大部分都是基于宏观的普适应性

---

① 张原. 新世纪以来中国对拉美援助和投资的减贫效应研究 [J]. 太平洋学报，2018（12）：72.

② 黄梅波. 中国国际援助与开发合作的体系构建及互动协调 [J]. 上海对外经贸大学学报，2019（4）：16.

③ 卢静. 全球经济治理体系变革与中国的角色 [J]. 当代世界，2019（4）：17.

④ 周文，郑继承. 减贫实践的中国贡献与经济学诺奖的迷误 [J]. 政治经济学评论，2020（4）：108.

的减贫机理基础上做出的，针对我国新常态发展背景下的减贫理论还有待开拓"①。加之，中国减贫的成功是多方面因素共同作用的结果，如何对中国减贫经验可借鉴性内容进行微观叙事的提炼，并与贫困治理理论的国际话语体系有效对接，也是中国贫困理论建设的难题。二是在中国减贫知识与经验的对外宣传中，中国减贫经验的国际传播也落后于实践。"以官方主导、政治场合为主要传播媒介，不利于向世界展示中国减贫和中国参与全球贫困治理的多个面向。"② 而且，在强调中国特色的同时也应注重其普适性的一面，以增进国际社会对中国减贫经验的理解。

第二节 中国参与全球贫困治理角色优化的思考

为深化中国在全球贫困治理中的作用，使其成为践行中国全球治理新理念，推进"一带一路"倡议和中国特色大国外交的重要手段，中国应在人类命运共同体的视域下，从加强战略规划、完善减贫合作机制、创新参与方式、深化理论研究等方面着手进行综合协调，以更好地发挥减贫的国际比较优势和减贫软实力，从而推进"没有贫困、共同发展的人类命运共同体"建设。

一、加强战略规划，完善全球贫困治理新格局

中国参与全球贫困治理，应以大国意识和大国战略为基础，结合国内以及区域发展的实际，制定宏观战略和具体实施策略，具体可以从以下四

---

① 黄承伟. 中国扶贫开发道路研究：评述与展望 [J]. 中国农业大学学报（社会科学版），2016（5）：15.

② 梁晓敏. 知识分享是全球贫困治理的重要内容：中国减贫经验的"国际化"之道 [J]. 可持续发展经济导刊，2020（6）：37.

方面着手。

第一，充分发挥全球发展倡议的引领作用。全球发展倡议是中国在国际发展合作领域发挥引领作用的重要尝试，这一倡议顺应了国际社会对加快落实 2030 年可持续发展议程的期望，彰显了中国作为国际发展合作推动者的身份。当前，全球发展倡议正处于项目推进落实的关键阶段。进一步发挥全球发展倡议的引领作用，关键在于强化机制建设，例如，"建立与共建'一带一路'倡议的协调机制，与既有发展合作平台和国际组织的战略对接，与联合国 2030 年可持续发展议程的对接机制建设"①。

第二，推进"一带一路"倡议与 2030 年可持续发展议程的对接。将"一带一路"倡议纳入 SDGs 的框架下，是实现两者政策层面对接的重要途径。这不仅能使"一带一路"项目更好地融入沿线各国政府的发展议程和发展需求，同时也能提升中国在全球贫困治理中的角色和形象。

具体来看，战略理念、合作领域、机制平台应成为对接的重点。一是将 SDGs 中的可持续发展理念融入贯彻到"一带一路"项目建设中，体现出合作项目对于促进沿线国家发展与减贫的持久、包容和可持续的特征。② 比如，在大力推动基础设施互联互通和国际产能合作的同时，兼顾生态环境保护和社会包容性。③ 在合作领域上，可具体对接 SDGs 中的具体减贫目标任务，重点关注"一带一路"沿线国家基础设施建设、气候变化、教育等领域方面的需求。④ 在机制平台上，应在 SDGs 的框架下，将区域减贫合作纳入"一带一路"倡议统筹规划，利用"一带一路"倡议促进相关机制

---

① 张贵洪. 全球发展倡议的核心目标与实现路径 [J]. 国家治理, 2024 (1)：2-7.

② 朱磊, 陈迎. "一带一路"倡议对接 2030 年可持续发展议程：内涵、目标与路径 [J]. 世界经济与政治, 2019 (4)：79-100, 158.

③ 曹嘉涵. "一带一路"倡议与 2030 年可持续发展议程的对接 [J]. 国际展望, 2016 (3)：44.

④ 朱磊, 陈迎. "一带一路"倡议对接 2030 年可持续发展议程：内涵、目标与路径 [J]. 世界经济与政治, 2019 (4)：79-100, 158.

的协同合作。①

第三，立足于周边国家，分层次分重点开展国际减贫合作。在减贫合作的实施策略上，应根据中国外交战略总体布局的特点，进一步明确在世界不同区域开展国际减贫合作的战略定位，针对不同的地区和国家制定详尽具体的减贫合作方案。具体来说，应立足于与周边国家共同发展，并以东南亚、非洲为重点，实现减贫合作的逐步推进。

一方面，中国周边地区经济落后的贫穷国家较多，这些国家有与中国开展减贫合作的现实需求。据联合国开发计划署的统计数据显示，27 个亚洲国家共有多维度贫困人口 6.8 亿人，占全球多维度贫困人口的 51.31%，主要集中在印度（54.9%）、巴基斯坦（11.1%）、孟加拉国（10.1%）等国家。因此，中国在参与全球贫困治理时应充分关切周边国家的利益，以"一带一路"为平台，在基础设施建设、人力资源、贸易和投资便利化等领域深化与周边国家的合作，塑造减贫合作的软实力。

另一方面，中国与东南亚国家和非洲国家的减贫合作开展较早，取得了良好的成效。在新的减贫合作时期，可将其作为重点，充分发挥澜湄合作、中非合作论坛等机制在国际减贫中的引领示范作用，进一步深化国际减贫合作的成效。比如，世界上贫困人口最为集中的非洲地区，减贫始终是非洲国家亟须应对的、最重要的发展挑战之一。因此，非洲地区的脱贫对于世界反贫困进程具有重要的启示意义和举足轻重的影响。在今后对非减贫合作方面，可以粮食安全为合作切入点，有效开发利用闲置土地资源，促进提高农业生产率和产业附加值的现代化农业生产；推动以工业化发展为核心的包容型非洲经济转型，可以经贸合作区开发为重点，将其打造为国际产能合作的示范性平台，带动区域及国家的发展。② 在澜湄减贫

---

① 赵青海. 中国与东盟 10+1 框架下的减贫国际合作与周边外交 [R]. 北京：中国国际扶贫中心，2015.

② 安春英. 中非减贫合作与经验分享 [M]. 北京：中国社会科学出版社，2018：142-145.

合作中，可以具体减贫合作项目为抓手，积极推动澜湄各国参与减贫战略与规划的制定；逐步建设并完善网站信息平台作用，开发建设相关的减贫合作资料数据库；开发新的合作领域，以产能合作促进产业减贫，优先推进电力、医疗设备、轨道交通、水路交通、航空运输、可再生能源、农业以及农产品和水产加工等领域的产能合作。①

第四，坚持"共同但有区别的责任"，协调好国内减贫与国际减贫的关系。当前，"国际上要求中国承担国际责任，要求其成为'负责任的利益相关者'的呼声与日俱增，中国被要求按照现行国际规则提供全球公共品的压力将不可避免"②。对于此，中国应对自身"最大的发展中国家""新兴大国"的角色定位有明确的认知，充分考虑参与全球贫困治理的战略意义，在"共同但有区别的责任"原则下，促进国内减贫与国际减贫的联动发展。

一是要坚持"共同但有区别的责任"原则，因为"这是国际社会在发展领域的重要共识，是开展国际发展合作的基础"③。要在量力而行的基础上，基于自身国情和能力，承担全球贫困治理的大国责任。中国脱贫攻坚战取得了全面胜利，但仍然面临着统筹城乡发展等发展任务。因此，在参与全球贫困治理时，"中国必须避免在全球层次作出过于明确的物质性承诺"④，要在坚持"发展中国家"的身份属性的同时积极承担全球贫困治理的国际责任。与此同时，在维护发展中国家的根本利益时，也必须思考某些发展中国家要求的合理性问题，权衡利弊，在提供减贫公共产品时量

---

① 罗圣荣. 澜湄次区域国际减贫合作的现状、问题与思考 [J]. 深圳大学学报（人文社会科学版），2017（3）：110-111.

② 李小云. 发展援助的未来：西方模式的困境和中国的新角色 [M]. 北京：中信出版集团，2019：169.

③ 外交部发布 2015 年后发展议程中方立场文件 [EB/OL]. 中国政府网，2013-09-22.

④ 张春. 中国参与 2030 年议程全球伙伴关系的战略思考 [J]. 国际展望，2015（5）：126.

力而行，如在发展融资方面，可加强与世界银行、亚洲开发银行等国际金融机构的合作，弥补发展中国家在减贫资金以及技术方面的不足。此外，还要"注重权责平衡和效益最大化原则，承担的责任、义务需要与自身权力、利益的增进相匹配，付出的国际投入也需要与自身话语权和影响力的不断提升相一致"①。

二是要协调好国内发展与国际减贫的关系。要解决全球治理合法性和有用性的问题，就要承认国内因素始终是最主要的现实。不可否认的是，国内发展是中国参与全球贫困治理的基础，中国之所以能在国际减贫领域展现出强大的吸引力和感召力，也是因为自身卓著的减贫成就和经验。因此，中国在参与全球贫困治理时应充分考虑国内因素。

一方面，国际减贫应立足于国内发展，在资源投入上有所倾斜，保障国内充分就业、经济发展、平等、社会保险、福利，兼顾国内发展的公平与效率。并在 2030 年可持续发展议程的引导下，"在相关的可持续发展目标上制定出更具体的目标和指标体系，明确相关的执行标准和监督措施，从而真正地在兼顾经济发展、社会公平和环境保护三大支柱的基础上实现中国自身的发展"②，为中国在更大范围和程度上参与国际减贫奠定基础。

另一方面，要做好"对外援助领域动态化和规范化的公众意见研究，分析国内公众援外认知背后的影响因素和形成基础"③，比如，对网络平台公众对对外援助的评论、质疑等信息进行搜集整理，为对外援助与减贫政策的制定和传播方式提供一定的参考。白云真也提出，应及时发布对外援助的信息数据，提高对外援助项目的与政策的透明度；推动社会团体、商业机构等对外援助和国际减贫活动的参与，以筑牢参与全球贫困治理的社

---

① 罗建波. 中国对外援助模式：理论、经验与世界意义 [J]. 国际论坛，2020（6）：61.

② 黄超. 全球发展治理转型与中国的战略选择 [J]. 国际展望，2018（3）：44.

③ 李小云. 发展援助的未来：西方模式的困境和中国的新角色 [M]. 北京：中信出版集团，2019：208.

会基础。①此外，还应积极将自身发展与减贫的原则、理念、方式在国际社会进行推广，进一步强调"新型减贫交流合作关系""人类命运共同体"等理念，强化命运共同体、利益共同体和责任共同体意识，分散中国承担更大国际责任的国际舆论压力，塑造更加公平合理的全球治理秩序，为国内减贫与发展提供良好的外部环境。

二、拓展减贫合作渠道，构建开放包容的减贫治理体系

第一，维护联合国在全球贫困治理体系中的核心地位。联合国作为从事国际发展与减贫的专业机构，在全球贫困治理议题上拥有毋庸置疑的代表性和权威性。首先，联合国在凝聚全球贫困治理共识，促进全球贫困治理的政策执行、监督与管理中起到了重要的作用。在发展议题上，联合国的理念历来与 OECD-DAC、世界银行以及国际货币基金组织所推崇的传统发展援助范式有所区别，对以中国为代表的新兴国家的对外援助保持相对宽容和开放的态度。② 其次，联合国拥有多层次、多领域的专业减贫机构，比如，联合国开发计划署、联合国粮食以及农业组织等。因此，联合国也成了广大发展中国家开展国际减贫合作的重要组织。中国在与其他国家尤其是发展中国家开展合作时，如果能以联合国专门机构为平台或合作伙伴，切实汲取其意见和建议中的合理成分，那么援助资金的使用很可能会更加高效、相关方案的制定会更加顺利、项目的推进也更容易被当地政府和民众所接受。③ 比如，有学者认为，在联合国框架下的合作可以在一定程度上缓解国际社会对中国"一带一路"相关项目合作的质疑，消除项目

---

① 白云真. 如何有效推进中国对外援助 [N]. 中国社会科学报，2014-08-13（B3）.

② WEINLICH S. Emerging Powers at the UN：Ducking for Cover？ [J]. Third World Quarterly，2014，35（10）：1831.

③ 孙伊然. 全球发展治理与中国方案 [M]. 上海：上海社会科学院出版社，2019：434.

当地人民的误解，提升中国政府的国际形象。①

因此，中国应进一步加强与联合国开发计划署等发展机构之间的协调与合作，增强中国对全球贫困治理项目的参与度和融合度。一是要积极推进落实联合国就发展与减贫议题所提出的各项倡议；二是与联合国各专门机构建立机制化的合作关系，比如，积极为联合国输送中国减贫、世界减贫、国际发展的人才；三是推动企业和社会组织与联合国开发计划署等专门机构构建良好的伙伴交流关系。此外，还应积极推进联合国在国际减贫议程设置、国际减贫项目开展方面的审议与问责，进一步提升联合国在全球贫困治理中统筹协调职能和主导地位。

第二，进一步加强多边合作，构建全球发展伙伴关系。多边合作不仅是突破当前全球贫困治理困境的重要方式，也是提升中国参与全球贫困治理的合法性和有效性的重要途径。

一是在维护联合国在全球贫困治理的核心作用的同时，加强与二十国集团（G20）、经合组织发展援助委员会、世界银行等国际发展机构以及非政府组织的对话与沟通。通过多边平台的合作，中国可向国际社会明确自己所应承担的国际减贫责任，并在国际规则制定、议程设置和程序安排中充分发挥作用，从而体现中国的利益，逐步增加在国际事务中的发言权和影响力。此外，还应在"一带一路"框架内积极协调亚洲基础设施投资银行、澜湄合作机制等新机制与原有国际减贫体系的关系，发挥新组织的积极作用②，确保不同机构支持国际发展的目标和活动相辅相成。③

二是进一步深化南南合作。中国与广大发展中国家有着相似的发展历

---

① 孙靓莹，邱昌情."一带一路"建设背景下的南南合作：路径与前景［J］.广西社会科学，2016（2）：135-139.

② 张原."一带一路"倡议下的中国对外合作减贫：机制、挑战及应对［J］.当代经济管理，2019（1）：11-16.

③ 孙伊然.全球发展治理与中国方案［M］.上海：上海社会科学院出版社，2019：263.

史和共同的发展需求。近年来，"全球南方"的群体性崛起也为发展中国家在国际舞台上争取更大的国际发展话语权奠定了基础。继续深化南南合作，寻找共同的利益点，有利于推动构建包容、协调的全球治理格局，为发展中国家发展与减贫提供良好的外部环境条件。

此外，三方合作作为"促进发达援助国和新兴援助国共同合作、共享知识和经验、推动全球伙伴关系建立的路径之一"①，近年来越来越受到国际社会的重视。这种联结发达国家（或国际组织）、南南合作参与方以及受援国三方的合作模式，能够充分发挥各方的比较优势，降低传统援助国的成本，为新兴援助国动员更多的合作资源，促进地区资源整合，为受援国提供更多的发展资源和经验，成为沟通南北援助和南南合作的桥梁。有鉴于此，中国可充分利用"IFAD-中国南南及三方合作专项基金"，借鉴发达国家在减贫项目管理以及科学技术方面的经验和优势，共同制订落实2030年议程的行动计划，积极推进在粮食安全、可持续农业发展、医疗卫生等领域的合作，践行"共商共建共享"的贫困治理理念，构建具有开放性、包容性的减贫合作伙伴关系。

三、提升减贫治理能力，创新减贫治理方式

第一，优化对外援助在国际减贫合作中的作用。对外援助是中国参与全球贫困治理的重要方式之一，而援助必须有效，才能促进减贫，这已成为国际社会的一个共识。因此，优化对外援助的方式与内容，才能更好地实现发展与减贫的目标。从宏观层面，一方面，应探索更加科学的、多元化的资金筹措方式，以提升援助与贸易和投资活动的合力。另一方面，应提升对外援助透明度。例如，宋微提出，可以建立专门的援助数据库，并提供详细的援助项目数据信息，包括项目名称、起止日期、援助数额、项

---

① 黄梅波，唐露萍. 三方合作：推进全球伙伴关系的可行路径 [J]. 国际经济合作，2013（8）：55.

目目标、实施单位、年度预算与花费、项目状态、援助类型等。① 从微观层面来看，一方面，在援助项目的设计和资金流向上应更多地覆盖到受援国的贫困群体。比如，与中国开展减贫合作的国家大多是经济落后的欠发达国家，且贫困人口规模较大，多集中生活在农村，从事农业生产。另一方面，这些贫困群体对于自然灾害的抵御能力也较弱，容易因此致贫返贫。因此，中国的对外援助项目设计应更多地考虑受援国的贫困群体。例如，加强对贫困地区的基础设施建设援助，"有助于雇用当地贫困劳动力或直接带动贫困人群能力发展和收入增长，具有丰富的减贫内涵和潜力"②。与此同时，援助项目的设计也应更加注重培育贫困群体的自主减贫和可持续减贫能力。

此外，由于国际减贫的综合性，涉及多个部门的协调与配合，因此，还应就如何开展减贫援助管理、推进减贫交流合作的机制研究和人才培养等进行统筹考虑，用合理的制度来指导减贫领域国际交流合作的实践，以便更好地发挥各自的优势加强减贫国际交流合作。

第二，充分发挥企业、非政府组织等主体的作用。虽然中国在参与国际减贫的实践中逐渐形成了政府主导、社会组织力量多方参与的格局，但客观而言，在参与全球贫困治理的过程中，政府、企业、非政府组织三者所发挥的作用并不平衡。因此，应积极推动参与全球贫困治理的主体的多元化，充分发挥社会组织在减贫中的功能和作用。

比如，在"一带一路"建设背景下，将"推进对外减贫合作与中国企业'走出去'相结合"，"加快建立健全中国企业参与对外扶贫交流合作的体制、机制，充分促进当地减贫的资金、技术、人力资源开发优势，将企业的社会责任要求与减贫合作有机结合起来"，③ 推动企业开展教育培训、

---

① 宋微. 逆全球化背景下中国对外援助的系统优化 [J]. 国际经济合作，2020（5）：10.
② 黄承伟. 为全球贫困治理贡献中国方案 [N]. 人民日报，2017-07-20（3）.
③ 黄承伟. 为全球贫困治理贡献中国方案 [N]. 人民日报，2017-07-20（3）.

民生基础设施、医疗卫生援助等活动。具体来看，可促进中国海外企业在当地形成减贫龙头企业，与农业技术示范中心、社区示范项目相结合，形成产业链一条龙。①

在非政府组织的参与方面，应鼓励不同领域的民间慈善机构和基金会参与专项对外援助活动，发挥其专业援助特长。比如，可以考虑重点甄选和培育一批运作基础良好、经验相对丰富的非政府组织，将其在国际层面开展的减贫行动纳入统一战略规划，建立相对应的制度和规范。②

第三，利用新兴科技优势，创新贫困治理方式。历史的发展进程表明，在全球化的过程中，越是开放、合作，越能促进创新性和可持续的发展。因此，加强创新性合作与创新性实验与示范，包括将大数据、地理信息系统、多元决策系统等现代科技方法运用到国际减贫中至关重要。在这方面，中国已经开始了一些新的尝试。在第 75 届联合国大会上，中国宣布将设立联合国全球地理信息知识与创新中心和可持续发展大数据国际研究中心。2020 年全球减贫伙伴研讨会通过了《陇南共识》，提出要重视数字创新，将数字创新作为重要因素在减贫项目设计、减贫产业构建、减贫知识分享等各类工作中体现，以推进 2030 年可持续发展目标。③

在今后，中国可重点从以下两方面来加强贫困治理的创新。一是拓展新的合作领域，比如，电子商务这种连接小农户和大市场的方法在中国快速发展，生动展示了电子商务的力量，可为其他发展中国家减贫提供借鉴和参考。比如，在旅游资源丰富的国家，创新实施绿色生态旅游减贫新模式等。二是在实施手段上，综合运用高科技的力量。比如，持续推动科研机构利用大数据、云计算、人工智能、空间技术、网络通信技术，围绕数

① 刘倩倩，王小林. 减贫软实力外交的时代意义 [M] // 左常升. 国际发展援助理论与实践. 北京：社会科学文献出版社，2015：606.

② 白云真，等. 中国对外援助的支柱与战略 [M]. 北京：时事出版社，2016：35，74.

③ 2020 全球减贫伙伴研讨会通过《陇南共识》[EB/OL]. 中国网，2020-11-25.

字"一带一路"、三维信息海洋和生物多样性和生态安全战略命题,开展全球和区域多尺度可持续发展研究①,并建立扶贫数据系统,对贫困数据进行精准分析,有效提高扶贫效率。

第四,深化贫困理论研究,完善减贫传播机制。在理论研究方面,黄承伟提出,可重点从三方面着手:首先,从社群视角、文化视角等多学科的视角出发,推动构建减贫研究的综合理论体系;其次,不断丰富和探索减贫研究的科学方法,比如,在全球减贫知识库的创建和完善方面,推动建立多学科、跨领域的系列报告、专题报告和年度报告;最后,加强理论研究和分析的深入程度。②

此外,理论研究要充分认识到中国减贫经验的共性和个性特征,深化对具体理论在国际减贫中的运用研究。如前文所述,中国的减贫经验有其特殊性及普遍性,在对外减贫合作中,要考虑到各国政治制度、致贫原因、贫困程度、资源禀赋等差异。比如,"就亚洲地区整体而言,与撒哈拉以南非洲国家之间的贫困趋同现象不同,亚洲的贫困表现出了跨国之间贫困分化的特征,即不同国家之间的贫困发生率与表现不一样"③。再比如,在拉丁美洲,城市的贫困人口绝对数量远远高于农村,对中拉减贫合作而言,农业合作很难发挥主导作用。可以说,中国与拉美的减贫合作比其他地区更需要在合作领域和手段上有所创新。④ 正如徐秀丽所说,"在分享中国减贫经验的过程中,不能简单将受援国看作另一个或从前的自己,而忽视他者视角,尤其是全球南方国家处于不同发展阶段和不同历史

---

① 郭华东. 为全球可持续发展作出的中国实质性贡献 [N]. 光明日报, 2020–09–26 (8).

② 黄承伟. 中国扶贫开发道路研究:评述与展望 [J]. 中国农业大学学报(社会科学版), 2016 (5):15.

③ 博鳌亚洲论坛. 亚洲减贫报告 [R]. 北京:博鳌亚洲论坛, 2019.

④ 林华. 中国和拉美国家减贫合作的空间与路径 [J]. 拉丁美洲研究, 2022 (5):110–111.

文化背景下的即时反馈，往往容易陷入低效甚至无效交流与合作的泥潭"①。

因此，在研究中应加强减贫经验对接的研究，比如，要加强一国一地一策的精准减贫合作研究。"中国的减贫经验在引入他国后，也需要对具体的作用条件与资源供给相配套，并在充分调研的情况下，做出适当矫正与修订，从而使政策更具备可行性、可实施与实施效果的可检验性。"②

在宣传方式上，可借鉴参考国外媒体以具体的扶贫人物或减贫故事作为案例，来讲述扶贫故事的对外传播方式，以小见大，扩大积极影响和效应。比如，2018 年 1 月，英国《卫报》旗下的《观察家报》记者赴云南省景洪市哈尼族小镇采访，报道当地群众易地搬迁后的生活变化，在西方媒体中引起了积极的反响。③ 二是要拓宽宣传渠道。比如，可利用国际组织的网站、减贫文件、宣传册等对中国参与全球贫困治理的案例、成果、评价进行多方面的介绍。三是要及时回应国际社会关于中国减贫项目、对外援助的质疑，比如，可以组织实地调研考察或专场新闻发布会，介绍减贫合作项目的详细情况等。

---

① 徐秀丽，田小卉. 注重他者视角，分享中国减贫经验 [N]. 环球时报，2023-05-23 (14).
② 博鳌亚洲论坛. 亚洲减贫报告 [R]. 北京：博鳌亚洲论坛，2019.
③ 许启启. 中国为全球贫困治理提供有益借鉴：国际舆论解读中国扶贫成就与努力 [J]. 对外传播，2018 (6)：32.

结　论

　　贫困问题一直是人类社会发展中的难题，"二战"以来，国际社会不断探索和寻求解决贫困问题的理论与方法。然而，过去六十多年，西方发达国家为发展中国家开出的贫困治理药方却接连遭遇现实的挑战，并未从根本上改变发展中国家的落后状况。而在同一时期，中国取得了突出的减贫成就，并开始就国际减贫提出与西方发达国家不同的理念和路径，打破了全球贫困治理体系固化的局面。本书在对全球贫困治理理论与实践的发展历程进行回顾的基础上，探讨了中国参与全球贫困治理的角色，得出如下结论：

　　第一，全球贫困治理体系在治理目标、权力结构、治理理念与治理方式等方面的变化，推动了中国参与全球贫困治理的角色转变。

　　"二战"后初期，在西方发达国家的推动下，贫困问题开始跨越国内政治的边界，成为国际社会的重要话题。在国际发展援助的大框架下，西方发达国家和国际发展机构从不同的层面，为发展中国家的减贫投入了大量资源。全球贫困治理的主要理论与实践深受当时的国际政治经济形势以及发展经济学、国际政治经济学等学科的影响，呈现出了曲折的发展变化。20世纪50年代，受现代化发展理论的影响，国际减贫呈现出"援助—经济增长—减贫"的思维模式，西方发达国家的对外援助主要流向与经济增长、资本积累密切相关的工业领域；到20世纪70年代，满足人的基本需求的贫困理论开始盛行，国际发展机构和西方国家开始将对外援助转向基础设施建设以及满足贫困群体的生活需要；20 世纪 80 年代，受国际债务危机的影响，关于贫困的探讨再次转移到经济增长的话题上来，发展中国家开始执行发达国家提出的"结构调整"计划；进入 20 世纪 90 年代，冷战的结束为国际贫困问题的解决创造了良好的环境与条件，关注人的发展的减贫理念被提出。与此同时，西方发达国家开始对国际发展援助进行新的反思和调整，在善治（good governance）理念的指导下，将对外援助与发展中国家的政治制度建设联系起来，以"减贫"为目的的国际发展援助在一定程度上成为西方国家干涉发展中国家的政治工具。

以 2000 年为分水岭，全球贫困治理体系出现了明显的转变。2000 年，国际社会提出了"千年发展目标"，为减少贫困构建了具体的、明确的目标和执行路线。发达国家、国际发展机构以及发展中国家都据此进行了一系列政策调整，2015 年千年发展目标到期，极端贫困人口减半的目标基本完成。但一个重要的现实是，其中的大部分贡献是由中国作出的。1981—2015 年，以世界银行每天收入不足 1.9 美元（按 2011 年购买力平价）的贫困标准来计算，中国的贫困人口从 8.78 亿减少为 959.9 万，对实现千年发展目标的贡献高达 70%。而且，中国在这一时期也开始依靠自身经济实力和减贫经验助力其他的发展中国家减贫。

第二，中国自身的角色观念与外部角色期待在互动过程中共同塑造了中国参与全球贫困治理的角色。进入 2030 年可持续议程发展时期后，中国的国际地位提升，角色认知也开始发生变化。基于中国传统文化、"负责任的发展中大国"身份认知、"共建没有贫困、共同发展的人类命运共同体"价值观念几方面因素影响，中国对全球贫困治理形成了独特的角色认知。此外，国际组织、西方发达国家和发展中国家对于中国参与全球贫困治理有了不同层次的、复杂的新角色期待。在这样的背景下，中国对参与全球贫困治理的角色定位进行了调整。一方面，中国以积极的行动回应了国际社会的角色期待。不仅拓展了国际减贫合作的新路径，也更加注重自身减贫经验在国际减贫中的互鉴互用，开始在国际减贫的议程设置、制度建设以及公共产品供给方面发挥作用，从被动的"受援者"成长为全球贫困治理的重要参与主体。另一方面，不断开拓全球贫困治理的融资渠道、创新合作治理方式，设立新的机制平台，有效改善了发展中国家的贫困状况，并激发了其自主可持续的减贫能力，积极展示新角色的内涵。

第三，中国在当前全球贫困治理中的角色定位是核心引领者，其角色内涵主要表现为国际减贫公共产品的提供者、减贫机制的完善者和减贫理念的创新者。

中共十八大以来，中国积极参与全球贫困治理，不断更新调整对自身角色的认知和定位。在公共产品的供给方面，中国从多个层次、多个视角着手，为国际减贫提供了丰富的资源，比如，提供基础设施建设、医疗、教育、卫生等领域的民生援助，直接作用于发展中国家的贫困群体，减轻贫困带来的消极后果，且中国还通过设立各种发展基金、专项贷款的形式为发展中国家减贫提供资金支持。此外，不断总结中国自身的减贫经验，并通过国际交流、建立减贫示范中心等形式将中国的减贫知识与经验提供给发展中国家，为发展中国家的减贫贡献了中国智慧。在减贫机制建设方面，中国与非洲、东亚、拉美、南太平洋等地区建立不同的减贫与发展论坛，如2000年成立的"中非合作论坛"、2006年成立的"中国—太平洋岛国经济发展合作论坛"等，并依托平台开展发展合作与减贫领域的对话、交流与合作。此外，中国还发起成立了"澜湄减贫合作""一带一路"的机制，当前，这些机制已走向成熟化，在推进中国与发展中国家的减贫合作、增进中国与发展中国家的关系方面发挥着重要的作用。在减贫理念方面，中国提出了"共建没有贫困、共同发展的人类命运共同体"理念，并以此作为全球贫困治理的目标，在实践中坚持"共商共建共享"的合作治理原则，体现了"平等、合作、互惠、精准、包容"为核心的中国特色全球贫困治理模式的重要价值。

第四，从理论和实践层面加强中国与全球贫困治理体系的互动，是深化中国在全球贫困治理中的角色的关键。

随着中国在全球贫困治理体系中地位的提升，其参与全球贫困治理的实践也将面临更多的挑战。在国际层面，国际政治经济环境的不确定性、国际减贫机制的重叠、发达国家的战略挤压都会对中国参与全球贫困治理带来阻碍。在国内层面，中国参与全球贫困治理的能力建设、理论构建还存在不足之处，且面临着国内减贫与国际减贫的战略平衡。未来，中国应在人类命运共同体的视域下，从顶层设计、机制的创新、参与方式的完善、加强理论研究等方面着手，促进全球贫困治理，从而推进"没有贫困、共同发展"的命运共同体建设。在 SDGs 的框架下，以人类命运共同体的建设为目标，对参与全球贫困治理进行全方位的规划与设计。此外，不断完善减贫合作机制建设，创新减贫合作方式，深化理论研究，在国内、区域与国际层面协调处理好各行为体之间的利益冲突，推动构建更加开放、包容的全球贫困治理体系，使参与全球贫困治理成为推进"一带一路"建设、构建人类命运共同体和建设中国特色大国外交的重要途径之一。

综上，本书在对全球贫困治理体系发展历程进行回顾的基础上，探讨了中国参与全球贫困治理的角色特征，具体分析了中国在全球贫困治理中的实践作用与贡献。总体来看，中国所倡导的"合作共赢"的全球贫困治理模式对于应对当前复杂的全球贫困治理局面具有重要的理论与现实意义。

参考文献

一、中文文献

（一）专著

[1] 安春英. 中非减贫合作与经验分享 [M]. 北京：中国社会科学出版社，2018.

[2] 博杜安. 世界历史上的贫困 [M]. 北京：商务印书馆，2015.

[3] 蔡昉. 中国经济发展的世界意义 [M]. 北京：中国社会科学出版社，2020.

[4] 蔡拓，杨雪冬，吴志成. 全球治理概论 [M]. 北京：北京大学出版社，2016.

[5] 蔡拓. 全球化与政治的转型 [M]. 北京：北京大学出版社，2007.

[6] 程诚. "一带一路" 中非发展合作新模式："造血金融" 如何改变非洲 [M]. 北京：中国人民大学出版社，2018.

[7] 邓国胜. 中国民间组织国际化的战略与路径 [M]. 北京：中国社会科学出版社，2013.

[8] 丁韶彬. 大国对外援助：社会交换论的视角 [M]. 北京：社会科学文献出版社，2010.

[9] 黄仁伟，郭树勇，刘杰，等. 国际体系与中国的软力量 [M]. 北

京：时事出版社，2006.

[10] 黄梅波，徐秀丽，毛小菁. 南南合作与中国的对外援助：案例研究 [M]. 北京：中国社会科学出版社，2017.

[11] 金灿荣. 大国的责任 [M]. 北京：中国人民大学出版社，2011.

[12] 李小云，唐丽霞，武晋. 国际发展援助概论 [M]. 北京：社会科学文献出版社，2009.

[13] 李小云，王伊欢，唐丽霞. 国际发展援助：发达国家的对外援助 [M]. 北京：世界知识出版社，2013.

[14] 李小云，王伊欢，唐丽霞. 国际发展援助：中国的对外援助 [M]. 北京：世界知识出版社，2015.

[15] 李小云. 发展援助的未来：西方模式的困境和中国的新角色 [M]. 北京：中信出版社，2019.

[16] 李小云. 中国与非洲：发展、贫困和减贫 [M]. 北京：中国财政经济出版社，2010.

[17] 林毅夫，王燕. 超越发展援助：在一个多极世界中重构发展合作新理念 [M]. 北京：北京大学出版社，2016.

[18] 刘鸿武，黄梅波. 中国对外援助与国际责任的战略研究 [M]. 北京：中国社会科学出版社，2013.

[19] 刘美武. 重叠机制视域下的非洲国际减贫机制 [M]. 北京：社会科学文献出版社，2014.

[20] 缪尔达尔. 亚洲的戏剧：南亚国家贫困问题研究 [M]. 北京：商务印书馆，2015.

[21] 奈. 软实力 [M]. 北京：中信出版社，2013.

[22] 倪世雄. 当代西方国际关系理论 [M]. 上海：复旦大学出版社，2001.

[23] 庞中英. 全球治理的中国角色 [M]. 北京：人民出版社，2016.

［24］庞中英．全球治理与世界秩序［M］．北京：北京大学出版社，2012.

［25］庞中英．政治意愿、国家能力和知识角色：关于中国在全球治理中的作用［M］．北京：新世界出版社，2007.

［26］任晓，刘慧华．中国对外援助：理论与实践［M］．上海：格致出版社，上海人民出版社，2017.

［27］森，刘民权，夏庆杰．新时代国际经济发展与合作［M］．北京：中国人民大学出版社，2018.

［28］上海市社会科学界联合会．2007年度上海市社会科学界第五届学术年会文集［M］．上海：上海人民出版社，2007.

［29］孙伊然．全球发展治理与中国方案［M］．上海：上海社会科学院出版社，2018.

［30］王俊生．变革时代的中国角色：理论与实践［M］．北京：中国社会科学出版社，2017.

［31］王泺．国际发展援助的中国方案［M］．北京：五洲传播出版社，2019.

［32］王小林，张晓颖．迈向2030中国减贫与全球贫困治理［M］．北京：社会科学文献出版社，2017.

［33］王小林．贫困测量：理论与方法［M］．北京：社会科学文献出版社，2012

［34］王逸舟．创造性介入：中国外交新取向［M］．北京：北京大学出版社，2011.

［35］韦宗友．全球治理中的国际议程设置：理论与案例［M］．北京：中国商务出版社，2022.

［36］西尔伯，万广华．亚洲的减贫奇迹：成就斐然还是未竟之业？［M］．北京：社会科学文献出版社，2017.

［37］习近平.摆脱贫困［M］.福州：福建人民出版社，2014.

［38］习近平.习近平谈治国理政［M］.北京：外文出版社，2014.

［39］向德平，黄承伟.减贫与发展［M］.北京：社会科学文献出版社，2016.

［40］熊青龙.官方发展援助的减贫效果研究［M］.南昌：江西人民出版社，2017.

［41］张永蓬.国际发展合作与非洲：中国与西方援助非洲比较研究［M］.北京：社会科学文献出版社，2012.

［42］赵剑治.国际发展合作：理论、实践与评估［M］.北京：中国社会科学出版社，2018.

［43］郑永年.中国模式：经验与困局［M］.杭州：浙江人民出版社，2010.

［44］郑宇.多面全球化：国际发展的新格局［M］.北京：中国社会科学出版社，2023年.

［45］中共中央宣传部.习近平总书记系列重要讲话读本（2016年版）［M］.北京：学习出版社，人民出版社，2016.

［46］中国国际扶贫中心.国际减贫与发展论坛集萃（2007—2011）［M］.北京：社会科学文献出版社，2013.

［47］中国国际扶贫中心.中非减贫与发展五届会议综述报告［M］.北京：世界知识出版社，2016.

［48］中华人民共和国国务院新闻办公室.新时代的中国与世界［M］.北京：人民出版社，2019.

［49］中华人民共和国国务院新闻办公室.中国的对外援助：2011年4月［M］.北京：人民出版社，2011.

［50］中华人民共和国国务院新闻办公室.中国的对外援助：2014年4月［M］.北京：人民出版社，2014.

[51] 钟宏武，张蒽，魏秀丽．中国国际社会责任与中资企业角色 [M]．北京：中国社会科学出版社，2013.

[52] 周弘．中国援外 60 年 [M]．北京：社会科学文献出版社，2013.

[53] 左常升．国际减贫理论与前沿问题（2016）[M]．北京：中国农业出版社，2016.

[54] 左常升．国际发展援助理论与实践 [M]．北京：社会科学文献出版社，2015.

[55] 左常升．国际减贫理论与前沿问题（2013）[M]．北京：中国农业出版社，2013.

[56] 左常升．国际减贫理论与前沿问题（2014）[M]．北京：中国农业出版社，2014.

[57] 左常升．国际减贫理论与前沿问题（2015）[M]．北京：中国农业出版社，2015.

[58] 左常升．世界各国减贫概要（第一辑）[M]．北京：社会科学文献出版社，2013.

（二）译著

[1] 布罗蒂加姆．龙的礼物：中国在非洲的真实故事 [M]．沈晓雷，高明秀，译．北京：社会科学文献出版社，2012.

[2] 费丽莫．国际社会中的国家利益 [M]．袁正清，译．杭州：浙江人民出版社，2001.

[3] 基欧汉，奈．权力与相互依赖 [M]．门洪华，译．北京：北京大学出版社，2002.

[4] 科利尔．最底层的10亿人 [M]．王涛，译．北京：中信出版社，2008.

[5] 克逊，乔格索伦森．国际关系学理论与方法 [M]．吴勇，宋德

星，译．天津：天津人民出版社，2008．

[6] 莫约．援助的死亡 [M]．王涛，杨惠，译．北京：世界知识出版社，2010．

[7] 缪尔达尔．世界贫困的挑战：世界反贫困大纲 [M]．顾朝阳，译．北京：北京经济学院出版社，1991．

[8] 普雷斯顿．发展理论导论 [M]．李小云，齐顾波，徐秀丽，译．北京：社会科学文献出版社，2011．

[9] 萨克斯．贫穷的终结：我们时代的经济可能 [M]．邹光，译．上海：上海人民出版社，2007．

[10] 森．贫困与饥荒：论权利与剥夺 [M]．任颐，于真，译．北京：商务印书馆，2001．

[11] 森．以自由看待发展 [M]．王宇，王文玉，译．北京：中国人民大学出版社，2012．

[12] 速水佑次郎．发展经济学：从贫困到富裕 [M]．李周，译．北京：社会科学文献出版社，2003．

[13] 伊斯特利．白人的负担：为什么西方的援助收效甚微 [M]．崔新钰，译．北京：中信出版社，2008．

（三）期刊

[1] 安春英．中非减贫发展理念的比较与分析 [J]．上海师范大学学报（哲学社会科学版），2010，39（5）．

[2] 安春英．中国对非减贫合作：理念演变与实践特点 [J]．国际问题研究，2019（3）．

[3] 蔡拓．全球化观念与中国对外战略的转型：改革开放 30 年的外交哲学审视 [J]．世界经济与政治，2008（11）．

[4] 蔡拓．人类命运共同体视角下的全球治理与国家治理：全球治理与国家治理：当代中国两大战略考量 [J]．中国社会科学，2016（6）．

［5］陈劲，尹西明，赵闯.反贫困创新的理论基础、路径模型与中国经验［J］.天津社会科学，2018（4）.

［6］陈水胜，席桂桂.民生先导还是民主先导?:从对非援助看中国的援助外交［J］.复旦国际关系评论，2013（1）.

［7］程国花.负责任大国:世界的期待与中国认知［J］.社会主义研究，2018（6）.

［8］丁韶彬.国际道义视角下的发展援助［J］.外交评论（外交学院学报），2009（4）.

［9］杜艳艳，刘宇赤.从中国参与"消除贫困"看国家治理与国际治理的协调统一［J］.甘肃理论学刊，2016（4）.

［10］杜旸.全球治理中的中国进程:以中国减贫治理为例［J］.国际政治研究，2011，32（1）.

［11］甘均先."中国责任论"解读与中国外交应对［J］.国际展望，2010（4）.

［12］郭树勇.试论全球治理对我国战略机遇期的影响［J］.国际展望，2017（6）.

［13］郭语.发展合作视阈下中国发展中国家地位:争论、影响与因应［J］.国际贸易，2022（8）.

［14］贺文萍.从援助有效性到发展有效性:援助理念的演变及中国经验的作用［J］.西亚非洲，2011（9）.

［15］胡鞍钢，张君忆，高宇宁.对外援助与国家软实力:中国的现状与对策［J］.武汉大学学报（人文科学版），2017，70（3）.

［16］胡键.中国国际角色的转换与国际社会的认知［J］.现代国际关系，2006（8）.

［17］黄超.全球发展治理转型与中国的战略选择［J］.国际展望，2018，10（3）.

[18] 黄超. 新型全球发展伙伴关系构建与 G20 机制作用 [J]. 社会主义研究, 2015 (3).

[19] 黄承伟. 全球减贫大业的中国新贡献 [J]. 瞭望, 2015 (42).

[20] 黄梅波, 唐露萍. 南南合作与南北援助: 动机、模式与效果比较 [J]. 国际展望, 2013 (3).

[21] 黄梅波, 唐露萍. 三方合作: 推进全球伙伴关系的可行路径 [J]. 国际经济合作, 2013 (8).

[22] 黄梅波. 中国国际援助与开发合作的体系构建及互动协调 [J]. 世界贸易组织动态与研究, 2019, 26 (4).

[23] 姜安印, 张庆国. 中国减贫经验在 "一带一路" 建设中的互鉴性 [J]. 中国流通经济, 2016, 30 (4).

[24] 姜辉. 构建人类命运共同体: 百年大党的中国方案和世界期待 [J]. 党建, 2021 (7).

[25] 姜默竹, 李俊久. 朋友与利益: 国际公共产品视角下的中国对外援助 [J]. 东北亚论坛, 2016, 25 (5).

[26] 鞠海龙, 邵先成. 中国—东盟减贫合作: 特点及深化路径 [J]. 国际问题研究, 2015, (4).

[27] 孔根红. 中国特色大国外交: 应着力处理好十个重要关系: 学习习近平总书记关于外交工作重要讲话的体会 [J]. 毛泽东邓小平理论研究, 2015 (2).

[28] 李小云, 马洁文, 唐丽霞, 等. 关于中国减贫经验国际化的讨论 [J]. 中国农业大学学报 (社会科学版), 2016.

[29] 李玉恒, 武文豪, 宋传垚, 等. 世界贫困的时空演化格局及关键问题研究 [J]. 中国科学院院刊, 2019, 34 (1).

[30] 李志永, 袁正清. 大国外交的中国特色之论 [J]. 太平洋学报, 2015 (2).

[31] 梁晓敏. 知识分享是全球贫困治理的重要内容：中国减贫经验的国际化之道 [J]. 可持续发展经济导刊, 2020, 15 (6).

[32] 刘光远. 习近平外交思想新理念 [J]. 党政干部论坛, 2014 (3).

[33] 刘建飞, 郑嘉伟. 中国参与贫困治理国际合作的历程及启示 [J]. 中国领导科学, 2020 (3).

[34] 刘伟, 王文. 新时代中国特色社会主义政治经济学视阈下的 "人类命运共同体" [J]. 管理世界, 2019, 35 (3).

[35] 刘雨辰, 杨鲁慧. 国际秩序转型视域下中国的角色转换 [J]. 浙江大学学报 (人文社会科学版), 2018, 48 (5).

[36] 卢静. 全球经济治理体系变革与中国的角色 [J]. 当代世界, 2019 (4).

[37] 罗建波. 中国对外援助模式：理论、经验与世界意义 [J]. 国际论坛, 2020, 22 (6).

[38] 马博, 朱丹炜. 国家身份变迁：新中国援非政策与 "中非命运共同体" 构建 [J]. 亚太安全与海洋研究, 2019, (4).

[39] 毛小菁. 国际社会对非援助与非洲贫困问题 [J]. 国际经济合作, 2004 (5).

[40] 门洪华. 关于中美战略竞争时代的若干思考 [J]. 同济大学学报 (社会科学版), 2021, 32 (2).

[41] 莫光辉, 于泽堃. 国际区域减贫合作模式探索：基于 "东盟+3" 村官交流项目的个案分析 [J]. 领导之友, 2016 (9).

[42] 庞珣. 国际角色的定义和变化：一种动态分析框架的建立 [J]. 国际政治研究, 2006, (1).

[43] 庞殉. 新兴援助国的兴与新：垂直范式与水平范式的实证比较研究 [J]. 世界经济与政治, 2013 (5).

[44] 庞中英. 全球化、社会变化与中国外交 [J]. 世界经济与政治，2006（2）.

[45] 秦升，沈铭辉. "一带一路" 倡议与国际发展合作治理体系的变革 [J]. 新视野，2020（6）.

[46] 秦亚青. 关于构建中国特色外交理论的若干思考 [J]. 外交评论（外交学院学报），2008（1）.

[47] 屈彩云. 新时代中国对外援助提供的公共产品及特点 [J]. 中国发展观察，2018，204（24）.

[48] 任晓，郭小琴. 解析中国对外援助：一个初步的理论分析 [J]. 复旦学报（社会科学版），2016，58（4）.

[49] 宋微. 逆全球化背景下中国对外援助的系统优化 [J]. 国际经济合作，2020（5）.

[50] 覃志敏. 中国—东盟减贫合作：现实基础、实施机制及发展趋势 [J]. 广西社会科学，2017（3）.

[51] 唐丽霞，周圣坤，李小云. 国际发展援助新格局及启示 [J]. 国际经济合作，2012（9）.

[52] 涂志明，庞中英. 国际贫困对全球治理的影响 [J]. 学术界，2016（11）.

[53] 汪三贵. 在发展中战胜贫困：对中国30年大规模减贫经验的总结与评价 [J]. 管理世界，（11）.

[54] 王大超，卢萍. 关于当代国际贫困、反贫困与国际安全问题的反思 [J]. 东北师大学报，2003（1）.

[55] 王辉. 试论习近平扶贫观 [J]. 人民论坛，2015（20）.

[56] 王小林，刘倩倩. 中非合作：提高发展有效性的新方式 [J]. 国际问题研究，2012（5）.

[57] 王小林. 改革开放40年：全球贫困治理视角下的中国实践 [J].

社会科学战线，2018，275（5）．

[58] 王小林．贫困标准及全球贫困状况 [J]．经济研究参考，2012（55）．

[59] 王玉萍．对新时代中国对外援助政策调整的思考 [J]．现代国际关系，2018（8）．

[60] 王钊．中国的基础设施建设援助与国际发展援助的共生：援助国产业结构差异的视角 [J]．外交评论（外交学院学报），2020，37（2）．

[61] 王志章，郝立．中国与东盟反贫困合作路径研究 [J]．广西社会科学，2017（1）．

[62] 王志章，郑时彦．中国与非洲产能合作反贫困的现实困境与对策建议 [J]．重庆大学学报（社会科学版），2019，25（5）．

[63] 王志章．非洲反贫穷的困境与中国扶贫模式植入的路径 [J]．上海师范大学学报（哲学社会科学版），2013，42（2）．

[64] 韦宗友．国际议程设置：一种初步分析框架 [J]．世界经济与政治，2011（10）．

[65] 魏玲，李桐．角色理论与当代国际关系研究议程 [J]．外交评论（外交学院学报），2023，40（6）．

[66] 文君．中国在全球治理中角色的变化与新型国际关系的塑造 [J]．思想理论教育导刊，2018（7）．

[67] 吴高辉，岳经纶．贫困类型、贫困观念与反贫困结构的变迁：世界贫困史的视野 [J]．探索与争鸣，2023（8）．

[68] 吴红波．激发全球可持续发展新动力 [J]．中国报业，2016（15）．

[69] 吴良，钟帅，BOUDMYXAY Khampheng，等．一带一路" 倡议背景下东南亚贫困及减贫开发模式研究 [J]．科技促进发展，2017（6）．

[70] 吴宇．全球贫困治理的困境及其创新发展的中国贡献 [J]．天

津社会科学，2017（6）．

[71] 吴宇．全球贫困治理话语权提升的中国视角 [J]．天津社会科学，2020，232（3）．

[72] 吴宗敏，吴宇．全球贫困治理的深化与中国的实践创新 [J]．江苏大学学报（社会科学学版），2019，21（1）．

[73] 向青山．当代全球贫困评估问题探析 [J]．国际论坛，2014，16（5）．

[74] 徐佳利．知识分享，国际发展与全球治理：以世界银行实践为主线 [J]．外交评论，2020（5）．

[75] 许启启．中国为全球贫困治理提供有益借鉴：国际舆论解读中国扶贫成就与努力 [J]．对外传播，2018（6）．

[76] 杨洁勉．中国特色外交理论体系精髓和创新发展 [J]．毛泽东邓小平理论研究，2012（7）．

[77] 杨胜兰．中国东盟减贫合作：现状、挑战与前景思考：基于2030年可持续发展议程的视角 [J]．中共济南市委党校学报，2018（6）．

[78] 郁建兴，黄飚．建构中国自主知识体系及其世界意义 [J]．政治学研究，2023（3）．

[79] 袁伟华．对外政策分析中的角色理论：概念解释机制与中国—东盟关系的案例 [J]．当代亚太，2013（1）．

[80] 张春．构建新型全球发展伙伴关系：中非合作对国际发展合作的贡献 [J]．国际展望，2013（3）．

[81] 张海冰．发展引导型援助：中国对非洲援助模式探讨 [J]．世界经济研究，2012（12）．

[82] 张伟玉，王志民．人类命运共同体视域下国际发展援助与减贫合作的模式创新 [J]．中国高校社会科学，2020（2）．

[83] 张原．"一带一路"倡议下的中国对外合作减贫：机制、挑战及

应对 [J]. 当代经济管理, 2019, 41 (1).

[84] 张原. 新世纪以来中国对拉美援助和投资的减贫效应研究 [J]. 太平洋学报, 2018, 26 (12).

[85] 周弘. 中国援外六十年的回顾与展望 [J]. 外交评论, 2010 (5).

[86] 周瑾艳. 国际合作体系变迁下的新南南合作: 挑战、使命及中国方案 [J]. 区域与全球发展, 2018, 2 (5).

[87] 周文, 冯文韬. 贫困问题的理论研究与减贫实践的中国贡献 [J]. 财经问题研究, 2019 (2).

[88] 周文, 郑继承. 减贫实践的中国贡献与经济学诺奖的迷误 [J]. 政治经济学评论, 2020, 11 (4).

[89] 朱磊, 陈迎. "一带一路" 倡议对接 2030 年可持续发展议程: 内涵、目标与路径 [J]. 世界经济与政治, 2019 (4).

[90] 宗华伟, 谢喆平. 中国在联合国机构的国际角色: 一种自我与他者视角 [J]. 国际政治研究, 2022, 43 (6).

二、英文文献

(一) 专著

[1] ADELMAN I. Theories of Economic Growth and Development [M]. Stanford: Stanford University Press, 1961.

[2] BROWNE S. Beyond Aid from Patronage to Partnership [M]. London: Ashgate Publishing Ltd, 1999.

[3] GOLLEY J, SONG L G. Rising China: Global Challenges and Opportunities [M]. Canberra: Australian National Press, 2011.

[4] HARNISH S. Role Theory in International Relations [M]. London: Roultedge, 2012.

［5］ KURLANTZICK J. Charm Offensive: How China's Soft Power is transforming The World ［M］. Yale: Yale University Press, 2007.

［6］ LANCASTER C. Foreign Aid : Diplomacy, Development, Domestic Politics ［M］. Chicago: The University of Chicago Press, 2006.

［7］ LI M J. Soft power: China's emerging strategy in international politics ［M］. New York: Lexington books, 2009.

［8］ MYRDAL G K. Economic theory and underdeveloped regions ［M］. New York: Harper & Row, 1957.

［9］ NYE J S. The Power to Lead ［M］. Oxford: Oxford University Press, 2008.

［10］ OPPENHEIM C. Poverty: the Facts ［M］. London: Child Poverty Action Group, 1993.

［11］ ROWNTREE B S, Poverty: A Study of a Town Life ［M］. Bristol: Policy Press, 2000.

［12］ RUTTAN V W. Development Assistance Policy: The Domestic Politics of Foreign Economic Aid ［M］. Baltimore: Johns Hopkins University Press, 1996.

［13］ TOWNSEND P, Poverty in the United Kingdom: A Survey of the Household Resource and Living standard ［M］. Berkeley: University of California Press, 1979.

［14］ WALKER S G . Role Theory and Foreign Policy Analysis ［M］. Durham: Duke University Press, 1987.

［15］ YOUNG O R. International Governance: Protecting the Environment in a Stateless Society ［M］. Ithaca and London: Connell University Press, 1994.

（二）期刊论文

［1］ ANGUS D, OLIVIER D. Purchasing Power Parity Exchange Rates for the Global Poor [J]. American Economic Journal: Applied Economics, 2011, 3 (4).

[2] ASONGU S, NWACHUKWU Jacinta C. Increasing Foreign Aid for Inclusive Human Development in Africa [J]. Social Indicators Research, 2018, 138 (2).

[3] BREUNING M, PECHENINA A. Role Dissonance in Foreign Policy: Russia, Power, and Intercountry Adoption [J]. Foreign Policy Analysis, 2020, 16 (1).

[4] BREUNING M. Culture, History, Role: Belgian and Dutch Axioms and Foreign Assistance Policy [J]. Clture and foreign policy, 1997 (2).

[5] BREUNING M. Foreign Aid, Development Assistance, or Development Cooperation: What's in a Name? [J]. International Politics, 2002, 39.

[6] BUEHOP C. Foreign Assistance and Economic Development: a Re-evaluationy [J]. Economics Letters, 2005, 86 (1).

[7] CHAN G. For richer, for poorer: China Embraces Global Poverty Reduction? [J]. Bandung: Journal of the Global South, 2015, 2 (1).

[8] CHATTERJEE S, STEPHEN J. Turnovsky, Foreign Aid and Economic Growth: The Role of Flexible Labor Supply [J]. Journal of Development Economics, 2007, 84.

[9] DEYASSA K. Does China's Aid in Africa Affect Traditional Donors? [J]. International Studies Interdisciplinary Political and Cultural Journal, 2019, 23 (1).

[10] DOLLAR D, lEVIN V. The Increasing Selectivity of Foreign Aid: 1984—2003 [J]. World Development, 2006, 34 (12).

[11] FAISAL K M. Role Conflict in International Relations: The Case of

Indonesia's Regional and Global Engagements [J]. International Relations, 2023, 37 (1).

[12] HOLSTI K J. National Role Conceptions in the Study of Foreign Policy [J]. International Studies Quarterly, 1970, 14 (3).

[13] KURLANTZICK J. China's Charm: Implications of Chinese Soft Powery [J]. Policy Brief, 2006 (47).

[14] LANCASTER C, The Chinese Aid System [D]. Washington D. C.: Center for Global Developmenty, 2007.

[15] MANNING R. Will 'Emerging Donors' Change the Face of International Cooperation? [J]. Development Policy Review, 2006, 24 (4).

[16] MARIJKE B. Culture, history, role: Belgian and Dutch Axioms and Foreign Assistance Policy [J]. Clture and foreign policy, 1997 (2).

[17] NILSSON N. Role Conceptions, Crises, and Georgia's Foreign Policy [J]. Cooperation and Conflict, 2019, 54 (4).

[18] PALIT P S. China's Soft Power in South Asia [D]. Singapore: Nanyang Technological University, 2010.

[19] SHIH C Y, National Role Conception as Foreign Policy Motivation: The Psychocultural Bases of Chinese Diplomacy [J]. Political Psychology, 1988, 9 (4).

[20] THIES C G. Socialization in the International System [D]. Arizona: Arizona State University, 1999.

[21] WEHNER L E, CAMERON G. Thies, Role Theory, Narratives, and Interpretation: The Domestic Contestation of Roles [J]. International Studies Review, 2014, 16 (3).

[22] WISH N B. Foreign Policy Makers and Their National Role Concep-

tions ［J］. International Studies Quarterly，1980，24（4）.

［23］ZIMMERMANN F，SMITH K. More Actors，More Money，More Ideas for International Development Cooperation ［J］. Journal of International Development，2011（23）.